中国社会学会社会福利专业委员会第二套专著

《社会福利服务与管理丛书》

主编◎彭华民　顾东辉　陈树强

SOCIAL WELFARE SERVICE AND PROFESSIONAL STANDARDS

社会福利

行业和职业标准

徐道稳◎主　编
吴伟东◎副主编

中国社会出版社

总序：回应中等发展水平需要研究中国社会福利转型

王振耀

民政部社会福利和慈善事业促进司司长

中国已经由低收入国家跃升至世界中等偏下收入国家行列，中国已经进入了一个新的社会福利时代，社会福利制度亟待转型，建立与中等发展水平相适应的新型社会福利制度刻不容缓！

经济快速发展使中国进入了中等偏下收入国家行列，社会福利需要配套发展

国家统计局公布数据显示，2008 年年底，我国人均国民生产总值已经达到 22698 元，实际上已经超过了 3000 美元。按照世界银行的划分标准，我国已经由低收入国家跃升至世界中等偏下收入国家行列。这意味着我们的认识方式和管理方式必须与时俱进，我国的社会福利制度需要转型。过去我们的认识方式和管理方式都是基于人均国民总收入 1000 美元以下的国情，从当时“人口多、底子薄”的现实出发而形成的。然而，今天的社会现实已经悄然发生了质的变化，我国已经由低收入国家跃升至世界中等偏下收入国家行列，这就意味着人们对社会发展及社会福利提出了更高的要求，我国已经进入了一个新的社会福利时代，社会福利制度亟待转型。

中国的社会福利制度建设的实际状况远远低于中等发展国家的水平

建国以来我国对户籍进行严格控制，城乡二元发展的格局已经形成，由此导致了社会福利制度安排上的不平等；而改革开放 30 年来，一些举措又是以牺牲社会福利为代价的，因此，目前我国的社会福利制度建设不仅大大落后于经济进步的步伐，而且远远低于中等发展国家的社会福利水平。面对严峻的形势，我们要有危机意识。西方国家的现代福利制度是在其人均国民总收入1000美元以下，甚至没有达到500美元的时候开始建立的。与其他国家相比，我国的社会福利水平存在着极大的差距，要补的课非常之多。人均国民生产总值超过3000美元，说明中国已经完全具备条件大力发展社会福利事业，其他国家人均国民总收入500美元时能够办到的事情，中国没有理由办不到。

要拥有与中等发展水平相适应的社会福利转型观念和认识

当前，在中国建立与中等发展水平相适应的社会福利制度不仅具有重要性，而且具有紧迫性。机不可失，时不再来，如果不抓住时机适时建立与中等发展水平相适应的社会福利制度，就会继续加重社会不公：首先，劳资矛盾会进一步加剧，这是有目共睹的事实。其次，经济发展质量将出现下降，欲速则不达。三聚氰氨就是一个反面的例子，一味保速度，保增长，致使食品安全问题显现，同时由于缺乏基本的社会福利保障，既摧垮了企业，也危害了代表国家未来发展潜力的儿童，从而失去了可持续发展的国际竞争力。第三，社会矛盾将不断激化。

中等发展水平社会福利制度是覆盖儿童、残疾人、老年人以及贫困人口的福利制度

中等发展水平社会福利制度涉及六个方面的内容——儿童福利、残疾人福利、老年人福利、贫困人口福利以及医疗保险和社会救助。具体形式体现在三个方面：现金福利、实物福利以及生活照料型的福利服务。我国目前已经从家庭福利转向社会福利，政府应更多地承担起组织责任，宏观政策先行，组织、动员社会力量建立一套覆盖所有存在紧迫需要群体的“普惠型”的福利制度

新型社会福利制度的建立离不开发达的社会企业，离不开成千上万的社会工作者，离不开社会福利服务行业的工作者

发达的社会福利制度需要大量专业化、职业化的组织和社会工作者，也需要受过专业训练的社会福利行业的工作者。社会福利服务所提供的是一种特殊的服务。我国在2000年养老支出就达到了3300亿元，

今天有可能达到1万亿元，这是一个巨大的市场，也是一个非常特殊的服务业市场。首先，这样一个巨大的市场，需要大量的社会企业——社会服务机构、行业协会以及基金会等。随着社会组织的不断发育、成长，以及组织结构的转型，必将催生发达的社会福利制度。其次，这样一个巨大的市场，需要千百万的服务人员——社会工作者和其他社会福利行业的工作者。需要长期护理的老年人，前两年就达到3250万。这个巨大的服务市场，是现实的内需，将创造大量的工作机会。OECD十五国就业人员的8%从事社会服务工作，按照我国目前城乡就业人员的8%计算，就应有1亿多人从事社会服务工作。展望未来，我国可能需要几千万的社会工作者。第三，这样一个巨大的市场，也需要百万社会福利行业的工作者、慈善工作者和亿万志愿者，这是一项巨大的挑战。

社会福利理论和社会福利政策研究需要转型

随着我国由低收入国家跃升至世界中等偏下收入国家行列，不仅我国的社会福利制度需要转型，我国的理论和政策研究也需要转型。过去我们的理论和政策研究都是基于人均国民总收入1000美元以下的国情，从当时的现实出发而形成的，这种理论和政策研究观念落后，方法陈旧。而理论和政策研究的落后，又直接导致了行政管理的落后，工作方式的落后。因此，理论研究和政策研究都需要转型，需要迈向现代化，理论研究和政策研究不仅要有技术含量，而且要有整体规划性。

除了理论和政策研究，学者还应该把研究的视角放到更实际的社会福利服务与管理领域中。社会福利服务的标准和规范化问题特别值得研究。政府不仅仅是社会福利的提供者，是社会福利责任的承担者，而且是社会福利提供的监督者。一些国家已经普遍采用在市场购买服务的方式，这就要求有规范、有监督、有评估。然而，服务的规范制定是很难做的，因为我们服务的对象是人。满足儿童、老人和残疾人的需要是社会福利服务的目标，根据这个目标，如何制定服务的标准，值得我们研究。另外，服务的范围和内容、服务的机构、服务的资金等也值得我们开展研究。单就我工作的这个司来说，慈善问题、福利基金问题和儿童、老人、残疾人的服务问题一样重要，国内有什么经验，国外有什么可以借鉴的，需要我们进行深入研究。

要建设社会福利研究队伍

我在2008年10月民政部第三届全国社会福利理论与政策研讨会上就提出：将来条件成熟的时候，应组建中国社会福利政策专业研究会，成立民政部慈善或者社会福利专家委员会，用专家学者的力量来推动社会福利政策和社会福利理论研究的转型。今天，我非常高兴的听到中国社会福利专业委员会成立的消息。我认为学术研究必须和中国社会福利制度改革的实践结合起来，学者要努力提出能够指导、支持中国社会福利转型的理论和政策建议。

社会福利专业委员会积极回应时代需要，组织国内外专家学者编撰《社会福利思想与制度丛书》，既研究中国社会福利转型，也研究国外社会福利制度变迁，批判性地借鉴其他国家和地区社会福利发展的经验。我认为这个工作很有价值。另外，社会福利专业委员会还组织编写《社会福利服务与管理丛书》，从实务操作层面提出社会福利制度运行的规范规则。这也是很有必要的。因为社会福利行业包含了很多类型，即需要更新管理方法，也需要发展新的服务。该套丛书涉及的领域已经超出了传统民政社会福利政策、管理、服务的范围，具有创新性和前瞻性。中国社会福利专业委员会常务副理事长、丛书主编彭华民教授邀请我为这套书写序。我主张中国社会福利发展转型必须与经济社会发展水平相适应，提出了建立与中等经济发展水平相适应的社会福利制度的观点。放在这套丛书前面，是为序。

王振耀

二〇〇九年十月

目 录

社会福利标准篇

社会福利规范篇

境外社会福利篇

社会福利行业和职业标准

SOCIAL WELFARE

service and professional standards

社会福利标准篇

第一章 现代社会的标准化与我国社会福利的标准化趋势

第一节 标准化的历史渊源

一、西方标准化的历史渊源

标准化的历史可以追溯到远古时期，人类在最初制造工具时就不知不觉地使用了标准。早在几十万年以前的旧石器时代，人类制作的石器如斧头、大砍刀等都已经比较规范。无论是在非洲、欧洲还是亚洲，挖掘出的石器都非常相似，究其原因主要是这些工具具备相同的用途和特点。书面语言、图形和符号是人类社会标准化的范例。书面语言起源于至少6000年以前的苏美尔地区或埃及；数字起源于4000年以前的巴比伦时期；音符作为一种古老的规范化的语言，其历史至少可以追溯到古希腊时期。随着生产力水平的提高，计量技术、时间测量、建筑和城市规划等方面也经历了标准化的过程。计量技术在古埃及就已经出现。可以设想，如果没有周密的计划、熟练的技术和综合标准与质量控制体系，像金字塔这样的宏伟建设是不可能修建成功的。考古研究发现，体积在很早以前就有标准，例如，古罗马有统一的测量单位——“康吉司”，一个康吉司大约等于6个品脱。时间的测量也是标准化的早期范例，这项工作至少可以追溯到巴比伦时期。我们现在通用的历法开始于公元前45年的恺撒大帝时期，后于1581年的罗马教皇格里高利十三世（Pope Gregorius XIII）时期得到修正而成为现行的历法。

二、中国标准化的历史渊源

中国作为一个文明古国，标准化活动源远流长，其标准化的历史贡献主要表现在历法、文字、度量衡、科举考试等方面。早在公元前5世纪，古代中国就采用了一种历法：365天为一年，25天为一个月，这种历法是当时世界上最准确的历法。在战国时期，各国文字的基本结构已经趋于相同，不过字体繁简和偏旁位置仍有差异。李斯受秦始皇之命统一文字，他以秦国的文字为基础制定小篆，并写成范本，在全国推行。当时还流行一种叫“隶书”的字体，比小篆更简便。汉字由篆变隶，图画性消失了，象形文字成为真正的符号,使汉字发生了质的变化。秦统一文字、简化字体,是一次划时代的文字标准化。度,是计量长短的标准。《汉书·律历志》写到:“分、寸、尺、丈、引也,所以度长短也。”我国古代以100粒黍横着连接起来的长度为一尺,即一黍为一分,十分为一寸,十寸为一尺,十尺为一丈,十丈为一引。量,是计量容积的器具。《汉书·律历志》:“量者,龠、合、升、斗、斛也,所以量多少也。”《孙子算术》:“六粟为圭,十圭为秒,十秒为撮,十撮为勺,十勺为合。”从这些标准容器和计量单位来看,其容积标准也是很精确的。衡,即衡量轻重的器具。《孙子算术》:“称之所起,起于黍。十黍为一絫,十絫为一铢,二十四铢为一两。”《汉书·律历志》:“二十四铢为两。十六两为斤。三十斤为钧。四钧为石。”称重起于絫黍,足见其标准的精确。先秦时期,各诸侯国的度量衡并不一致。公元前350年,商鞅统一了秦国的度量衡;秦统一中国后,秦始皇又用商鞅制定的度量衡标准统一全国的度量衡。另外,科举制度中的八股文考试虽然备受批评,但是这种考试在格式、内容、行文、篇幅等方面的标准化对当时公平公正地选拔人才起过重要作用。此外,在造纸术、印刷术以及统一货币、音律和乐器制作、陶瓷、青铜冶铸技术、纺织技术和服饰制度、城市规划和道路建设等各方面,古代中国的标准化都处于先进水平。

综上所述,我们可以说,人类文明史就是一部标准化发展的历史。标准化活动涉及人类生产生活的方方面面,它不仅方便了人们的生活,更重要的是促进了社会的进步,有力地推动了人类物质文明和精神文明的发展。

第二节　现代社会的标准化和我国的标准化事业

一、从国家标准化到国际标准化

工业革命拉开了现代社会标准化的帷幕。蒸汽机和纺织机的使用推动了生产的社会化,促使标准化发展成为有明确目标和系统组织的社会性活动。1798年,美国的E·惠特尼首创了生产分工专业化、产品零部件标准化的生产方式,成为“标准化之父”;1841年,英国的J. B. 惠特沃思设计了“惠氏螺纹”,在此基础上产生了统一的螺钉和螺母,为互换的实现创造了条件;1870年,英国建立了“公差制”①;1900年,美国的F·泰勒首创了劳动时间

① 公差,是指实际参数值相对基准参数值的允许变动量。公差是一个使用范围很广的概念,对于机械制造来说,制定公差的目的是为了确定产品的几何参数,使其变动量在一定的范围之内,以便达到互换或配合的要求。几何参数的公差有尺寸公差、形状公差、位置公差等。公差等级分为IT01、IT0、IT1、…、IT18共20级,等级依次降低(IT表示国际公差)。公差等级或公差数值选择的基本原则是:使机器零件制造成本和使用价值的综合经济效果最好,一般配合尺寸用IT5~IT13,特别精密零件的配合用IT2~IT5,非配合尺寸用IT12~IT18,原材料配合用IT8~IT14。

管理标准，成为“科学管理之父”。在这一系列的变革和进步中，行业标准化和国家标准化行为开始陆续出现。从19世纪40年代开始，各种学术团体、行业协会等民间组织纷纷成立，致力于解决行业技术的统一问题，制定和发布各种行业标准和团体标准，如英国的机械、土木、造船、钢铁、电气工程协会，美国的机械工程师、土木、锅炉商协会和材料试验学会等。1901年，英国工程标准委员会成立，这是世界上第一个国家标准化组织。同年，美国成立了国家标准局。1918年，美国成立了工程标准委员会，其他工业国家（德国、法国、瑞士、荷兰、日本、奥地利等）也都纷纷成立了国家标准化机构。

随着交通运输、国际贸易、经济技术合作、国际资金流动、劳务合作等国际事务的发展，国际标准化工作逐步受到重视。最早开展国际标准化活动的是计量领域。1800年，法国通过的一项法案规定，十进制为法定计量制度，其后该制度在欧洲被广泛采用。为确定十进制基本单位的精度，法国政府通过外交途径与各国联系，于1870年和1872年召开了两次国际会议，就米原器及其复制问题进行协商。协商的结果是：长度测量用的新标准，是在摄氏零度时保持1米长的铂铱合金米原器；其作用杆须用一次铸成的、经过仔细退火的单锭制成；还规定，国际公斤以真空中的重量为基准；此外，建议在巴黎设立国际计量局。1875年5月，在巴黎召开了以法国为中心的外交会议，签订了《米制公约》，确定上述国际会议的规定开始生效。在协议上签字的有美国、德国、澳大利亚、匈牙利、法国、俄罗斯等19个国家；英国和荷兰虽参加了会议，但并未签字。1889年，国际计量大会将米和公斤国际原器作为长度和质量标准采用。

除计量领域外，国际标准化活动涉及电工、机械工程等多个领域。在19世纪末和20世纪初举行的一系列电气会议上，与会者一致认为必须建立一个国际标准化组织。1904年，在美国举行的国际电气大会建议在电工领域里建立国际标准化机构。1906年6月，国际电工委员会（IEC）在伦敦成立，其职能是负责电工领域的国际标准化工作。1926年，世界上一些主要国家团体在纽约开会，决定成立国家标准化协会联合会（ISA），起草了组织章程并获得14个国家的赞同；1928年，ISA在布拉格正式成立。ISA当时的工作重点主要放在机械工程方面。20世纪30年代末，由于战争的威胁，一些组织退出ISA，到1942年ISA正式停止工作。1944年，同盟国为协调战时和战后各国的标准化工作，由18个同盟国组成了联合国标准协调委员会（UNSCC），其作为战时的临时组织接替ISA工作。

1946年10月14日至26日，联合国标准协调委员会在伦敦开会，中、英、美、法、苏等25个国家的64名代表参加会议。会议正式表决通过建立国际标准化组织（ISO）。1947年2月23日，ISO章程得到15个国家标准化机构的认可，国际标准化组织宣告正式成立，参加1946年10月14日伦敦会议的25个国家为ISO的创始人。ISO是联合国经社理事会的甲级咨询组织和贸发理事会综合级（最高级）咨询组织。ISO的目的和宗旨是："在全世界范围内促进标准化工作的发展，以便于国际物资交流和服务，并扩大在知识、科学、技术和经济方面的合作"；其主要活动是制定国际标准，协调世界范围的标准化工作，组织各成员国和技术委员会进行交流，以及与其他国际组织进行合作，共同研究有关标准化的问题。ISO是目前世界上最大、最有权威性的国际标准化专门机构，目前有157个成员，其总部设在瑞士的日内瓦。ISO也是世界上最大的标准开发组织和出版组织，从1947年至今，已经开发了16500个国际标准，范围涉及农业、建筑、机械工程、医疗设备、信息技术等领域。

20世纪60年代以前，国际标准化工作发展较慢。例如，1952年ISO才出版了两个标准，1957年共出版37个标准。进入60年代，随着国际贸易、交通运输、跨国公司和科学技术的迅速发展，各国国家标准不一致或相互抵触引起国际社会的广泛关注，从此，国际标准化工作进入了一个崭新的发展阶段。主要表现在：第一，制（修）定标准的速度加快，每年平均增长200～300个国际标准。第二，工作领域不断拓宽，由原来的原材料、机械工业和工程建设等传统领域，拓宽到信息技术、交通运输、卫生安全、环境保护、节约能源和经营管理等方面。第三，国际标准化活动频繁，例如ISO有技术委员、分技术委员共172个，工作组1764个，有2万多个专家参加工作，每年要召开数以千计的标准化会议。1969年，ISO理事会决定，每年10月14日为国际标准日，各国都要举行纪念活动。第四，国际标准为各国广泛采用。ISO于1972年将推荐标准改为正式国际标准。从推荐标准到国际标准的转变，虽然保留着自愿的性质，但是却反映了国际标准声誉的提高，国际标准被世界上很多国家广泛采用。第五，国际认证工作广泛开展。ISO成立了认证委员会，发布了一批标准和指导文件，推动各国的认证工作。目前，至少有60多个国家推行质量认证工作。质量认证已成为世界发展趋势。

二、服务标准化

进入20世纪90年代，经济全球化的速度日益加快，现代经济的发展趋势明显地从工业转向服务，贸易和非贸易的服务在个人生活、企业运作和行政管理中无处不在，服务的概念也逐渐清晰。ISO对服务的定义是：为满足顾客的要求，供方和顾客之间接触的活动以及供方内部活动所产生的结果，包括供方为顾客提供人员劳务活动完成的结果，供方为顾客提供通过人员对实物付出劳务活动完成的结果，供方为顾客提供实物使用活动的结果。随着服务贸易的增多，人们对服务质量的要求越来越高，但是ISO总部进行的一项调查表明，能够算作是服务性国际标准的数量非常少，而且没有国际标准适用于服务和服务设施。在某种程度上，这些国际标准只是涉及服务的外围设施。

为改变服务标准缺乏的状况，ISO于1996年提出“服务标准化”的口号，并制定《服务标准化指南》，规定服务标准化的内容：对服务组织的质量管理、服务提供能力、人员资格、服务行为以及围绕服务提供的设施、服务交付的硬件环境要求等方面制定标准。

1. 服务组织质量管理标准。服务组织质量管理标准的基本内容，是对服务组织质量管理体系中的质量方针和目标、环境管理、服务组织的诚信以及保护消费者权益等提出要求。

2. 服务资质标准。制定服务资质标准是为了建立服务业市场的准入条件，服务资质的规范应包括服务组织的服务提供能力（项目、技术、财务）和从业人员职业资质的基本要求、服务经营场地、服务合同文件格式、服务行为要求、员工职业素质要求和组织资质的认证等。

3. 服务质量标准。对服务质量制定标准，是指对一项服务的固有特性满足要求的程度的规定。服务的特性包括舒适性、方便性、安全性、时间性、经济性和卫生要求等方面，如对美容、美发服务制定标准，应规范服务提供过程所用的方法和程序。在规范某项服务活动时，应重点针对服务特性提出要求，使服务产品可测量或可比较。

4. 服务安全和卫生标准。服务安全是服务的根本，服务卫生是服务的基础。服务安全和卫生标准是指服务组织提供的服务应达到安全、卫生要求，如服务从业人员的健康卫生标准、服务设施的安全和卫生标准、服务用品使用的安全和卫生标准、服务场所的安全和卫生标准等。

5. 服务设施标准。服务设施标准是对服务组织提供服务的设施提出的基本要求，包括服务管理必需的基本设备，各种配套的设备和设施的基本数量、等级和安全技术要求等。

6. 服务业环境保护标准。这是对服务业环境保护提出的基本要求，如对废弃物的排放要求、噪声控制要求和提供服务的物品环境要求等。

三、我国标准化事业的发展

我国标准化事业发轫于20世纪30年代。1931年12月，“中华民国”正式成立工业标准委员会；1946年9月，“中华民国”政府颁布标准法；1947年2月，参加国际标准化组织；同年3月，全国度量衡局与工业标准委员会合并成立“中央标准局”。1949年10月，中华人民共和国成立后，中央财政经济委员会下设中央技术管理局，负责工业生产和工程建设的标准化工作。纺织、冶金、建材、化工、交通运输和工程建设等行业，以及商业、外贸、卫生等部门，从1950年起就一些重要原材料产品相继制定了基础性标准。1955年7月，国家建委主任薄一波在一届全国人大二次会议上发言指出："要成立国家主管标准的机构，根据我国工业发展的具体条件，参照苏联国家标准，逐步统一制定我国国家标准。"这一时期我国标准化工作处于起步阶段，主要是在学习、引进苏联标准和总结我国实践经验的基础上，着手建立企业标准和部门标准，尚未形成完整健全的技术标准体系。

随着国家对农业、手工业和资本主义工商业的社会主义改造胜利完成，以及第一个五年计划期间新建和改建的大批重点企业的相继投产，我国标准化管理体制也逐步形成。1956年，我国成立国家技术委员会，翌年初设立国家技术委员会标准局，重新加入国际电工委员会（IEC）；1962年11月，国务院通过了《工农业产品和工程建设技术标准管理办法》；1963年4月，第一次全国标准、计量工作会议在北京召开，会议通过了标准化十年发展规划（1963～1972年）；同年9月，国家科学技术委员会在全国范围内确定了32个研究院（所）和设计单位为国家标准化核心机构，批准成立标准化综合研究所（现为中国标准研究中心）。上述各项措施有力地推动了标准化事业的发展。这一时期，全国统一的标准化管理制度初步形成，国家标准、部标准和企业标准的制（修）订和贯彻，以及专业性和地区性的标准化经验交流活动已形成一定规模。标准化管理体制的特点是：一元化领导和集中式管理；以行政指令为基本管理手段；企业的产品纳入国家统购包销的渠道，各级、各类标准均属于强制性标准。同时，随着对"苏式产品"从单纯仿制逐步向自行设计过渡，对苏联标准的照搬照抄状况亦有所转变，开始注意结合本国资源和自然条件等具体国情开展标准化工作。在这一阶段，中国技术标准体系初步形成，有力地支持了计划经济模式下的我国社会主义建设事业，其体系的形成为后期标准体系的不断改革完善奠定了良好的基础。

党的十一届三中全会以后，党的工作重心转移到经济建设上，改革开放全面展开，我国标准化管理体制也走上了改革之路。1978年9月，中国标准化协会成立，重新加入国际标准化组织；10月，成立国家标准总局，翌年在总局下成立了质量监督局。1979年7月，国务院颁布《中华人民共和国标准化管理条例》；8月，开始组建专业标准化技术委员会。1984年1月，全国采用国际标准工作会议召开；3月，国家标准局发布《采用国际标准管理办法》。1988年7月，在原国家标准局、国家计量局和国家经委质量局基础上组建了国家技术监督局；12月，七届全国人大常委会五次会议通过《中华人民共和国标准化法》，1989年4月1日实施。2001年，组建国家质量监督检验检疫总局、国家标准化管理委员会和国家认证认可监督管理委员会；2001年，科技部将"重要技术标准研究”作为“十五”期间组织实施的12项重大科技专项之一。

我国标准化事业经过60年的发展取得了令人瞩目的成就，但仍然存在一些问题。

首先，我国标准化的管理存在诸多问题。我国现阶段实行的是国家、行业、地方、企业四级标准体制，在这种体制下：(1)国家标准主体地位不突出。由于行业标准也是政府部门定的，有许多与国家标准冲突的行业标准也在实施，对国家标准权威性构成侵犯。(2)行业标准失控。行业部门间各自为政，造成同一产品往往有多个重复的、矛盾的行业标准，行业标准备案管理失效，国家无从协调。(3)地方标准范围任意扩大。标准化法规定，地方只能制定强制性标准，而现在地方推荐性标准大量出现。(4)企业标准没有发挥应有的作用。由于国家标准、行业标准定得过细过严，企业没有发展的空间，因此未能发挥其应有的作用。

其次，标准制(修)订程序不灵活，开放性、透明度不够：(1)灵活性差。灵活性是指为应对涉及安全、卫生、环保方面的突发事件采取的特殊程序，为缩短标准制定周期采取的快速程序，以及为适应技术发展较快领域需要采用的类似于标准的文件(例如标准化指导性技术文件)的制定程序。(2)开放性不够。我国至今没有形成吸收市场各相关方有效参与、最终达到各相关方意见协调一致的机制。(3)透明度不够。标准立项及标准内容应能让市场各相关方尽早知道，以便各方提出意见并使企业及时调整生产，这涉及标准公告制度。加入世界贸易组织后，对于对贸易有影响的标准应向WTO各成员通报，这涉及标准通报制度。

此外，还存在标准的实施监督操作性差、监管过度等问题。

四、我国现行的标准化管理体制

1. 标准体制

我国的标准分为国家标准、行业标准、地方标准和企业标准四级。对需要在全国范围内统一的技术要求，应当制定国家标准；对没有国家标准而又需要在全国某个行业范围内统一的技术要求，可以制定行业标准；对没有国家标准和行业标准而又需要在省、自治区、直辖市范围内统一的工业产品的安全、卫生要求，可以制定地方标准；企业生产的产品没有国家标准、行业标准和地方标准的，应当制定相应的企业标准。对于已有国家标准、行业标准或地方标准的，鼓励企业制定严于国家标准、行业标准或地方标准要求的企业标准。另外，对于技术尚在发展中、需要有相应的标准文件引导其发展或使其具有标准化价值的尚不能制定标准的项目，以及采用国际标准化组织、国际电工委员会及其他国际组织的技术报告的项目，可以制定国家标准化指导性技术文件。

从强制性来分，中国标准分为强制性标准和推荐性标准两类。保障人体健康、人身和财产安全的法律、行政法规规定强制执行的标准是强制性标准，其他标准是推荐性标准。

中国国家标准制定程序分为九个阶段：预阶段、立项阶段、起草阶段、征求意见阶段、审查阶段、批准阶段、出版阶段、复审阶段、废止阶段。对下列情况，制定国家标准可以采用快速程序：

(1)对等同采用、等效采用国际标准或国外先进标准的标准制(修)订项目，可直接由立项阶段进入征求意见阶段，省略起草阶段。

(2)对现有国家标准的修订项目或中国其他各级标准的转化项目，可直接由立项阶段进入审查阶段，省略起草阶段和征求意见阶段。

2. 管理体制

中国标准化工作实行统一管理与分工负责相结合的管理体制。国家标准化管理委员会(国家标准化管理局)作为国务院授权履行行政管理职能的标准化主管机构，统一管理、监督和综合协调全国的标准化工作。国务院有关行政主管部门和有关行业协会也设有标准化管理机构，分工管理本部门、本行业的标准化工作。各省、自治区、直辖市及市、县质量技术监督局统一管理本行政区域内的标准化工作。各省、自治区、直辖市和市、县政府部门也设有标准化管理机构。国家标准化管理委员会对省、自治区、直辖市质量技术监督局的标准化工作实行业务领导。

中国国家标准化管理委员会的主要职责是：

(1)参与起草、修订国家标准化法律、法规的工作；拟定和贯彻执行国家标准化工作的方针、政策；拟定全国标准化管理规章，制定相关制度；组织实施标准化法律、法规和规章、制度。

(2)负责制定国家标准化事业发展规划；负责组织、协调和编制国家标准(含国家标准样品)的制定、修订计划。

(3)负责组织国家标准的制定、修订工作；负责国家标准的统一审查、批准、编号和发布。

(4)统一管理制定、修订国家标准的经费和标准研究、标准化专项经费。

(5)管理和指导标准化科技工作及有关的宣传、教育、培训工作。

(6)负责协调和管理全国标准化技术委员会的有关工作。

(7)协调和指导行业、地方标准化工作；负责行业标准和地方标准的备案工作。

(8)代表国家参加国际标准化组织(ISO)、国际电工委员会(IEC)和其他国际或区域性标准化组织，负责组织ISO、IEC中国国家委员会的工作；负责管理国内各部门、各地区参与国际或区域性标准化组织活动的工作；负责签定并执行标准化国际合作协议,审批和组织实施标准化国际合作与交流项目;负责参与与标准化业务相关的国际活动的审核工作。

(9)管理全国组织机构代码和商品条码工作。

(10)负责国家标准的宣传、贯彻和推广工作;监督国家标准的贯彻执行情况。

(11)管理全国标准化信息工作。

(12)在质检总局统一安排和协调下,做好世界贸易组织技术性贸易壁垒协议(WTO/TBT 协议)执行中有关标准的通报和咨询工作。

(13)承担质检总局交办的其他工作。

第三节 我国社会福利的标准化趋势

20 世纪 90 年代,国际标准化组织提出服务标准化,这里的服务不仅指服务贸易,还应包括公共服务。公共服务同样需要提高服务质量,实际上,许多国家也正在致力于提高服务质量。例如,在服务的质量元素中,注意"准时"(火车、飞机是否准时)、适用性或持续性(自来水是否常被切断,多长时间恢复供水)、精确性(纳税人是否能收到准确的信息以帮助填写纳税回单)、安全性(公共交通系统的危险性或手术中的药物安全度)、适度性(公共通信系统可以在技术选择范围内作出选择)。标准化是提高公共服务质量的重要手段,目前,公共服务采用 ISO9004-2 标准正在成为国际潮流。

社会福利服务是公共服务的重要组成部分,提高社会福利服务的质量也是全社会的共同期待。社会福利服务是非市场化的服务,没有进入 WTO 服务贸易总协定;但是为了保证服务质量,其标准化也是发展社会福利的客观要求。社会福利服务涉及的部门很多,基于我国的实际情况——狭义上的社会福利由民政部门主管,因此,本节用民政事业的标准化来说明社会福利的标准化。

一、民政事业标准化的重要意义

加强民政标准化工作,是保障民政工作对象权益、履行好"解决民生、落实民权、维护民利"职责的必然选择。加快推进以改善民生为重点的社会建设,实现好、维护好、发展好最广大人民群众的根本利益,切实解决好人民群众最关心、最直接、最现实的利益问题,是贯彻落实科学发展观的本质要求,是践行"立党为公、执政为民"执政理念的必然要求,是党和政府全部工作的共同准则。民政部门作为社会建设和管理的重要职能部门,承担着"解决民生、落实民权、维护民利”的核心职责。民政工作面向全体社会成员，着重保障包括城乡贫困户、农村五保户、流浪乞讨人员、受灾群众等在内的困难群体，包括老年人、孤儿、残疾人等在内的特殊群体，以及包括退役士兵、军休干部、伤残军人等在内的优抚群体。保障这些群体的基本权益，除了必须依靠完善的法律法规、政策措施外，还需要适应人民群众的新期待和民政事业发展的新要求，研究制定大量相应的技术标准，共同发挥法律法规和技术标准在维护民政服务对象权益中的支撑保障作用。

加强民政标准化工作，是增强民政公共服务质量效益、提高民政管理专业化水平的迫切要求。民政公共服务既包括社会福利服务、社会救助服务、优抚保障服务、减灾救灾服务、社会工作服务、社区服务和慈善志愿服务，又包括地名公共服务、儿童收养服务、康复辅具服务、婚姻登记和婚庆婚介服务、殡葬服务等。这些服务都属于基本的公共服务范畴，与人民群众的利益息息相关，党和政府高度重视，社会各界广泛关注。随着我国经济社会的不断发展和人们生活水平的显著提高，人们对这些基本公共服务的需求越来越多，对服务质量的要求越来越高。国际经验表明，在公共服务领域引入标准化管理的理念和方式，对于扩大公共服务产品提供规模、提高公共服务产品质量、增强公共服务效益、提高公共服务管理水平，具有非常重要的作用。很多发达国家、发展中国家和地区都在公共服务领域制定了大量标准，建立了较为完善的标准化工作体系。目前在我国，这些领域的标准数量还不多，标准化研究还相当薄弱，标准化水平还很低。这种状况与广大人民群众对这些服务的迫切需求还不相适应，与全面建设小康社会、构建社会主义和谐社会的现实需要还有较大差距。加强这些领域的标准化建设，研究制定有关服务管理标准、服务质量评价标准、设施建设标准、人员资质标准等，逐步建立起系统完整、协调配套、门类齐全、科学合理的服务标准体系，建立健全包括质量认证认可制度、检验检测制度、合格评定制度在内的标准宣贯实施保障体系，已经成为一项重要而紧迫的任务。

加强民政标准化工作，是提高民政特色行业产品质量、增强国际竞争力的重要措施。民政特色行业产品主要包括康复辅助器具、减灾救灾用品、地名标志用品、殡葬用品等。这些产品质量和性能的好坏，直接关系到人民群众尤其是广大残障人士、紧急救援人员和灾民以及广大丧葬用户的切身利益，也关系到产品市场的开拓与发展。当前，我国的康复辅助器具、减灾救灾用品、殡葬用品虽然得到了一定程度的发展，但无论是产品质量和种类还是产品的安全环保性能要求，无论是产品的市场占有率还是产品的市场竞争力，都与发达国家的同类产品有很大差距。造成这种局面的一个重要原因，就是我们现有的标准总体水平较低、市场适应性较差，很多产品甚至还没有制定统一的技术标准，尤其缺乏具有自主知识产权的核心技术标准。加快这些技术标准的研究制定，着力提高我国康复辅助器具、减灾救灾用品、殡葬用品的质量，对于保护广大消费者的利益和提升产品的国际市场竞争力具有重要的意义。

二、我国民政事业标准化的现状

1. 民政标准化基础研究取得重大成果

近年来，在财政部、科技部和国家标准化管理委员会的大力支持下，民政部组织了“民政领域标准体系建设项目研究”、“中国残疾人标准发展战略研究和体系的建立”、“残疾人辅助器具名词术语标准”、“殡葬行业标准体系的建立”等国家级重大科研课题研究，有力地促进了民政标准化工作发展。尤其是“民政领域标准体系建设项目”的研究成果，第一次全面系统地总结了民政领域标准化工作发展现状，深入分析了当前民政标准化工作存在的问题和面临的发展形势，深刻阐述了进一步加强民政标准化工作的重要性，研究提出了今后民政标准化工作发展的总体思路、基本目标、主要任务和保障措施；在减灾救灾、社会福利、社会救助、优抚安置、康复辅具、殡葬、地名等19个民政专业领域初步建立了标准体系，率先在我国相关公共服务领域系统推行了标准化体系建设，填补了我国民政标准化研究空白。

2. 标准化发展规划成效显著

近年来，民政部会同国家标准化管理委员会编制发布了《全国民政标准2006～2010年发展规划》，积极参与编制了《全国服务标准2005～2008年发展规划》和《全国服务标准2008～2010年发展规划》，提出了“十一五”期间要完成260项国家或行业标准，明确了“十一五”期间民政标准化工作的指导思想、主要目标、重点领域和保障措施，为编制民政标准年度制(修)订计划、建立健全民政标准体系提供了重要依据。

3. 标准制(修)订和宣贯实施工作卓有成效

截至2007年底，民政部已完成制(修)订国家标准87项、行业标准12项，还有160多项国家标准正在研究和制(修)订之中。这些标准主要集中在殡葬、社会福利机构、假肢与矫形器、地名、救灾、民政电子政务等领域。已完成的标准总体质量良好：全国残疾人康复和专用设备标准化技术委员会负责编写的“残疾人辅助器具分类”被评为优秀国家标准；民政部101研究所、社会福利与社会事务司等负责编写的“殡仪馆建筑设计规范”获得了北京市科学技术奖三等奖；全国地名标准化技术委员会负责编写的“地名标牌城乡”强制性标准，在全国影响非常深远，对规范我国城乡地名标志的设置和管理，提供了有力的技术依据。同时，民政部积极参与了国家标准委员会牵头组织的“全国服务标准试点活动”。

4. 标准化专业技术机构建设取得突破性进展

在1989年和1997年，民政部分别建立了“全国残疾人康复和专用设备标准化技术委员会”及“全国地名标准化技术委员会”；2005年，成立了民政部标准化工作领导小组；经过一年多的努力，民政部标准化专家委员会和全国减灾救灾、社会福利服务、城市临时性社会救助、婚庆婚介专业标准化技术委员会正式成立，殡葬专业标准化技术委员会和民政信息化标准化技术委员会也即将成立。接下来，在国家标准委员会的大力支持下，民政部还将成立全国社会工作、社区建设等标准化技术委员会。

5. 标准工作的规范管理得到有效保障

标准工作同国家、社会、人民群众的利益息息相关，是一项非常严肃的工作，需要加强管理和规范。早在1988年我国就制定了《中华人民共和国标准化法》，之后又陆续出台了一些章程、条例和办法，使标准化工作有法可依、有章可循。为进一步规范民政标准化工作，2003年民政部制定出台了《民政部标准化工作管理暂行办法》，对民政标准的制定范围、管理机构、标准计划、编制、审批、发布程序等进行了明确规定，使民政标准化工作步入了法制化、规范化的轨道。

6. 民政标准化工作存在的问题

（1）标准化意识不强，对标准化工作的重视程度还不够。这里存在一个认识误区，以为只有产品、生产、工程建设、环境保护等领域才存在技术标准，没有认识到在管理、服务领域也存在大量的技术标准，认为在这些领域有法律、法规进行规范就可以了。民政工作主要涉及社会管理和社会服务，只有少数涉及到产品、生产、工程建设、环境保护等领域，如殡葬、假肢与矫形器。因此，大家就没有意识到要在社会管理和社会服务领域制定标准，对这项工作没有给予足够的重视。

（2）没有建立起完整的民政行业标准体系，现行标准的类型和数量不能满足民政事业发展的需要。民政工作内容广泛，涉及到最低生活保障、优抚安置、拥军优属、减灾救灾、福利机构、福利彩票、假肢、殡葬、社区建设、民间组织管理、社会捐助、区划地名、社会救助等多个领域。目前只有少数领域制定了标准，主要集中在假肢、殡葬、地名等方面，其他大多数领域涉及到的产品、服务、管理都没有相应的标准，更没有相应的标准体系。

（3）标准制（修）订和复审不及时。按规定，标准制（修）订周期不超过3年，制定出来的标准应在颁布后5年内进行复审，以确认是否继续有效或予以修订、废止。然而，由于经费的严重缺乏，能够在规定时间内完成的不多。目前，标准制（修）订周期过长，现行标准标龄普遍偏长，平均标龄已超过7

年,标准老化现象严重,难于适应经济发展和社会需求。

三、民政事业标准化的未来

2006年,民政部和国家标准委员会联合发布《全国民政标准2006~2010年发展规划》。《规划》主要以民政特殊行业产品、民政公共服务为对象,提出了今后五年全国民政国家标准及行业标准的指导思想、主要目标、重点领域和保障措施,对于开展民政标准化工作具有重要的指导作用,是编制民政标准年度制(修)订计划、建立健全民政标准体系的主要依据。这里主要介绍民政事业标准化的主要目标和重点领域。

1. 主要目标

(1)体系目标:经过5年努力,建立和健全重点突出、科学合理,强制性标准与推荐性标准定位准确,国家标准、行业标准相互协调,基础标准、方法标准、设施标准、产品标准、服务标准、管理标准、工作标准、安全标准、卫生标准、环保标准、建设标准相配套,与国际相关标准体系基本接轨,能支撑民政事业发展的标准体系。

(2)标准制(修)订目标:到2010年,完成260项国家标准或行业标准立项,其中,2006年完成立项42项,2007年完成立项77项,2008年完成立项67项,2009年完成立项33项,2010年完成立项41项。

(3)国际标准化活动目标:凡是国际上有相关标准的,要求进行等同、等效或非等效采用;积极参与国际有关标准的制定工作;力争承担相关国际标准化组织的秘书处工作。

(4)标准实施目标:到2010年底,在老年人福利机构、残疾人福利机构、孤残儿童福利机构、临时性社会救助机构、未成年人救助机构、社区服务机构、殡仪服务机构等机构初步建立质量管理体系;建立和完善减灾产品、康复辅具、殡葬设备和用品等民政特殊产品的质检体系,推行质量认证认可和合格评定制度。

(5)标准化工作运行机制目标:建立有关标准化技术委员会,修改《民政标准化工作管理暂行办法》,完善民政标准制(修)订程序,加强标准化工作信息化建设,建立健全适合民政事业发展的标准化工作运行机制。

2. 重点领域

(1)民间组织(包括社会团体、民办非企业单位、基金会):主要开展民间组织分类与术语、民间组织信息披露、民间组织评估等方面标准的研究制定。

(2)优抚安置:主要开展优抚医院、光荣院、军休所、军供站、烈士纪念建筑物等方面标准的研究制定。

(3)减灾救灾:主要开展灾情调查与统计、灾害评估、灾害应急技术、灾民救助、灾区恢复重建、救灾物资生产、减灾物资仓储、救灾捐赠物资管理等方面标准的研究制定。

(4)社会救助:主要开展城乡最低生活保障、农村五保供养、城市临时性社会救助、未成年人社会救助等方面标准的研究制定。重点研究制定城市低保服务流程、城市低保统计方法、城市低保对象档案管理、五保供养服务机构、成年人临时性社会救助管理机构服务、流浪未成年人救助保护机构服务、救助管理机构安全卫生要求、街头救助服务等标准。

(5)社会福利:主要开展老年人社会福利机构、残疾人社会福利机构以及孤残儿童社会福利机构的服务产品、服务流程、服务场所设备设施、服务安全卫生环保要求、服务对象权益保护等方面标准的研究制定。

(6)福利彩票:主要开展福利彩票品种、玩法、福利彩票印刷技术、防伪技术、电脑福利彩票管理规范、彩票开奖流程、彩票销售网点设置和设备设施要求等方面标准的研究制定。

(7)基层民主建设:主要开展社区建设、社区服务、村民委员会选举、村务民主公开等方面标准的研究制定。

(8)婚姻登记管理和婚姻服务:主要开展婚姻登记基本术语、婚姻登记档案管理、婚姻登记证件、婚姻登记服务规范、婚介机构准入、婚介服务流程、婚介服务机构设施设备配备要求、婚庆行业术语与标志、婚庆服务机构准入、婚庆产品分类、保护消费者权益等方面标准的研究制定。

(9)康复辅具:主要开展生活自理类、技能训练类、康复治疗和训练类、休闲娱乐类辅助器具以及假肢矫形器、康复服务等方面标准的研究制定。

(10)殡葬:主要开展殡葬设施、殡葬设备、殡葬用品、殡仪服务等方面标准的研究制定。

(11)收养服务:主要开展收养服务基本术语、收养服务机构资质、收养当事人资格条件、收养关系成立条件、收养后续服务等方面标准的研究制定。

(12)地名:主要开展地名译写、地名文化遗产鉴定、地名标牌、地名标志、地名数据库建设、地名信息服务、地名信息管理等方面标准的研究制定。

(13)民政信息化:主要开展民政领域的基础数据、业务流程、民政战略信息系统、应用支撑、网络基础设施、信息安全、信息服务等方面标准的研究制定。

(14)民政工程项目建设:主要开展社会福利机构、临时性社会救助机构、减灾物资储备中心、殡仪馆、公墓、军供站、军休所、社区服务中心等民政工程项目建设方面标准的研究制定。

第二章 社会福利机构行业标准

第一节 社会福利机构管理

一、社会福利机构及其管理部门

社会福利机构是指国家、社会组织和个人举办的,为老年人、残疾人、孤儿和弃婴提供养护、康复、托管等服务的机构,具有社会性、福利性(非营利性)、服务性和专业性等特点。社会福利机构应当遵守国家法律、法规和政策,坚持社会福利性质,保障服务对象的合法权益。社会福利机构由于其非营利性而享受国家有关优惠政策,由国家民政部负责指导全国社会福利机构的管理工作。县级以上地方人民政府民政部门是社会福利机构的业务主管部门,对社会福利机构进行管理、监督和检查。

二、社会福利机构的审批程序

县级以上地方人民政府民政部门应当根据本行政区域内社会福利事业的发展需要,制定社会福利机构设置规划。社会福利机构的设置应当符合社会福利机构的设置规划和社会福利机构设置的基本标准,其具体的审批程序分为如下四步:

1. 筹办申请

依法成立的组织或具有完全民事行为能力的个人(下称申办人)凡具备相应的条件,可以依法向社会福利机构所在地的县级以上人民政府民政部门提出举办社会福利机构的筹办申请。

申办人申请筹办社会福利机构时,应当提交下列材料:

(1)申请书、可行性研究报告。

(2)申办人的资格证明文件。

(3)拟办社会福利机构资金来源的证明文件。

(4)拟办社会福利机构固定场所的证明文件。

申办人应当持以上材料,向社会福利机构所在地的县级以上人民政府民政部门提出申请,由受理申请的民政部门进行审批。香港、澳门、台湾地区的组织和个人或华侨以及国外的申办人采取合资、合作的形式举办社会福利机构的，应当向社会福利机构所在地的省级人民政府民政部门提出筹办申请，并报省级人民政府外经贸部门审核。

2. **行政审查**

民政部门应当自受理申请之日起30日内，根据当地社会福利机构设置规划和社会福利机构设置的基本标准进行审查，作出同意筹办或者不予同意筹办的决定，并将审批结果以书面形式通知申办人。

3. **申领证书**

经同意筹办的社会福利机构具备开业条件时，应当向民政部门申请领取《社会福利机构设置批准证书》。申请领取《社会福利机构设置批准证书》的机构，应当符合社会福利机构设置的下列基本标准：

(1)有固定的服务场所、必备的生活设施及室外活动场地。

(2)符合国家消防安全和卫生防疫标准，符合《老年人建筑设计规范》和《方便残疾人使用的城市道路和建筑物设计规范》。

(3)有与其服务内容和规模相适应的开办经费。

(4)有完善的章程，且机构的名称应符合登记机关的规定和要求。

(5)有与开展服务相适应的管理和服务人员，医务人员应当符合卫生行政部门规定的资格条件，护理人员、工作人员应当符合有关部门规定的健康标准。

申请领取《社会福利机构设置批准证书》时，应当提交下列文件：

(1)申请《社会福利机构设置批准证书》的书面报告。

(2)民政部门发给的社会福利机构筹办批准书。

(3)服务场所的所有权证明或租用合同书。

(4)建设、消防、卫生防疫等有关部门的验收报告或者审查意见书。

(5)验资证明及资产评估报告。

(6)机构的章程和规章制度。

(7)管理人员、专业技术人员和护理人员的名单及有效证件的复印件，以及工作人员的健康状况证明。

(8)要求提供的其他材料。

4. **社会福利机构的登记**

民政部门自受理申请之日起30日内，对所报文件进行审查，并根据社会福利机构设置的基本标准进行实地验收。合格的，发给《社会福利机构设置批准证书》；不合格的，将审查结果以书面形式通知申办人。申办人取得《社会福利机构设置批准证书》后，应当到登记机关办理登记手续。

三、社会福利机构的内部管理

1. 社会福利机构应当与服务对象或者其家属（监护人）签订服务协议

书,明确双方的责任、权利和义务。社会组织和个人兴办以孤儿、弃婴为服务对象的社会福利机构时,必须与当地县级以上人民政府民政部门共同举办;社会福利机构收养孤儿或者弃婴时,应当经民政业务主管部门逐一审核批准,并签订代养协议书。

2. 社会福利机构应当建立健全各项规章制度和服务标准。各项规章制度和服务标准应当张榜公布,并报民政部门备案。

3. 社会福利机构应当在每年3月31日前,提交本年度的工作报告和下一年度的工作计划。

4. 社会福利机构中不具备上岗资格的护理人员、特教人员应当接受岗前培训,经考核合格后持证上岗。

5. 社会福利机构应当加强财务管理,其收益应当按照国家的有关政策规定分配使用,自觉接受财政、审计、监察等部门的监督。

6. 社会福利机构的资产受国家法律保护,任何组织和个人不得侵占。社会福利机构将其所属的固定资产租赁或者转让时,须经民政部门和登记机关同意后,办理有关手续。

7. 社会福利机构应当严格按照《公益事业捐赠法》的规定开展捐赠活动,不得接受任何带有政治性等附加条件的捐赠。

8. 社会福利机构在对外交往中应当遵守国家的有关法律规定,严格履行报批手续。

9. 社会福利机构变更章程、名称、服务项目和住所时,应当报民政部门审批。更换主要负责人的,应当报民政部门备案。

10. 社会福利机构分立、合并或者解散时,应当提前3个月向民政部门提出申请,报送有关部门确认清算报告及相关材料,并由民政部门报请当地政府对其资产进行评估和处置后,办理有关手续。

第二节 国家级福利院评定标准

为了加强对全国福利院的宏观管理,促进福利院的正规化建设,民政部制定了《国家级福利院评定标准》。该标准只适用于由国家投资兴建、县级以上民政部门负责管理的社会福利院、儿童福利院和精神病人福利院,不适用由集体、个人投资兴办的福利院的评定。国家级福利院分为国家一级福利院和国家二级福利院。申报国家福利院须经省级民政厅(局)审核,由民政部批准、命名。

一、国家级福利院的总体要求

1. 贯彻、执行党和国家的路线、方针和政策，全心全意为收养、休养人员服务，与收养、休养人员建立平等、团结、友爱、互助的社会主义人际关系。

2. 坚持办院宗旨，完成当地人民政府安排的“三无”（无家可归、无依无靠、无生活来源）对象的收养任务。

3. 深化改革，实现福利型向福利经营型、封闭型向开放型、供养型向供养康复型的转变。

4. 管理、服务规范化，效益显著，在城市社会福利事业单位中起骨干、示范作用。

二、国家级福利院的规模标准

1. 国家级福利院必须具有一定规模。国家一级福利院床位总数在 150 张以上，国家二级福利院床位总数在 100 张以上。

2. 有一支适应工作需要的专业化队伍，其中医疗康复专业队伍中必须有高级职称的专业技术人员。国家一级福利院医护人员应占全院职工总数的 70% 以上，国家二级福利院应占 65% 以上。

3. 有较为完善的生活服务保障设施。

4. 有基本的现代医疗康复设备。

三、国家级福利院的功能标准

1. 具有开展老年人、伤残儿童、精神病人的医疗、护理和康复工作的能力。

2. 扩大服务面，具有向社区康复辐射的能力。

3. 具有专业培训和科研能力。

4. 具有自我发展能力。能利用现有设施和医疗条件，向社会开放，增加收入，不断改善收养、休养人员的生活，完善福利院服务设施。

四、国家级福利院的管理标准

1. 有健全的领导班子。领导成员事业心强，廉洁奉公，团结协作，求实创新，政绩突出。

2. 有高效、精干的管理机构。

3. 有经主管部门认可的切实可行的中长期发展规划和年度实施计划。

4. 有完善的以岗位责任制为主要内容的各项规章制度。

5. 院容、院貌好，生活环境优美舒适。国家一级福利院应是本地区的花园式单位,国家二级福利院应是本地区的绿化先进单位。

6. 精神文明建设成果显著。

五、国家级福利院的质量标准

1. 为收养、休养人员提供优质服务。精心安排收养、休养人员的吃、穿、住、治疗和康复,收养、休养人员的生活水平不低于当地群众的一般生活水平。国家一级福利院和二级福利院的收养、休养人员及其家属满意率分别达到95%和90%以上。

2. 认真做好医疗保健工作。定期为收养、休养人员进行健康检查,建立健全病历档案,有病及时治疗;连续三年内无责任医疗事故。国家一级福利院单病种的治愈好转率高于95%,国家二级福利院高于90%。

3. 精心护理患病的收养、休养人员。所有上岗的护理人员都必须进行培训,使基础护理合格率、护理技术操作合格率、护理规程合格率达到规定的比例。

4. 开展收养、休养人员康复活动有显著成效。国家一级福利院的收养、休养人员的康复参与率达到98%、康复有效率达到90%,国家二级福利院的康复参与率达到90%、康复有效率达到85%。

六、国家级福利院的效益标准

1. 床位利用率高。国家一级福利院的床位利用率达到98%以上,国家二级福利院达到95%以上。

2. 工作人员与收养、休养人员的比例合理。国家级福利院应达到以下标准:工作人员与正常老人的比例为1∶4;与生活不能自理老人的比例为1∶1.5;与健全儿童的比例为1∶6;与婴儿、残疾儿童的比例为1∶1.5;与精神病人的比例为1∶2.5。

3. 事业费开支合理。国家拨给的事业费重点用在收养、休养人员身上。国家一级福利院收养、休养人员年生活费开支占年事业费的比例达到80%,国家二级福利院达到70%。

4. 创收能力强。按职工总数计算,国家一级福利院每人每年平均创收为4000元,国家二级福利院每人每年平均创收为3000元。

第三节　老年人社会福利机构基本规范

为了加强老年人社会福利机构的规范化管理,维护老年人权益,促进老年人社会福利事业健康发展,2001 年,由民政部社会福利和社会事务司起草的《老年人社会福利机构基本规范》(MZ008 - 2001)经民政部批准发布作为强制性行业标准,于同年 3 月 1 日实施。该规范的主要技术内容包括:总则、术语、服务、管理、设施设备。

一、总则

(一)为加强老年人社会福利机构规范化管理、维护老年人权益、促进老年人社会福利事业健康发展,制定本规范。

(二)本规范适用于各类、各种形式的为老年人提供养护、康复、托管等服务的社会福利服务机构。

(三)老年人社会福利机构的宗旨是:以科学的知识和技能维护老年人的基本权益,帮助老年人适应社会,促进老年人自身发展。

(四)本规范所列各种条款均为最低要求。

(五)老年人社会福利机构除应符合本规范外,尚应符合国家现行相关强制性标准的规定。

二、术语

(一)老年人(The Elderly):60 周岁及以上的人口。

(二)自理老人(The Self - care Elderly):日常生活行为完全自理,不依赖他人护理的老年人。

(三)介助老人(The Device - aided Elderly):日常生活行为依赖扶手、拐杖、轮椅和升降等设施帮助的老年人。

(四)介护老人(The Nursing - cared Elderly):日常生活行为依赖他人护理的老年人。

(五)老年社会福利院(Social Welfare Institution for the Aged):由国家出资举办、管理的,综合接待"三无"老人、自理老人、介助老人、介护老人安度晚年而设置的社会养老服务机构,设有生活起居、文化娱乐、康复训练、医疗保健等多项服务设施。

(六)养老院或老人院(Home for the Aged):专为接待自理老人或综合接待自理老人、介助老人、介护老人安度晚年而设置的社会养老服务机构,设有生活起居、文化娱乐、康复训练、医疗保健等多项服务设施。

(七)老年公寓(Hostels for the Elderly):专供老年人集中居住,符合老年体能、心态特征的公寓式老年住宅,具备餐饮、清洁卫生、文化娱乐、医疗保健等多项服务设施。

(八)护老院(Homes for the Device - aided Elderly):专为接待介助老人

安度晚年而设置的社会养老服务机构，设有生活起居、文化娱乐、康复训练、医疗保健等多项服务设施。

（九）护养院（Nursing Homes）：专为接待介护老人安度晚年而设置的社会养老服务机构，设有生活起居、文化娱乐、康复训练、医疗保健等多项服务设施。

（十）敬老院（Homes for the Elderly in the Rural Areas）：在乡（镇）、村设置的供养"三无"（无法定扶养义务人，或者虽有法定抚养义务人，但是抚养义务人无扶养能力；无劳动能力；无生活来源）、"五保"（吃、穿、住、医、葬）老人和接待社会上的老年人安度晚年的社会养老服务机构，设有生活起居、文化娱乐、康复训练、医疗保健等多项服务设施。

（十一）托老所（Nursery for the Elderly）：专为短期接待老年人托管服务的社区养老服务场所，设有生活起居、文化娱乐、康复训练、医疗保健等多项服务设施，分为日托、全托、临时托等。

（十二）老年人服务中心（Center of Service for the Elderly）：为老年人提供各种综合性服务的社区服务场所，设有文化娱乐、康复训练、医疗保健等多项或单项服务设施和上门服务项目。

三、服务

（一）膳食

1. 有主管部门颁发了卫生许可证的专门为老人服务的食堂，配备厨师和炊事员。

2. 厨师和炊事员持证上岗，严格执行食品卫生法规，严防食物中毒。

3. 注意营养，合理配餐，每周有食谱，根据老人的需要或医嘱制作普食、软食、流食及其他特殊饮食。

4. 为有需要的自理老人、介助老人和所有介护老人送饭到居室，根据需要喂水、喂饭。清洗、消毒餐具。

5. 每月召开1次膳食管理会，征求智力正常老人及其他老人家属的意见，满意率达到80%以上。

6. 照顾不同老人的饮食习惯，尊重少数民族的饮食习俗。

（二）护理

1. 自理老人的护理

（1）每天清扫房间1次，室内应无蝇、无蚊、无鼠、无蟑螂、无臭虫。保持室内空气新鲜，无异味。

（2）提供干净、得体的服装并定期换洗，冬、春、秋季每周1次，夏季经常换洗。

(3)协助老人整理床铺。

(4)每周换洗1次被罩、床单、枕巾(必要时随时换洗)。

(5)夏季每周洗澡2次,其他季节每周1次。

(6)督促老人洗头、理发、修剪指甲。

(7)服务人员24小时值班,实行程序化个案护理。视情况调整护理方案。

2. 介助老人的护理

(1)每天清扫房间1次,室内应无蝇、无蚊、无鼠、无蟑螂、无臭虫。保持室内空气新鲜,无异味。

(2)提供干净、得体的服装并定期换洗,冬、春、秋季每周1次,夏季经常换洗。

(3)协助老人整理床铺。

(4)每周换洗1次被罩、床单、枕巾(必要时随时换洗)。

(5)夏季每周洗澡2次,其他季节每周1次。

(6)协助老人洗头、修剪指甲。

(7)定期上门理发,保持老人仪表端正。

(8)毛巾、洗脸盆应经常清洗,便器每周消毒1次。

(9)搀扶老人上厕所排便。

(10)Ⅰ度褥疮发生率低于5%,Ⅱ度褥疮发生率为零,入院前患有严重低蛋白血症、全身高度浮肿、癌症晚期、恶液质等疾病的患者除外。对因病情不能翻身而患褥疮的情况应有详细记录,并尽可能提供防护措施。

(11)服务人员24小时值班,实行程序化个案护理。视情况调整护理方案。

3. 介护老人的护理

(1)每天清扫房间1次,室内应无蝇、无蚊、无老鼠、无蟑螂、无臭虫。保持室内空气新鲜,无异味。

(2)提供干净、得体的服装并定期换洗,冬、春、秋季每周1次,夏季经常换洗。

(3)整理床铺。

(4)每周换洗1次被罩、床单、枕巾(必要时随时换洗)。

(5)帮助老人起床穿衣、睡前脱衣。

(6)全身洗澡,每周2次。

(7)定期洗头、修剪指甲。

(8)口腔护理清洁无异味。

(9)定期上门理发,保持老人仪表端正。

(10)毛巾、洗脸盆应经常清洗,便器每周消毒1次。

(11)送饭到居室,喂水喂饭。

(12)帮助老人排便。

(13)为行走不便的老人配备临时使用的拐杖、轮椅车和其他辅助器具。

(14)Ⅰ度褥疮发生率低于5%,Ⅱ度褥疮发生率为零,入院前患有严重低蛋白血症、全身高度浮肿、癌症晚期、恶液质等疾病的患者除外。对因病情不能翻身而患褥疮的情况应有详细记录,并尽可能提供防护措施。

(15)早晨起床后帮助老人洗漱,晚上帮助老人洗脚。

(16)视天气情况,每天带老人到户外活动1小时。

(17)服务人员24小时值班,实行程序化个案护理。视情况调整护理方案。

4. 帮助老人办理到异地的车船票。

5. 特别保护女性智残和患有精神病的老人的人身权益不受侵犯。

6. 对患有传染病的老人要及时采取特殊保护措施,并对其隔离、治疗,以既不影响他人又尊重病患老人为原则。

(三)康复

1. 卫生保健人员定期查房巡诊,每天1次。

2. 为老人定期检查身体,每年1次。

3. 医护人员定期、定时护理。

4. 组织智力健全和部分健全的老人每月进行1次健康教育和自我保健、自我护理知识的学习,以及常见病、多发病的自我防治和老年营养学的学习。

5. 医护人员确保各项治疗措施的落实,确保每周开展2种以上康复活动。

6. 定期或不定期地做好休养区和院内公共场所的消毒灭菌工作。

7. 制订年度康复计划,每周组织老年人开展3次康复活动。

(四)心理

1. 为有劳动能力、自愿参加公益活动的老人提供中介服务或给予其劳动的机会。组织健康老人每季度参加1次公益活动。

2. 每周根据老人身体健康情况、兴趣爱好、文化程度,开展1次有益于身心健康的各种文娱、体育活动,丰富老年人的文化生活。

3. 与老人每天交谈15分钟以上,并做好谈话周记。及时掌握每个老人的情绪变化,对普遍性问题和极端的个人问题集体研究解决,保持老人的自信状态。

4. 经常组织老人进行必要的情感交流和社会交往。不定期开展为老人送温暖、送欢乐活动，消除老人的心理障碍。帮助老人建立新的社会联系，努力营造和睦的大家庭色彩，基本满足老人情感交流和社会交往的需要。根据老年人的特长、身体健康状况、社会参与意愿，不定时地组织老年人参与社会活动，为社会发展贡献余热。

5. 制订有针对性的“入住适应计划”，帮助新入住老人顺利渡过入住初期。

四、管理

（一）机构证书和名称

1. 提供《社会福利机构设置批准证书》和法人资格证书，并悬挂在醒目的地方。

2. 老年人社会福利机构的名称，必须根据收养对象的健康状况和机构的业务性质，标明养老院、老年公寓、护老院、护养院、敬老院、托老所或老年人服务中心等。由国家和集体举办的，应冠以所在地省（自治区、直辖市）、市（地、州）、县（县级市、市辖区）、乡（镇）行政区划名称，但不再另起字号；由社会组织和个人兴办的，应执行《民办非企业单位名称管理暂行规定》。

（二）人力资源配置

1. 城镇地区和有条件的农村地区，老年人社会福利机构主要领导应具备相关专业大专以上学历，模范遵守国家的法律法规，熟练掌握所从事工作的基本知识和专业技能。

2. 城镇地区和有条件的农村地区，老年人社会福利机构应有1名大专学历以上、社会工作类专业毕业的专职的社会工作人员和专职康复人员。为介护老人服务的机构，至少有1名医生和相应数量的护士。护理人员及其他人员的数量以能满足服务对象需要并能提供本规范所规定的服务项目为原则。

3. 主要领导应接受社会工作类专业知识的培训。各专业工作人员应具有相关部门颁发的职业资格证书或国家承认的相关专业大专以上学历。无专业技术职务的护理人员应接受岗前培训，经省级以上主管机关培训考核后持证上岗。

（三）制度建设

1. 有按照有关规定和要求制定的适合实际工作需要的规章制度。

2. 有与入院老年人或其亲属、单位签订的具有法律效力的入院协议书。

3. 有简单介绍本机构最新情况的书面图文资料，其中需说明服务宗旨、目标、对象、项目、收费及服务使用者申请加入和退出服务的办法与发表意见的途径、本机构处理所提意见和投诉的承诺等。这类资料应满足服务对象使用。

4. 有可供相关人员查阅和向有关部门汇报的长、中、短期工作计划，以及定期统计资料、年度总结和评估报告。

5. 建立入院老人档案，包括入院协议书、申请书、健康检查资料、身份证、户口簿复印件、老人照片及记录后事处理联系人等与老人有关的资料，并长期保存。

6. 有全部工作人员、管理机构和决策机构的职责说明、工作流程及组织结构图。

7. 有工作人员工作细则和选聘、培训、考核、任免、奖惩等相关管理制度。

8. 严格执行有关外事、财务、人事、捐赠等方面规定。

9. 各部门、各层级应签订预防事故的责任书，确保安全，做到全年无重大责任事故。

10. 护理人员确保各项治疗、护理、康复措施的落实，严禁发生事故。

11. 服务项目的收费按照当地物价部门和民政部门的规定执行，收费项目既要逐项分计，又要适当合计。收费标准应当公开和便于查阅。

12. 有工作人员和入院老人花名册。入院老人的个人资料除供有需要知情的人员查阅外应予以保密。

13. 严防智残和患有精神病的老人走失。为智残和患有精神病的老人佩戴写有姓名和联系方式的卡片，或采取其他有效措施，以便老人走失后的查找。

14. 对患有精神病且病情不稳定的老人，有约束保护措施和处理突发事件的措施。

15. 有老人参与机构管理的管理委员会。

16. 长期住院的“三无”老人的个人财产应予以登记，并办理有关代保管服务的手续。

17. 工作人员在工作时间内需佩证上岗。

五、设施设备

(一)老人居室

1. 老人居室的单人间使用面积不小于10平方米；双人间使用面积不小于14平方米；三人间使用面积不小于18平方米；合居型居室每张床位的使用面积不小于5平方米。

2. 根据老人的实际需要，居室应配设单人床、床头柜、桌椅、衣柜、衣架、毛巾架、毯子、褥子、被子、床单、被罩、枕芯、枕套、枕巾、时钟、梳妆镜、洗脸盆、暖水瓶、痰盂、废纸桶、床头牌等,介助、介护老人的床头应安装呼叫铃。

3. 室内家具、各种设备应无尖角凸出部分。

(二)饭厅应配设餐桌、坐椅、时钟、公告栏、废纸桶、窗帘、消毒柜、洗漱池、防蝇设备等。

(三)洗手间及浴室应配备安装在墙上的尿池、坐便器、卫生纸、卫生纸专用夹、废纸桶、淋浴器、坐浴盆或浴池、防滑的浴池垫和淋浴垫、浴室温度计、抽气扇等。

(四)有必备的洗衣设备,应有洗衣机、熨斗等。

(五)有老人活动室。有供老人阅读、写字、绘画、娱乐的场所,该场所应提供图书、报刊、电视机和棋牌。

(六)有配置适合老人使用的健身、康复器械和设备的康复室和健身场所。

(七)有接待来访的场所。接待室配备桌椅、纸笔及相关介绍材料。

(八)室外活动场所不得少于150平方米,绿化面积达到60%。

(九)公共区域应设有明显标志,方便识别。

(十)有一部可供老人使用的电话。

(十一)根据老人健康情况,必须准备足够的医疗设备和物资,应有急救药箱和轮椅车等。不设医务室的老年人社会福利机构应与专业医院签订合同。合同医院必须具备处理老年人社会福利机构内各种突发性疾病和其他紧急情况的能力,并能够承担老年人常见病、多发病的日常诊疗任务。

(十二)及时解决消防、照明、报警、取暖、通讯、降温、排污等设施和生活设备出现的问题,严格执行相关规定,保证其随时处于正常状态。

(十三)保证水、电供应,冬季室温不低于16℃,夏季不超过28℃。

(十四)生活环境安静、清洁、优美,居室物品放置有序,顶棚、墙面、地面、桌面、镜面、窗户、窗台洁净。

第四节 残疾人社会福利机构基本规范

为了加强残疾人社会福利机构的规范化管理,维护残疾人权益,促进残疾人社会福利事业健康发展,2001年,由民政部社会福利和社会事务司起草的《残疾人社会福利机构基本规范》(MZ009-2001)经民政部批准发布作为强制性行业标准,于同年3月1日实施。该规范的主要技术内容包括:总则、术语、服务、管理、设施设备和其他。

一、总则

（一）为加强残疾人社会福利机构规范化管理，维护残疾人权益，促进残疾人社会福利事业健康发展，制定本规范。

（二）本规范适用于各类、各种形式的为残疾人提供养护、康复、托管等服务的社会福利服务机构。

（三）残疾人社会福利机构的宗旨是：以科学的知识和技能维护残疾人的基本权益，帮助残疾人适应社会，促进残疾人自身发展。

（四）本规范所列各种条款均为最低要求。残疾人社会福利机构除应符合本规范外，尚应符合国家现行相关强制性标准的规定。

二、术语

残疾人社会福利机构（Social Welfare Institution for Disabled Persons）：为肢体、智力、视力、听力、语言、精神方面有残疾的人员提供康复和功能补偿的辅助器具，进行康复治疗、康复训练，承担教育、养护和托管服务的社会福利机构。

三、服务

（一）膳食

1. 有主管部门颁发了卫生许可证的专门为残疾人服务的食堂，配备厨师和炊事员。

2. 厨师和炊事员持证上岗，严格执行食品卫生法规，严防食物中毒。

3. 注意营养，合理配餐，每周有食谱。根据残疾人的需要或医嘱要求，制作普食、软食、半流食、流食及其他饮食。

4. 为生活不能自理的残疾人送饭到居室，根据需要喂水喂饭。清洗、消毒餐具。

5. 每月召开1次膳食管理会，征求智力正常的残疾人及其他残疾人家属的意见，满意率达到80%以上。

6. 照顾不同残疾人的饮食习惯，尊重少数民族的饮食习俗。

（二）护理

1. 每天清扫房间1次，室内应做到无蝇、无蚊、无鼠、无蟑螂、无臭虫。保持室内空气新鲜，无异味。

2. 为供养人员提供干净、得体的服装，并定期换洗。夏季经常换洗，其他季节每周1次。

3. 整理床铺。

4. 每周换洗 1 次被罩、床单、枕巾(必要时随时换洗)。

5. 帮助生活不能自理的残疾人穿衣、脱衣。

6. 协助残疾人洗澡,夏季每周 2 次,其他季节每周 1 次;协助残疾人理发,每月 1 次;协助残疾人洗头、修剪指甲。口腔护理清洁无异味。

7. 毛巾、洗脸盆应经常清洗,便器每周消毒 1 次。

8. 协助残疾人上厕所排便。

9. 为行走不便的残疾人配备临时使用的拐杖、轮椅车和其他辅助器具。

10. Ⅰ度褥疮发生率低于 5%,Ⅱ度褥疮发生率为零,入院前患有严重低蛋白血症、全身高度浮肿、癌症晚期、恶液质等疾病的患者除外。对因病情不能翻身而患褥疮的情况应有详细记录,并尽可能提供防护措施。

11. 视天气情况,每天带残疾人到户外活动 1 小时。

12. 帮助住院残疾人办理到异地的车船票。

13. 特别保护女性智残人和精神病人的人身权益不受侵犯。

14. 对患有传染病的残疾人要及时采取特殊保护措施,并对其进行隔离、治疗,以既不影响他人又尊重病患残疾人为原则。

15. 服务人员 24 小时值班,实行程序化个案护理。视情况调整护理方案。

(三)康复

1. 肢体残疾人的康复

(1)根据残疾人要求和实际情况,为其提供、装配符合国家或行业标准并经国家相关产品监督检测部门检验合格的各种假肢与矫形器、轮椅车、助行架、拐杖、内脏托带及其他康复和功能补偿的辅助器具,进行康复治疗和康复训练。

(2)为肢残人提供熟练的护理服务,对残肢肿胀、皮肤感染、溃疡等常见残肢病提供规范化的医疗服务,对残肢状况不良的残疾人及时进行康复治疗、康复训练和康复评定。

(3)对个别残肢需要修整或患有难治残肢病的残疾人,经其本人和家属同意后,及时送医院治疗。

(4)对装肢前需要进行残肢训练的截肢者,应有康复训练人员一对一、有计划地进行增大残肢肌力和活动范围的功能训练。

(5)装肢后,应有专职人员对残疾人进行矫正行走姿势的步态训练,并做好评估记录。

2. 智力残疾人的康复

(1)利用传统疗法(如针灸)、物理疗法(各种理疗设备),对智残者进行康复治疗。

(2)通过日常生活能力训练、手工作业训练,对智残者进行智力训练。

(3)利用运动疗法、作业疗法,对智残者进行肢体训练。

3. 盲聋哑人的康复

(1)利用传统疗法(如针灸)、物理疗法(各种理疗设备),对盲聋哑人进行康复治疗。

(2)利用语言治疗和矫正训练设备,进行听力训练、语言训练。

4. 精神病人的康复

(1)按照康复计划和个人康复方案实施康复治疗和康复训练,并及时进行康复评估。康复参训率达到90%以上,康复有效率达到85%以上。

(2)有针对性地举办各种形式的技能训练,为安置康复期精神病人就业及参加生产劳动创造条件。

(3)定岗康复项目不得少于8个,每个项目必须有专职人员指导精神病人康复。

(四)辅助器具装配

1. 提供服务前应详细了解残疾人的身体状况和致残原因,并对了解的情况进行认真记录,应具有个人资料卡和处方单。

2. 为残疾人提供有关假肢与矫形器及其他康复和功能补偿辅助器具的样品、适应范围、使用说明、残肢护理、产品维护等知识的咨询服务,询问、回答残疾人问题要热情、耐心、准确、周到。

3. 明码标价,公开产品质量和服务质量标准,主动向残疾人介绍产品的品种、结构、档次和性能,并与残疾人签订包含按时交货、产品合格和保修、包换、包退内容的服务协议书。

4. 按照处方要求选配假肢、矫形器及其他康复和功能补偿辅助器具的零部件,对备件、半成品加工、组装等工序有严格的质量检验。

5. 残疾人试样时,注意听取其意见,悉心告知和指导使用方法,并做好试样结果纪录;对装配不适当的地方及时修改后再行试样,直至符合残疾人的生理、病理要求。

6. 正式交付残疾人的假肢、矫形器及其他康复和功能补偿辅助器具产品,应经注册执业假肢与矫形器制作师检验和签字,盖有合格证章,并经残疾人或其家属签字认可。

(五)心理

1. 为有劳动能力、自愿参加公益活动的残疾人提供服务或给予其劳动的机会。组织有活动能力的残疾人每季度参加1次公益活动。

2. 每周组织残疾人开展1次有益于身心健康的集体性文娱或体育活动,丰富残疾人的精神文化生活。

3. 与智力健全和部分健全的残疾人每天交谈10分钟以上,并做好谈话周记(精神病人酌情处理)。及时掌握每个残疾人的情绪变化,对普遍性问题和极端的个人问题集体研究解决,保持残疾人的自信状态。

4. 经常组织残疾人进行必要的情感交流和社会交往。不定期开展为残疾人送温暖、送欢乐活动,消除残疾人的心理障碍。帮助残疾人建立新的社会联系,努力营造和睦的大家庭色彩,基本满足残疾人情感交流和社会交往的需要。

(六)其他

1. 卫生保健人员定期查房巡诊,每天1次。

2. 为残疾人定期检查身体,每年1次。

3. 医务人员护理定期、定时。

4. 组织智力健全和部分健全的残疾人每月进行1次健康教育和自我保健、自我护理知识的学习。

5. 定期或不定期地做好休养区和院内公共场所的消毒灭菌工作。

6. 对采用药物维持治疗三年以上、病情稳定的"三无"(无生活来源、无劳动能力、无法定赡养人)未婚精神病人,当其申请结婚时,如符合法律规定,视情况为他们提供登记结婚和有效避孕的方便条件。

7. 对基本康复并已办理出院手续的精神病人和具有一定劳动能力的智残人,负责向所送单位或街道推荐其就业,并按有关政策提出享受国家财政扶持、减免税收等生产自救优惠政策的建议。

四、管理

(一)机构证书和名称

1. 提供《社会福利机构设置批准证书》和法人资格证书,并悬挂在醒目的地方。

2. 残疾人社会福利机构的名称,必须根据收养对象的健康状况和机构的业务性质,标明肢残人社会福利机构、智残人社会福利机构、聋哑人社会福利机构、精神病人社会福利机构或综合性残疾人社会福利机构等。由国家和集体举办的,应冠以所在地省(自治区、直辖市)、市(地、州)、县(县级市、市辖区)、乡(镇)行政区划名称,但不再另起字号;由社会组织和个人举办的,应执行《民办非企业单位名称管理暂行规定》。

(二)人力资源配置

1. 城镇地区和有条件的农村地区,残疾人社会福利机构主要领导应具备大专以上学历,具有高尚的职业道德,遵守国家的法律法规,熟练掌握所从事工作的基本知识和专业技能。

2. 城镇地区和有条件的农村地区,残疾人社会福利机构应有1名大专以上学历、社会工作类专业毕业的专、兼职社会工作人员,1名专职康复人员。肢残人和盲聋哑人社会福利机构,应按床位数配备国家认定的相应数量的医疗及康复护理人员。精神病人社会福利机构医护人员的配备,按卫生部门有关要求执行。其他人员的数量以能满足服务对象需要并能提供本规范所规定的服务项目为原则。

3. 肢残人社会福利机构,10人以下的单位,具有符合规定并注册登记的执业假肢、矫形器制作师应达到生产装配人员的30%;10人以上的单位,具有符合规定并注册登记的执业假肢、矫形器制作师不得少于3名;生产、加工部门配有工程系列中等专业技术职务以上的专业技术人员;生产、装配部门的职工应符合上岗条件和国家假肢制作装配工、矫形器制作装配工的各级工种要求。

4. 主要领导应接受社会工作类专业的培训。各专业工作人员应具有相关部门颁发的职业资格证书或国家承认的相关专业大专以上学历。无专业技术职务的护理人员应接受岗前培训,经省级以上主管机关培训考核后持证上岗。

(三)制度建设

1. 有按照有关规定和要求制定的适合实际工作需要的规章制度。

2. 有与入院残疾人或其亲属、单位签订的具有法律效力的入院协议书。

3. 有简单介绍本机构最新情况的书面图文资料,其中需说明服务宗旨、目标、对象、项目、收费及服务使用者申请加入和退出服务的办法与发表意见的途径、本机构处理所提意见和投诉的承诺等。这类资料应满足服务对象使用。

4. 有可供相关人员查阅和向有关部门汇报的长、中、短期工作计划,定期统计资料,年度总结和评估报告,以及针对存在问题采取的相应对策。

5. 认真检查、详细了解残疾人的身体状况和致残原因,规范建立个人健康档案、诊疗计划和康复评估记录,并长期保存。

6. 有全部工作人员、管理机构和决策机构的职责说明、工作流程及组织机构图。

7. 有工作人员工作细则和选聘、培训、考核、任免、奖惩等相关管理制度。

8. 严格执行有关外事、财务、人事、捐赠等方面的规定。

9. 各部门、各层级应签订预防事故的责任书,确保安全,做到全年无重大责任事故。

10. 护理人员确保各项治疗、护理、康复措施的落实,严禁发生事故。

11. 服务项目的收费按照当地物价部门和民政部门的规定执行,收费项目既要逐项分计,又要适当合计。收费标准应当公开和便于查阅。

12. 有工作人员和入院残疾人花名册。入院残疾人的个人资料除供有需要知情的人员查阅外应予以保密。

13. 严防智残人和精神病人走失。为智残人和精神病人佩戴写有姓名和联系方式的卡片,或采取其他有效措施,以便病人走失后的查找。

14. 对病情不稳定的精神病人有约束保护措施和处理突发事件的措施。

15. 有智力健全的残疾人和残疾人家属参与机构管理的管理委员会。

16. 对长期住院的"三无"精神病人的个人财产应予以登记,并办理有关代保管服务的手续。

17. 工作人员在工作时间内需佩证上岗。

五、设施设备

(一)日常设施设备

1. 残疾人居室的单人间使用面积不小于10平方米;双人间使用面积不小于14平方米;三人间使用面积不小于18平方米;合居型居室每张床位的使用面积不小于5平方米。

2. 根据残疾人的实际需要配备居室设施,应配设单人床、床头柜、床头铃、衣柜、衣架、毛巾架、褥子、被子、毯子、床单、被罩、枕芯、枕套、枕巾、时钟、洗脸盆、暖水瓶、痰盂、病床便盆、尿壶、废纸桶、床头牌、鞋拔等。

3. 室内家具、各种设备应无尖角凸出部分。

4. 饭厅应配设餐桌、坐椅、时钟、公告栏、废纸桶、窗帘、消毒柜、洗漱池、防蝇设备等。

5. 洗手间及浴室至少应配备安装在墙上的尿池、坐便器、卫生纸、卫生纸专用夹、废纸桶、淋浴器、坐浴盆或浴池、防滑的浴池垫和淋浴垫、浴室温度计、抽气扇等。

6. 有必备的洗衣设备。应有洗衣机、熨斗等。

7. 有供残疾人阅读、写字、绘画、娱乐的场所,该场所应提供图书、报刊、电视机和棋牌。

8. 有适合残疾人使用的健身、康复器械和设备的康复室和健身场所。

9. 院内有固定的职业技能培训基地,做到预防、医疗、康复、培训四位一体。

10. 有接待来访的场所。接待室配备桌椅、纸笔及相关介绍材料。

11. 室外活动场所达到150平方米,绿化面积达到60%。

12. 公共区域应设有明显标志,方便识别。

13. 必须根据残疾人健康情况准备足够的医疗设备和物资,应有急救药箱和轮椅车等。不设医务室或相关医疗力量不足的残疾人社会福利机构应与专业医院签订合同。合同医院必须具备处理残疾人社会福利机构内各种突发性疾病和其他紧急情况的能力,并能够承担残疾人常见病、多发病的日常诊疗任务。

14. 有一部可供入院残疾人使用的公用电话。

15. 及时解决消防、照明、报警、通信、取暖、降温、排污等设施和生活设备出现的问题,严格执行相关规定,保证其随时处于正常状态。

16. 保证水、电供应,冬季室内温度不低于16℃,夏季不超过28℃。

17. 生活环境安静、清洁、优美,居室物品放置有序,顶棚、玻璃、墙面、地面、桌面、窗台洁净。

(二)肢体残疾人

1. 基本建筑面积在1000平方米以上,其中,残疾人接待室面积达50平方米以上;体疗室、理疗室和康复训练室的总面积达80平方米以上;残疾人使用假肢的步态训练室,面积达40平方米以上。残疾人出入的场所应符合无障碍设计的标准。

2. 居室应配设单人床(床上根据需要配设防褥疮的特殊装置)、床栏杆或固定在床上的用于肢残人自我起立的栏杆、床头铃、床头牌、枕芯、枕套、枕巾、被子、褥子、毯子、床单、被罩、残肢支撑架、手杖架、肘拐和腋拐架、床头柜、凳子和站立椅、衣柜、衣架、毛巾架、窗帘及其开关器、高度为坐姿可及的电源开关等照明控制辅助器具、洗脸盆、暖水瓶、痰盂、废纸桶、时钟、梳妆镜、鞋拔等,并根据需要为下肢瘫痪的残疾人配置尿吸收器具及其固定用具和尿收集用具。

3. 有工作人员与肢残人一对一的测量、取型室,室内备有更衣、冲洗及保暖、通风设备。

4. 步态训练室配有平行杠、照姿镜、体操垫、肋木、训练用扶梯、步行训练器、助行器、自行车训练器等器械。

5. 理疗室应备有蜡疗、红外线、音频电疗、磁疗、超短波、超声波、微波治疗机等设备和弹力服、抗水肿袜套等器具;体疗室应备有肋木、蹦床、体操垫、平衡板、牵引器等器具。

6. 生产装配假肢和矫形器所需的测量、取型、预制件加工、组装、试样修理等各工序设备、车间配备齐全。

7. 配有机械加工车间(生产装配电动手或肌电手的还需有电器加工车间),可进行假肢和矫形器及其他装饰假体、轮椅车等产品零部件的生产或修配。

8. 接待残疾人的客房至少有16张床位。

9. 卫生间内安装在墙上的尿池和坐便器上应装配扶手。

10. 浴室内应配备防滑的浴池垫、淋浴垫和带子等。

11. 在公共区域放置可用于入厕和淋浴的坐便椅，数量应满足在院残疾人的使用。

（三）智力残疾人

1. 基本建筑面积不少于500平方米。其中残疾人接待室面积在50平方米以上；病房床位在20张以上，病房每床占用面积不少于4平方米；全院残疾人活动空间不少于100平方米。

2. 居室应配设单人床（床上根据需要配设防褥疮的特殊装置）、床栏杆、床头铃、枕芯、枕套、枕巾、被子、褥子、毯子、床单、被罩、床头牌、床头柜、衣柜、衣架、毛巾架、窗帘及其开关器、时钟、洗脸盆、痰盂、废纸桶、鞋拨等，并根据需要为尿失禁的智残人配置尿吸收器具及其固定用具和尿收集用具。

3. 院内环境和所有设施必须符合残疾人行动和休闲的特点，绿化面积达到60%以上。

4. 设有康复治疗室和智能训练室。

5. 备有日常生活训练用具、训练用垫和床、沙袋、哑铃等运动治疗设备。

（四）盲聋哑人

1. 基本建筑面积不少于500平方米。其中残疾人接待室面积在50平方米以上；病房床位在20张以上，每床净使用面积不少于4平方米。

2. 设有康复治疗室和语言训练室。

3. 备有声音记录器、非语言交流写字画板、助听器、电视机、VCD等基本训练设备。

（五）精神病人

1. 基本建筑面积不少于500平方米。其中残疾人接待室、门诊室合计面积在50平方米以上；病房床位在20张以上，每床净使用面积不少于4平方米；病员活动空间不少于100平方米。

2. 院内环境和各项设施应根据病情特点而设定，防止病人的走失和相互伤害。道路全部采用硬路面，道旁植树栽花，场地绿化面积达60%以上。

3. 设有医疗、护理和康复训练室。

4. 医疗设备的配备按卫生部门有关要求执行。

六、其他

（一）残疾人康复福利机构应设在靠近社区、交通便利、环境良好的区域。

(二)用于康复服务的各种药品、器械及原材料有正常的供应渠道。

第五节　儿童社会福利机构基本规范

为了加强儿童社会福利机构的规范化管理,维护儿童权益,促进儿童社会福利事业健康发展,2001年,由民政部社会福利和社会事务司起草的《儿童社会福利机构基本规范》(MZ010－2001)经民政部批准发布作为强制性行业标准,于同年3月1日实施。该规范的主要技术内容包括:总则、术语、服务、管理、设施设备。

一、总则

(一)为加强儿童社会福利机构的规范化管理,维护儿童权益,促进儿童社会福利事业的健康发展,制定本规范。

(二)本规范适用于各类、各种形式的为孤、弃、残儿童提供养护、康复、医疗、教育、托管等服务的儿童社会福利服务机构,如儿童福利院、社会福利院、SOS儿童村、孤儿学校、残疾儿童康复中心、社区特教班等。

(三)儿童社会福利机构的宗旨是:以科学的知识和技能维护儿童的基本权益,帮助儿童适应社会,促进儿童的自身发展。

(四)本规范所列举的各种条款均为最低要求。

(五)儿童社会福利机构除应符合本规范外,尚应符合国家现行相关强制性标准的规定。

二、术语

(一)儿童(Children):14周岁及以下的人口。

(二)新生儿(Neonate):自出生后到4周的儿童。

(三)婴儿(Infant):4周到满1周岁的儿童。

(四)幼儿(Toddler):1周岁到满3周岁的儿童。

(五)学龄前儿童(Preschoolers):3周岁到入小学前(6~7周岁)的儿童。

(六)学龄期儿童(Children of School Age):入小学起(6~7周岁)到青春期(女孩12周岁,男孩13周岁)的儿童。

(七)青少年(Adolescent):女孩从12周岁开始到17~18周岁,男孩从13周岁开始到20周岁。

(八)孤儿(Orphan):丧失父母的儿童。

(九)弃婴(Abandoned Baby):查找不到生父母的1周岁以内的儿童。

(十)弃儿(Foundling):查找不到生父母的1周岁以上的儿童。

(十一)残疾儿童(Disabled Children):14周岁以下符合国家规定的残疾标准的儿童。

(十二)SOS儿童村(SOS Children's Village):国际性民间慈善组织,其经费来自于募捐。以模拟家庭为单位,由一位"妈妈"和若干名健全孤儿组成一个家庭。一般由10~20个家庭组成。

(十三)孤儿学校(School for Orphans):为孤儿提供九年制义务教育的场所。

(十四)残疾儿童康复中心(Rehabilitation Center for Disabled Children):为残疾儿童提供各种综合性康复服务的机构,设有医疗保健、手术矫治、康复训练、业务培训等多项服务设施。

(十五)社区特教班(Community - based Educational Services for Special Children):指在社区内为残疾(主要是智力残疾)儿童进行特殊教育和相关康复服务的班级。

(十六)家庭寄养(Foster Care):把失去家庭的孤残儿童托养在一个家庭的儿童养育方式。

三、服务

(一)膳食

1. 有由主管部门颁发了卫生许可证的专门为儿童服务的食堂,配备厨师和炊事员。

2. 厨师和炊事员应持证上岗,严格执行食品卫生法规,严防食物中毒。

3. 注意营养,合理配餐,每周有食谱。按照不同年龄阶段或医嘱要求,制作普食、软食、半流食、流食及其他特殊饮食。

4. 为有需要的儿童送饭到居室,根据需要喂水喂饭。清洗、消毒餐具。

5. 为婴幼儿配奶必须按规范操作。

6. 尊重少数民族饮食习俗。

(二)护理

1. 新生儿及婴儿的护理

(1)婴儿室应阳光充足,室温和湿度适宜,无噪音,无污染。

(2)室内保持清洁,应做到无蝇、无蚊、无鼠、无蟑螂、无臭虫。保持室内空气新鲜,无异味。

(3)严格的消毒隔离制度,做到一人一床、一瓶、一碗、一杯、一盆、一巾、一勺,室内地面定期消毒。

(4)定时喂奶、喂水、喂食,保证新生儿及婴儿生长发育的需要。

(5)婴儿每天活动时间应不少于2小时。

(6)加强新生儿脐部护理,夏季每天洗澡1次,其他季节每周2次。

(7)勤换尿布、内衣,防止尿布湿疹和褥疮发生。

(8)翻晒被褥,根据天气变化,及时添减衣被。

(9)为婴儿勤剪指甲。

(10)离开婴儿前,应采取防止其坠床的措施。

(11)加强口腔护理。

(12)对患有传染病的新生儿及婴儿要及时采取特殊保护措施,并对其隔离治疗,以既不影响他人又尊重病患儿童为原则。

(13)服务人员24小时值班,实行程序化个案护理。

2. 幼儿的护理

(1)居室阳光充足,整洁卫生,做到无蝇、无蚊、无鼠、无蟑螂、无臭虫。保持室内空气新鲜,无异味。

(2)执行消毒制度,做到一人一床、一帕、一杯、一巾、一碗、一盆,定期消毒。

(3)整理床铺。

(4)每周换洗1次被罩、床单、枕巾(必要时随时换洗)。

(5)天气许可时,每天带幼儿户外活动1小时。

(6)培养幼儿的生活自理能力,如洗脸、漱口、穿衣、自行大小便等。

(7)为幼儿剪指甲、梳头、洗头。

(8)培养幼儿良好的卫生习惯,勤洗澡、勤理发、勤换衣服。每天洗脸2次,洗脚1次。夏季每天洗澡1次,其他季节每周2次。

(9)对患有传染病的幼儿要及时采取特殊保护措施,并对其隔离治疗,以既不影响他人又尊重病患儿童为原则。

(10)服务人员24小时值班,实行程序化个案护理。

3. 学龄前儿童的护理

(1)居室阳光充足,整洁卫生,做到无蝇、无蚊、无鼠、无蟑螂、无臭虫。保持室内空气新鲜,无异味。

(2)执行消毒制度,做到一人一床、一帕、一杯、一巾、一碗、一盆,定期消毒。

(3)整理床铺。

(4)每周换洗1次被罩、床单、枕巾(必要时随时换洗)。

(5)视天气情况,每天带儿童到户外活动1小时。

(6)进行生活技能培训。着重培养儿童的生活自理能力,如洗脸、刷牙、穿衣、梳头、自行大小便等;着重培养儿童的简单家务劳动能力,如洗碗、扫地、铺床、洗手帕等。

(7)指导儿童定时去食堂吃饭。

(8)协助儿童洗澡,夏季每周2次,其他季节每周1次。

(9)对患有传染病的学龄前儿童要及时采取特殊保护措施,并对其隔离治疗,以既不影响他人又尊重病患儿童为原则。

(10)服务人员24小时值班,实行程序化个案护理。

4. 学龄期儿童的护理

(1)居室阳光充足,整洁卫生,做到无蝇、无蚊、无鼠、无蟑螂、无臭虫。保持室内空气新鲜,无异味。

(2)执行消毒制度,做到一人一床、一帕、一杯、一巾、一碗、一盆,定期消毒。

(3)协助儿童整理床铺。

(4)每周换洗1次被罩、床单、枕巾(必要时随时换洗)。

(5)进行卫生宣传和教育,帮助儿童养成良好的卫生习惯,勤洗澡、勤理发、勤换衣服。

(6)了解儿童每天的生活和学习情况,检查其作业,进行教育和生活技能培训。

(7)对患有传染病的学龄期儿童要及时采取特殊保护措施,并对其隔离治疗,以既不影响他人又尊重病患儿童为原则。

(8)服务人员24小时值班,实行程序化个案护理。

5. 青少年的护理

(1)居室阳光充足,整洁卫生,做到无蝇、无蚊、无鼠、无蟑螂、无臭虫。保持室内空气新鲜,无异味。

(2)执行消毒制度,做到一人一床、一帕、一杯、一巾、一碗、一盆,定期消毒。

(3)每周换洗1次被罩、床单、枕巾。

(4)鼓励和帮助青少年学会处理衣、食、住、行问题,为其独立生活打下基础。

(5)了解青少年每天的生活和学习情况,定期检查其作业。

(6)进行劳动技能和就业前培训等训练。

(7)对患有传染病的青少年要及时采取特殊保护措施,并对其隔离治疗,以既不影响他人又尊重病患青少年为原则。

(8)服务人员24小时值班,实行程序化个案护理。

6. 残疾儿童的护理

(1)居室阳光充足,整洁卫生,做到无蝇、无蚊、无鼠、无蟑螂、无臭虫。

保持室内空气新鲜，无异味。

(2)执行消毒制度，做到一人一床、一帕、一杯、一巾、一碗、一盆，定期消毒。

(3)协助儿童洗澡，夏季每周2次，其他季节每周1次。

(4)每周换洗1次被罩、床单、枕巾(必要时随时换洗)。

(5)根据残疾情况，提供各种基本的护理服务。如对无吸吮能力的婴儿，应慢速滴喂，防止咳呛等。

(6)定期翻身、擦浴及室外活动，防止出现褥疮。

(7)从运动、认知、生活自理能力和语言交往能力等方面进行训练，以减轻残疾程度。

(8)对患有传染病的残疾儿童要及时采取特殊保护措施，并对其隔离治疗，以既不影响他人又尊重病患儿童为原则。

(9)服务人员24小时值班，实行程序化个案护理，视情况调整护理方案。

(三)康复

1. 为儿童建立健康档案，定期体检。6个月内的婴儿，每月体检1次；6~12个月内的婴儿，每3个月体检1次；1~3岁的幼儿，每6个月体检1次；3岁以上的儿童，每年体检1次。

2. 定期查房。每日巡诊1次，发现问题及时处理。

3. 按照儿童生长发育规律，及早发现儿童异常现象，并给予早期干预。对常见病、多发病制订预防与治疗预案。

4. 做好儿童计划免疫工作，预防传染病发生。

5. 把儿童社会福利机构内所有儿童、青少年的医疗保健康复纳入到当地初级卫生保健体系之中。

6. 凡新入院婴幼儿，均应隔离观察，经体检确定无传染性疾病后，再转入普通居室。

7. 为残疾儿童提供各种综合性康复服务的机构，应提供康复服务，并能够开展肢体功能训练、聋儿语训、弱智教育等学龄前早期综合康复训练，指导社区康复工作，接受残疾儿童的自费寄养，承担社会福利机构工作人员业务培训，以及病残儿童家长康复知识培训工作，参与当地的初级卫生保健工作。

(四)心理

1. 婴幼儿：开展情感交流和爱抚，进行感官、动作、语言训练，促进其心理发育，营造和谐温暖的生活环境。

2. 学龄前儿童：开展儿童心理健康教育，及时化解心理困惑，纠正不良行为。辅导儿童做游戏，培养独立能力。

3. 7～14 周岁儿童及青少年：做好入学前、后的适应性衔接，开展素质教育，培养身心健康发展的学生。分析心理活动，进行心理健康教育和咨询、辅导。进行青春期教育，对有不良行为者，耐心说服教育，防止其发展为品行障碍和人格障碍，帮助其融入主流社会。

4. 残疾儿童：针对不同残疾和过去经历造成的心理问题，进行心理健康教育和咨询、辅导，促进其身心健康发展。

5. 运用社会活动，培养儿童及青少年的社会适应性，对个别问题突出的儿童和青少年，制订专门方案。

（五）教育

1. 根据儿童特点，利用多种形式开展寓教于乐的教育。

2. 学龄前儿童按《幼儿教育大纲》制订教学计划。

3. 适龄健全儿童入学率达到 100%，实行九年制义务教育。

4. 对各类残疾儿童，因人施教，制订相应的集体和个案特殊教育方案；对盲、聋儿童，送专门学校或在福利机构设置特殊教育班学习。对残疾青少年开展职业培训，注重社会实践教育，提高儿童的综合素质，促进儿童全面发展。

5. 专门为孤残儿童提供教育和特殊教育的社会福利机构，需全面贯彻国家教育方针，执行国家教育法律法规和有关部门颁布的课程计划和教学大纲，对学生实施素质教育，使其成为德、智、体、美、劳全面发展的社会主义的建设者和接班人。

四、管理

（一）机构证书和名称

1. 提供《社会福利机构设置批准证书》和法人资格证书，并悬挂在醒目的地方。

2. 儿童社会福利机构的名称，必须根据收养对象的健康状况和机构的业务性质标明儿童社会福利院、SOS 儿童村、孤儿学校、残疾儿童康复中心、社区特教班等。由国家和集体举办的，应冠以所在地省（自治区、直辖市）、市（地、州）、县（县级市、市辖区）、乡（镇）的行政区划名称，但不再另起字号；由社会组织或个人与民政部门共同举办的，应执行《民办非企业单位名称管理暂行规定》。

（二）人力资源配置

1. 城镇地区和有条件的农村地区，儿童社会福利机构主要领导应具备大专以上学历，具有高尚的职业道德，遵守国家的法律法规，熟练掌握所从事工作的基本知识和专业技能。

2. 城镇地区和有条件的农村地区，儿童社会福利机构至少应具备 1 名大专学历以上、社会工作类专业毕业的专、兼职社会工作人员,1名专职康复人员;根据工作需要配备教师、医生、护士、护理员及其他人员,其数量以能满足服务对象需要并能提供本规范所规定的服务项目为原则。

3. 主要领导应接受社会工作类专业知识培训。各专业工作人员应具有相关部门颁发的职业资格证书或国家承认的相关专业大专以上学历。无专业技术职务的护理人员应接受岗前培训,经省级以上主管机关培训考核后持证上岗。

4. 配备营养师(士)1名。

(三)制度建设

1. 有按照有关规定和要求制定的适合实际工作需要的规章制度。

2. 收容社会弃婴,履行相应的手续。

3. 积极开展儿童送养、家庭寄养工作,为孤儿、弃婴回归社会创造条件。

4. 有与自费寄养儿童的家长或监护人签订的具有法律效力的入院协议书,并长期保存。

5. 有简单介绍本机构最新情况的书面图文资料,其中须说明服务的宗旨、目标、对象、项目、收费及服务使用者申请加入和退出服务的办法与发表意见的途径,本机构处理所提意见和投诉的承诺等。这类资料应满足服务对象使用。

6. 有可供相关人员查阅和向有关部门汇报的长、中、短期工作计划,定期统计资料,年度总结和评估报告,以及针对存在问题采取的相应对策。

7. 有全部工作人员、管理机构、决策机构的职责说明、工作流程及组织结构图。

8. 有工作人员工作细则和选聘、培训、考核、任免、奖惩等相关管理制度。

9. 严格执行有关外事、财务、人事、捐赠等方面的规定。

10. 各部门、各层级应签订预防事故的责任书,确保安全,做到全年无重大责任事故。

11. 护理人员确保各项治疗、护理、康复措施的落实,严禁发生事故。

12. 服务项目的收费按照当地物价部门和民政部门的规定执行,收费项目既要逐项分计,又要适当合计。收费标准应公开和便于查阅。

13. 有工作人员、在院儿童,以及寄养儿童及寄养家长、监护人和被收养儿童及收养人的花名册。入院儿童、寄养家长、监护人和被收养儿童及收养人的个人资料除供需要知情的人员查阅外应予以保密。

14. 严防入院儿童走失。采取有效措施,以便儿童走失后的查找工作。

15. 有处理突发事件的措施。

16. 有自费寄养儿童的家长或监护人参与机构管理的管理委员会。

17. 工作人员在工作时间内需佩证上岗。

五、设施设备

（一）儿童居室

1. 分婴儿室和儿童室。人均居住面积不小于3平方米。

2. 根据儿童的实际需要，配备居室设施，应配设：儿童单人床、床头柜、衣柜、衣架、毛巾架、褥子、薄被、厚被、毛巾被、床单、被罩、枕芯、枕套、枕巾、便盆、尿壶、废纸桶、床头牌等。

3. 室内家具、各种设备应无尖角凸出部分。

（二）饭厅应配设儿童餐桌、坐椅、时钟、公告栏、废纸桶、窗帘、消毒柜、洗漱池、防蝇设备等。

（三）洗手间及浴室应配备安装在墙上的尿池、坐便器、卫生纸、卫生纸专用夹、废纸桶、淋浴器、坐浴盆或浴池、防滑的浴池垫和淋浴垫、浴室温度计、抽气扇等。

（四）婴幼儿配奶室应配备消毒柜、电冰箱、热源、配奶用具等。

（五）设有儿童专用的卫生间。儿童卫生间应配备淋浴器、取暖设备、大小便器、废纸桶、洗手池、窗帘等。

（六）有必备的洗衣设备。应有洗衣机、熨斗等。

（七）有供儿童游戏、学习用的活动场所、教室、图书室及相应设备。

（八）有配置了适合残疾儿童运动、康复、作业治疗和语言训练的器械和设备的康复室和健身场所。

（九）有接待来访人员的场所，接待室配备桌椅、纸笔及相关介绍资料。

（十）室外活动场所达到150平方米，绿化面积达到60%。

（十一）公共区域应设有明显标志，方便识别。

（十二）有一部可供自费寄养儿童使用的公用电话。

（十三）必须根据儿童健康情况，准备足够的医疗设备和物资，应有吸氧装置、灭菌设备、婴儿保温箱、急救箱、输液设备、吸痰器、药品柜、电冰箱等。能处理儿童常见病、多发病，能开展应急处理以及转院过程中的医护工作。不设医务室或相关医疗力量不足的儿童社会福利机构应与有一定资质的医院签订医疗合同。合同医院必须具备处理儿童社会福利机构内各种突发性疾病和其他紧急情况的能力，并能够承担儿童常见病、多发病的日常诊疗任务。

（十四）及时解决消防、照明、报警、通讯、取暖、降温、排污等设施和生活设备出现的问题，严格执行相关规定，保证其随时处于正常运转状态。

（十五）保证水、电供应，冬季室温不低于 16℃，夏季不超过 28℃。

（十六）生活环境安静、清洁、优美、居室物品放置有序，顶棚、玻璃、墙面、地面、桌面、窗台洁净。

（十七）建筑设施分区合理，方便管理。

第六节　福利企业资格认定

关于社会福利企业的管理，民政部在 1989 年制定《社会福利企业招用残疾职工的暂行规定》（民福字[1989]37 号），在 1990 年制定《社会福利企业管理暂行办法》（民福发[1990]21 号），并在 2007 年发布《关于对调整完善现行福利企业税收优惠政策试点地区福利企业进行资格审核认定的通知》（民函[2007]80 号）。为规范福利企业的资格认定和集中安排残疾人就业的用工行为，保障残疾人职工的合法权益，民政部会商财政部、国家税务总局和中国残疾人联合会同意，发布了《关于印发 < 福利企业资格认定办法 > 的通知》（民发[2007]103 号），取代了上述各项规定。该办法对福利企业的界定以及福利企业认定机关、认定程序和申请条件等作了明确规定。

一、福利企业的界定

福利企业是指依法在工商行政管理机关登记注册，安置残疾人职工占职工总人数 25% 以上，残疾人职工人数不少于 10 人的企业。福利企业安置的残疾人职工应当是持有《中华人民共和国残疾人证》上注明属于视力、听力、言语、肢体、智力和精神残疾的人员，或者是持有《中华人民共和国残疾军人证(1 至 8 级)》的残疾人。

二、福利企业资格申请条件

申请福利企业资格认定的企业，应当具备下列条件：

（一）企业依法与安置就业的每位残疾人职工签订 1 年（含）以上的劳动合同或者服务协议，并且安置的每位残疾人职工在单位实际上岗从事全日制工作，且不存在重复就业情况。

（二）企业提出资格认定申请前一个月的月平均实际安置就业的残疾人职工占本单位在职职工总数的比例达到 25%（含）以上，且残疾人职工不少于 10 人。

（三）企业在提出资格认定申请的前一个月通过银行等金融机构向安置的每位残疾人职工实际支付了不低于所在区县（含县级市、旗）最低工资标准的工资。

（四）企业在提出资格认定申请前一个月为安置的每位残疾人职工按月足额缴纳所在区县（含县级市、旗）人民政府根据国家政策规定缴纳的基本养老保险、基本医疗保险、失业保险和工伤保险等社会保险。

（五）企业具有适合每位残疾人职工的工种、岗位。

（六）企业内部的道路和建筑物符合国家无障碍设计规范。

三、福利企业资格申请材料

企业申请福利企业资格认定时，应当向认定机关提交下列材料：

（一）福利企业资格认定申请书。

（二）企业营业执照、税务登记证副本。

（三）适合安置残疾人就业的可行性报告。

（四）企业与每位残疾人职工签订的劳动合同副本。

（五）企业在职职工总数的证明材料。

（六）残疾人职工的《中华人民共和国残疾人证》或《中华人民共和国残疾军人证（1 至 8 级）》。

（七）企业通过银行等金融机构向每位残疾人职工支付工资的凭证。

（八）社保部门出具的企业为每位残疾人职工缴纳的社会保险费缴费记录。

（九）残疾人职工岗位说明书。

（十）企业内部道路和建筑物符合无障碍设计规范的证明。

四、福利企业资格认定机关和认定程序

（一）县级以上人民政府民政部门为福利企业资格认定机关。企业申请福利企业资格认定时，应当向当地县级以上人民政府民政部门提出认定申请，具体认定机关由省、自治区、直辖市民政厅（局）和新疆生产建设兵团民政局确定，报民政部备案。

（二）认定机关收到认定申请书及有关材料后，应当自次日起 20 个工作日内进行审查并提出书面意见。

（三）认定机关在审查过程中，可以提请发证机关对残疾人证件的真实性进行审核；需要进一步核实残疾人职工工作岗位和无障碍设施等情况的，应当指派两名以上工作人员实地核查。

（四）认定机关经审查，对符合福利企业资格条件的，予以认定，颁发福利企业证书，并向申请人出具书面审核认定意见。认定机关要在残疾人证件上加盖“已就业”印章。对不符合福利企业条件的，不予认定，并对申请人

书面说明理由。

（五）企业实际安置就业的残疾人职工或在职职工人数发生变化，应当自发生变化之日起15日内，向认定机关申请认定。

（六）认定机关应当自收到认定申请次日起7个工作日内进行审核。对仍符合福利企业资格条件的，向申请人出具书面审核认定意见；对不符合福利企业资格条件的，注销其福利企业资格，收回福利企业证书，并书面通知主管税务机关。

（七）申请人对认定机关决定不服的，可以依照《中华人民共和国行政复议法》提出行政复议，或依照《中华人民共和国行政诉讼法》提起行政诉讼。

五、其他规定

（一）福利企业证书式样由民政部统一制订，审核认定意见书的样式由省级人民政府民政部门制订。

（二）认定机关应当会同主管税务机关对福利企业进行年检。

（三）主管税务机关、残疾人联合会提请认定机关核实单位安置的残疾人所持有的《中华人民共和国残疾军人证（1至8级）》时，持证残疾人属于本省（自治区、直辖市）户籍的，认定机关应在5个工作日内确认并答复；属于外省（自治区、直辖市）户籍的，应在10个工作日内确认并答复。

（四）认定机关进行福利企业资格认定、核查、年检时，不得向企业收取任何费用。

第七节　老年人建筑设计规范

1999年，由哈尔滨建筑大学主编的《老年人建筑设计规范》被建设部和民政部批准为强制性行业标准，编号为JGJ122－99，自1999年10月1日起施行。

一、总则

（一）为适应我国社会人口结构老龄化，使建筑设计符合老年人体能、心态特征对建筑物的安全、卫生、适用等基本要求，制定本规范。

（二）本规范适用于城镇新建、扩建和改建的专供老年人使用的居住建筑及公共建筑设计。

（三）专供老年人使用的居住建筑和公共建筑，应为老年人使用提供方便的设施和服务。具备方便残疾人使用的无障碍设施，可兼为老年人使用。

（四）老年人建筑设计除应符合本规范外，尚应符合国家现行有关强制性标准的规定。

二、术语

(一)老龄阶段(The Aged Phase):60周岁及以上人口年龄段。

(二)自理老人(Self - helping Aged People):生活行为完全自理,不依赖他人帮助的老年人。

(三)介助老人(Device - helping Aged People):生活行为依赖扶手、拐杖、轮椅和升降设施等帮助的老年人。

(四)介护老人(Under Nursing Aged People):生活行为依赖他人护理的老年人。

(五)老年住宅(House for the Aged):专供老年人居住,符合老年人体能、心态特征的住宅。

(六)老年公寓(Apartment for the Aged):专供老年人集中居住,符合老年人体能、心态特征的公寓式老年住宅,具备餐饮、清洁卫生、文化娱乐、医疗保健服务体系,是综合管理的住宅类型。

(七)老人院(养老院)(Home for the Aged):专为接待老年人安度晚年而设置的社会养老服务机构,设有生活起居、文化娱乐、医疗保健等多项服务设施。

(八)托老所(Nursery for the Aged):专为短期接待老年人托管服务的社区养老服务场所,设有生活起居、文化娱乐、医疗保健等多项服务设施,可分为日托和全托两种。

(九)走道净宽(Net Width of Corridor):通行走道两侧墙面凸出物内缘之间的水平宽度。当墙面设置扶手时,为双侧扶手内缘之间的水平距离。

(十)楼梯段净宽(Net Width of Stairway):楼梯段墙面凸出物与楼梯扶手内缘之间,或楼梯段双面扶手内缘之间的水平距离。

(十一)门口净宽(Net Width of Doorway):门扇开启后,门框内缘与开启门扇内侧边缘之间的水平距离。

三、老年人建筑基地环境设计

(一)老年人建筑基地环境设计应符合城市规划要求。

(二)老年人居住的建筑宜设于居住区,与社区医疗急救、体育健身、文化娱乐、供应服务、管理设施组成健全的生活保障网络系统。

(三)专为老年人服务的公共建筑,如老年文化休闲活动中心、老年大学、老年疗养院、干休所、老年医疗急救康复中心等,宜选择临近居住区,交通进出方便,安静、卫生、无污染的周边环境。

（四）老年人建筑基地应阳光充足，通风良好，视野开阔，与庭院结合绿化、造园，宜组合成若干个户外活动中心，备设座椅和活动设施。

四、建筑设计

（一）一般规定

1. 老年人居住建筑应按老龄阶段从自理、介助到介护变化全程的不同需要进行设计。

2. 老年人公共建筑应按老龄阶段介助老人的体能心态特征进行设计。

3. 老年人公共建筑的出入口、老年人经过的水平通道和垂直交通设施，以及卫生间和休息室等部位，应为老年人提供方便设施和服务条件。

4. 老年人建筑层数宜为三层及以下，四层及以上应设电梯。

（二）出入口

1. 老年人居住建筑的出入口，宜采取阳面开门。出入口内外应留有不小于 1.50m×1.50m 的轮椅回旋面积。

2. 老年人居住建筑出入口造型设计应标志鲜明，易于辨认。

3. 老年人建筑出入口门前平台与室外地面高差不宜大于 0.40m，并应采用缓坡台阶或坡道过渡。

4. 缓坡台阶踏步踢面高不宜大于 120mm，踏面宽不宜小于 380mm，坡道坡度不宜大于 1/12。台阶与坡道两侧应设栏杆扶手。

5. 当室内外高差较大、设坡道有困难时，出入口前可设升降平台。

6. 出入口顶部应设雨篷；出入口平台、台阶踏步和坡道应选用坚固、耐磨、防滑的材料。

（三）过厅和走道

1. 老年人居住的建筑过厅应具备轮椅、担架回旋条件，并应符合下列要求：

（1）户室内门厅部位应具备设置更衣、换鞋用橱柜和椅凳的空间。

（2）户室内面对走道的门与门、门与邻墙之间的距离，不应小于 0.50m，应保证轮椅回旋和门扇开启空间。

（3）户室内通过式走道净宽不应小于 1.20m。

2. 老年人公共建筑的通过式走道净宽不宜小于 1.80m。

3. 老年人出入经由的过厅、走道、房间不得设门槛，地面不宜有高差。

4. 通过式走道两侧墙面 0.90m 和 0.65m 高处宜设 40～50mm 的圆杆横向扶手，扶手离墙表面间距 40mm；走道两侧墙面下部应设 0.35m 高的护墙板。

（四）楼梯、坡道和电梯

1. 老年人居住建筑和老年人公共建筑，应设符合老年人体能心态特征的缓坡楼梯。

2. 老年人使用的楼梯间,其楼梯段净宽不得小于1.20m,不得采用扇形踏步,不得在平台区内设踏步。

3. 缓坡楼梯踏步踏面宽度,居住建筑不应小于300mm,公共建筑不应小于320mm;踏面高度,居住建筑不应大于150mm,公共建筑不应大于130mm。踏面前缘宜设高度不大于3mm的异色防滑警示条,踏面前缘前凸不宜大于10mm。

4. 不设电梯的三层及以下老年人建筑宜兼设坡道,坡道净宽不宜小于1.50m,坡道长度不宜大于12m,坡度不宜大于1/12。坡道设计应符合现行行业标准《方便残疾人使用的城市道路和建筑物设计规范》的有关规定①,并应符合下列要求:

(1)坡道转弯时应设休息平台,休息平台净深度不得小于1.50m。

(2)在坡道的起点及终点,应留有深度不小于1.50m的轮椅缓冲地带。

(3)坡道侧面凌空时,在栏杆下端宜设高度不小于50mm的安全档台。

5. 楼梯与坡道两侧离地高0.90m和0.65m处应设连续的栏杆与扶手,沿墙一侧扶手应水平延伸。扶手设计应符合本规范第4.3.4条的规定。扶手宜选用优质木料或手感较好的其他材料制作。

6. 设电梯的老年人建筑,电梯厅及轿厢尺度必须保证轮椅和急救担架进出方便,轿厢沿周边离地0.90m和0.65m高处设介助安全扶手。电梯速度宜选用慢速度,梯门宜采用慢关闭,并内装电视监控系统。

(五)居室

1. 老年人居住建筑的起居室、卧室,老年人公共建筑中的疗养室、病房,应有良好朝向、天然采光和自然通风,室外宜有开阔视野和优美环境。

2. 老年住宅、老年公寓、家庭型老人院的起居室使用面积不宜小于14平方米,卧室使用面积不宜小于10平方米。矩形居室的短边净尺寸不宜小于3.00m。老年人基础设施参数应符合附录A的规定。

3. 老人院、老人疗养室、老人病房等合居型居室,每室不宜超过3人,每人使用面积不应小于6平方米。矩形居室短边净尺寸不宜小于3.30m。

(六)厨房

1. 老年住宅应设独用厨房;老年公寓除设公共餐厅外,还应设各户独用厨房;老人院除设公共餐厅外,宜设少量公用厨房。

2. 供老年人自行操作和轮椅进出的独用厨房,使用面积不宜小于6.00

---

① 《方便残疾人使用的城市道路和建筑物设计规范》于2001年已被《城市道路和建筑物无障碍设计规范》取代。

平方米，其最小短边净尺寸不应小于2.10m。

3. 老人院公用小厨房应分层或分组设置，每间使用面积宜为6.00～8.00平方米。

4. 厨房操作台面高不宜小于0.75～0.80m，台面宽度不应小于0.50m，台下净空高度不应小于0.60m，台下净空前后进深不应小于0.25m。

5. 厨房宜设吊柜，柜底离地高度宜为1.40～1.50m；轮椅操作厨房，柜底离地高度宜为1.20m。吊柜深度比案台应退进0.25m。

（七）卫生间

1. 老年住宅、老年公寓、老人院应设紧邻卧室的独用卫生间，配置三件卫生洁具，其面积不宜小于5.00平方米。

2. 老人院、托老所应分别设公用卫生间、公用浴室和公用洗衣间。托老所备有全托时，全托者卧室宜设紧邻的卫生间。

3. 老人疗养室、老人病房，宜设独用卫生间。

4. 老年人公共建筑的卫生间，宜临近休息厅，并应设便于轮椅回旋的前室，男女各设一具轮椅进出的厕位小间，男卫生间应设一具立式小便器。

5. 独用卫生间应设坐便器、洗面盆和浴盆淋浴器。坐便器高度不应大于0.40m，浴盆及淋浴座椅高度不应大于0.40m。浴盆一端应设不小于0.30m宽度坐台。

6. 公用卫生间厕位间平面尺寸不宜小于1.20m×2.00m，内设0.40m高的坐便器。

7. 卫生间内与坐便器相邻墙面应设水平高0.70m的“L”形安全扶手或“||”形落地式安全扶手。贴墙浴盆的墙面应设水平高度0.60m的“L”形安全扶手，入盆一侧贴墙设安全扶手。

8. 卫生间宜选用白色卫生洁具，平底防滑式浅浴盆。冷热水混合式龙头宜选用杠杆式或掀压式开关。

9. 卫生间、厕位间宜设平开门，门扇向外开启，留有观察窗口，安装双向开启的插销。

（八）阳台

1. 老年人居住建筑的起居室或卧室应设阳台，阳台净深度不宜小于1.50m。

2. 老人疗养室、老人病房宜设净深度不小于1.50m的阳台。

3. 阳台栏杆扶手高度不应小于1.10m，寒冷和严寒地区宜设封闭式阳台。顶层阳台应设雨篷。阳台板底或侧壁，应设可升降的晾晒衣物设施。

4. 供老人活动的屋顶平台或屋顶花园，其屋顶女儿墙护栏高度不应小于1.10m；出平台的屋顶突出物，其高度不应小于0.60m。

(九)门窗

1. 老年人建筑公用外门净宽不得小于1.10m。

2. 老年人住宅户门和内门(含厨房门、卫生间门、阳台门)通行净宽不得小于0.80m。

3. 起居室、卧室、疗养室、病房等门扇应采用可观察的门。

4. 窗扇宜镶用无色透明玻璃。开启窗口应设防蚊蝇纱窗。

(十)室内装修

1. 老年人建筑内部墙体阳角部位,宜做成圆角或切角,且在1.80m高度以下做与墙体粉刷齐平的护角。

2. 老年人居室不应采用易燃、易碎、化纤及散发有害有毒气味的装修材料。

3. 老年人出入和通行的厅室、走道地面,应选用平整、防滑材料,并应符合下列要求:

(1)老年人通行的楼梯踏步面应平整防滑无障碍,界限鲜明,不宜采用黑色、显深色面料。

(2)老年人居室地面宜用硬质木料或富弹性的塑胶材料,寒冷地区不宜采用陶瓷材料。

4. 老年人居室不宜设吊柜,应设贴壁式贮藏壁橱。每人应有1.00立方米以上的贮藏空间。

五、建筑设备与室内设施

(一)严寒和寒冷地区老年人居住建筑应供应热水和采暖。

(二)炎热地区老年人居住建筑宜设空调等降温设备。

(三)老年人居住建筑居室之间应有良好隔声处理和噪声控制。允许噪声级不应大于45dB,空气隔声不应小于50dB,撞击声不应大于75dB。

(四)建筑物出入口雨篷板底或门口侧墙应设灯光照明。阳台应设灯光照明。

(五)老年人居室夜间通向卫生间的走道、上下楼梯平台与踏步联结部位,在其临墙离地高0.40m处宜设灯光照明。

(六)起居室、卧室应设多用安全电源插座,每室宜设两组,插孔离地高度宜为0.60~0.80m;厨房、卫生间宜各设三组,插孔离地高度宜为0.80~1.00m。

(七)起居室、卧室应设闭路电视插孔。

(八)老年人专用厨房应设燃气泄漏报警装置;老年公寓、老人院等,老年人专用厨房的燃气设备宜设总调控阀门。

（九）电源开关应选用宽板防漏电式按键开关，高度离地宜为1.00～1.20m。

（十）老年人居住建筑每户应设电话，居室及卫生间厕位旁应设紧急呼救按钮。

（十一）老人院床头应设呼叫对讲系统、床头照明灯和安全电源插座。

第八节　城市道路和建筑物无障碍设计规范

根据建设部《关于印发一九九八年工程建设城建、建工行业标准制订、修订项目计划的通知》（建标［1998］59号）的要求，由北京市建筑设计研究院主编的《城市道路和建筑物无障碍设计规范》，被建设部、民政部、中国残疾人联合会批准为行业标准。该规范编号为JGJ50－2001，自2001年8月1日起施行，编号为JGJ50－88的原标准《方便残疾人使用的城市道路和建筑物设计规范》（试行）同时废止。该规范的主要技术内容包括：总则、术语、城市道路无障碍实施范围、城市道路无障碍设计、建筑物无障碍实施范围、居住区无障碍实施范围、建筑物无障碍设计、建筑物无障碍标志与盲道。由于无障碍设计专业性较强，对社会福利工作人员意义不大，因此本节主要介绍无障碍实施范围，无障碍设计内容从略。

一、总则

（一）为建设城市的无障碍环境，提高人民社会生活质量，确保行动不便者能方便、安全使用城市道路和建筑物，用以进行道路和建筑设计必须遵守的共同规则，制定本规范。

（二）本规范适用于全国城市各类新建、扩建和改建的城市道路、房屋建筑和居住小区，以及有残疾人生活与工作场所的无障碍设计。

（三）供人们行走和使用的道路、交通与建筑物的相应设施，应符合乘轮椅者、拄盲杖者及使用助行器者的通行与使用要求。

（四）根据无障碍环境建设的用途和目的，无障碍设计应综合考虑其所获得的经济效益、社会效益和环境效益。

（五）城市道路和建筑物无障碍设计除应符合本规范的规定外，尚应符合国家现行的有关强制性标准的规定。

二、术语

（一）缘石坡道（curb ramp）：位于人行道口或人行横道两端，使乘轮椅者避免了人行道路缘石带来的通行障碍，方便乘轮椅者进入人行道行驶的一种坡道。

（二）盲道（sidewalk for the blind）：在人行道上铺设一种固定形态的地面砖，使视残者产生不同的脚感，诱导视残者向前行走和辨别方向以及到达目的地的通道。

（三）行进盲道（go – ahead blind sidewalk）：表面上呈条状形，使视残者通过脚感和盲杖的触感，可直接向前方继续行走的盲道。

（四）提示盲道（warning blind sidewalk）：表面呈圆点形状，用在盲道的拐弯处、终点处和表示服务设施的设置等，具有提醒注意作用的盲道。

（五）人行通道（passage）：在城市广场、公园、景点和建筑基地范围内供人行走的道路。

（六）无障碍入口（barrier – free entrance）：不设台阶的建筑入口。

（七）轮椅坡道（ramp for wheelchair ）：在坡度和宽度上，以及地面、扶手、高度等方面符合乘轮椅者通行的坡道。

（八）入口平台（entrance platform）：在台阶或坡道与建筑入口之间的水平地面。

（九）无障碍电梯（barrier – free lift）：适合乘轮椅者、视残者或担架床进入和使用的电梯。

（十）无障碍厕位（barrier – free toilet cubical）：公共厕所内设置的、乘轮椅残疾人可进入和使用的带坐便器及安全抓杆的隔离厕所。

（十一）无障碍厕所（barrier – free lavatory）：供残疾人、老年人及妇幼使用的无障碍设施齐全的小型厕所。

（十二）无障碍盆浴（barrier – free bath room）：方便乘轮椅者进入和使用的盆浴间。

（十三）无障碍淋浴间（barrier – free shower room）：方便乘轮椅者进入的淋浴间。

（十四）安全抓杆（grab bar）：在无障碍厕位、厕所、浴间内协助行动不便者安全平移和起立的一种设施。

（十五）低位小便器（tow – level urinal）：方便乘轮椅的男性残疾人使用的小便器。

（十六）轮椅席位（seat for wheelchair）：在观众厅、报告厅和阅览室及教室等，为乘轮椅者提供观赏、听讲和阅读的位置。

（十七）无障碍客房（barrier – free guestroom）：客房的出入口、通道、通信、家具和卫生间等均方便乘轮椅者通行和使用的房间。

（十八）中间平台（landing）：在坡道、梯道之间的水平地面。

（十九）缓冲地带（buffer area）：在坡道起点与终点处的水平地面。

（二十）安全挡台（safty barricade）：控制轮椅小轮和拐杖滑出坡道与踏步边界的设施。

（二十一）明步楼梯（stairs without barricade）：楼梯一侧或两侧没有栏板，或栏杆下方没有安全挡台的楼梯。

（二十二）升降平台（lift platform）：运送残疾人垂直或斜向通行的设施。

（二十三）转弯阳角（angle at turning point）：走道转弯处凸出的墙角。

（二十四）浴间坐台（in - tub seat）：供残疾人、老年人洗浴时使用的固定坐台或活动坐板。

（二十五）轮椅通道（passage for wheelchair）：在交通建筑检票口或在购物超市结算口专门为残疾人设置的通道。

（二十六）盲文地图（braille map）：供视残者用手触摸的有立体感的建筑位置或建筑平面图及盲文说明。

（二十七）无障碍住房（barrier - free residence）：在住宅及公寓建筑中，设有乘轮椅者可进入和使用的居住套房。

（二十八）盲文站牌（braille bus - stop board）：采用盲文标志，告知视残者公交候车站的站名、公交车线路和终点站名等的车站站牌。

三、城市道路无障碍实施范围

（一）道路与桥梁

城市道路与桥梁无障碍设计的范围应符合表 2 - 8 - 1 的规定。

表 2 - 8 - 1　城市道路与桥梁无障碍设计的范围

	道路类别	设计部位
城市道路	城市市区道路 城市广场 卫星城道路、广场 经济开发区道路 旅游景点道路等	人行道 人行横道 人行天桥 、人行地道 公交车站 桥梁 、隧道 立体交叉

（二）人行道路

人行道路的无障碍设施与设计要求应符合表 2 - 8 - 2 的规定[①]。

① 此条为强制性规范，必须执行。以下带星号（＊）的规范同此义。

表 2－8－2 人行道路无障碍设施与设计要求

	设施类别	设计要求
1	缘石坡道	人行道在交叉路口、街坊路口、单位入口、广场入口、人行横道及桥梁、隧道、立体交叉等路口应设缘石坡道。
2	坡道与梯道	城市主要道路、建筑物和居住区的人行天桥和人行地道，应设轮椅坡道和安全梯道；在坡道和梯道两侧应设扶手。城市中心地区可设垂直升降梯取代轮椅坡道。
3	盲道	1. 城市中心区道路、广场、步行街、商业街、桥梁、隧道、立体交叉及主要建筑物地段的人行地道应设盲道。 2. 人行天桥、人行地道、人行横道及主要公交车站应设提示盲道。
4	人行横道	1. 城市中心区道路、广场、步行街、商业街、桥梁、隧道、立体交叉及主要建筑物地段的人行地道应设盲道。 2. 人行天桥、人行地道、人行横道及主要公交车站应设提示盲道。
5	标志	1. 在城市广场、步行街、商业街、人行天桥、人行地道等无障碍设施的位置，应设国际通用无障碍标志。 2. 城市主要地段的道路和建筑物宜设盲文位置图。

四、城市道路无障碍设计（略）

五、建筑物无障碍实施范围

（一）公共建筑

1. 办公、科研建筑进行无障碍设计的范围应符合表 2－8－3 的规定*。

表 2－8－3 办公、科研建筑无障碍设计的范围

	建筑类别	设计部位
办公、科研建筑	各级政府办公建筑 各级司法部门建筑 企、事业单位办公建筑 各类科研建筑 其他招商、办公、社区服务建筑	1. 建筑基地（人行通路、停车车位） 2. 建筑入口、入口平台及门 3. 水平与垂直交通 4. 接待用房（一般接待室、贵宾接待室） 5. 公共用房（会议室、报告厅、审判厅等） 6. 公共厕所 7. 服务台、公共电话、饮水器等相应设施

注：县级及县级以上的政府机关与司法部门必须设无障碍厕所。

2. 商业、服务建筑进行无障碍设计的范围应符合表 2－8－4 的规定*。

表2－8－4　商业、服务建筑无障碍设计的范围

	建筑类别	设计部位
商业建筑	百货商店、综合商场建筑 自选超市、菜市场类建筑 餐馆、饮食店、食品店建筑	1. 建筑入口及门 2. 水平与垂直交通 3. 普通营业区、自选营业区 4. 饮食厅、游乐用房 5. 顾客休息与服务用房 6. 公共厕所、公共浴室 7. 宾馆、饭店、招待所的公共部分与客房部分 8. 总服务台、业务台、取款机、查询台、结算通道、公用电话、饮水器、停车车位等相应设施
服务建筑	金融、邮电建筑 招待所、培训中心建筑 宾馆、饭店、旅馆 洗浴、美容美发建筑 殡仪馆建筑等	

注：1. 商业与服务建筑的入口宜设无障碍入口；2. 设有公共厕所的大型商业与服务建筑，必须设无障碍专用厕所；3. 有楼层的大型商业与服务建筑应设无障碍电梯。

3. 文化、纪念建筑进行无障碍设计的范围应符合表2－8－5的规定*。

表2－8－5　文化、纪念建筑无障碍设计的范围

	建筑类别	设计部位
文化建筑	文化馆建筑 图书馆建筑 科技馆建筑 博物馆、展览馆建筑 档案馆建筑等	1. 建筑基地（庭院、人行通路、停车车位） 2. 建筑入口、入口平台及门 3. 水平与垂直交通 4. 接待室、休息室、信息及查询服务 5. 出纳、目录厅、阅览室、阅读室 6. 展览厅、报告厅、陈列厅、视听室等 7. 公共厕所 8. 售票处、总服务台、公共电话、饮水器等相应设施
纪念建筑	纪念馆 纪念塔 纪念牌 纪念物等	

注：1. 设有公共厕所的大型文化、纪念建筑，必须设无障碍厕所；2. 有楼层的大型文化、纪念建筑应设无障碍电梯。

4. 观演、体育建筑无障碍设计的范围应符合表2－8－6的规定*。

表 2-8-6 观演、体育建筑无障碍设计范围

建筑类别		设计部位
观演建筑	剧场、剧院建筑 电影院建筑 音乐厅建筑 礼堂、会议中心建筑	1. 建筑基地(人行通路、停车车位) 2. 建筑入口、入口平台及门 3. 水平与垂直交通 4. 前厅、休息厅、观众席 5. 主席台、贵宾休息室 6. 舞台、后台、排练房、化妆室 7. 训练场地、比赛场地 8. 观众厕所 9. 演员、运动员厕所与浴室 10. 售票处、公共电话、饮水器等相应设施
体育建筑	体育场、体育馆建筑 游泳馆建筑 溜冰馆、溜冰场建筑 健身房(风雨操场)	

注:1. 观演与体育建筑的观众席、听众席和主席台,必须设轮椅席位;2. 大型观演与体育建筑的观众厕所和贵宾室,必须设无障碍厕所。

5. 交通、医疗建筑进行无障碍设计的范围应符合表 2-8-7 的规定*。

表 2-8-7 交通、医疗建筑无障碍设计范围

建筑类别		设计部位
交通建筑	空港航站楼建筑 铁路旅客客运站建筑 汽车客运站建筑 地铁客运站建筑 港口客运站建筑	1. 站前广场、人行通路、庭院、停车车位 2. 建筑入口及门 3. 水平与垂直交通 4. 售票、联检通道,旅客候机、车、船厅及中转区 5. 行李托运、提取、寄存及商业服务区 6. 登机桥、天桥、地道、站台、引桥及旅客到达区 7. 门诊用房、急诊用房、住院病房、疗养用房 8. 放射、检验及功能检查用房,理疗用房等 9. 公共厕所 10. 服务台、挂号、取药、公共电话、饮水器及查询台等
医疗建筑	综合医院、专科医院建筑 疗养院建筑 康复中心建筑 急救中心建筑 其他医疗、休养建筑	

注:1. 交通与医疗建筑的入口应设无障碍入口;2. 交通与医疗建筑必须设无障碍厕所;3. 有楼层的交通与医疗建筑应设无障碍电梯。

6. 学校、园林建筑进行无障碍设计的范围应符合表 2-8-8 的规定*。

表2－8－8　学校、园林建筑无障碍设计的范围

	建筑类别	设计部位
学校建筑	高等院校 专业学校 职业高中与中小学及托幼学校 培智学校 聋哑学校 盲人学校	1. 建筑基地（人行通路、停车车位） 2. 建筑入口、入口平台及门 3. 水平与垂直交通 4. 普通教室、合班教室、电教室 5. 实验室、图书阅览室 6. 自然、史地、美术、书法、音乐教室 7. 风雨操场、游泳馆 8. 观展区、表演区、儿童活动区 9. 室内外公共厕所 10. 售票处、服务台、公用电话、饮水器等相应设施
园林建筑	城市广场 城市公园 街心花园 动物园、植物园 海洋馆 游乐园与旅游景点	

注：大型园林建筑及主要旅游地段必须设无障碍厕所。

（二）居住建筑

1. 高层、中高层住宅及公寓建筑进行无障碍设计的范围应符合表2－8－9的规定*。

表2－8－9　无障碍设计的范围

建筑类别	设计部位
高层住宅 中高层住宅 高层公寓 中高层公寓	1. 建筑入口 2. 入口平台 3. 候梯厅 4. 电梯轿厢 5. 公共走道 6. 无障碍住房

注：高层、中高层住宅及公寓建筑，每50套住房宜设两套符合乘轮椅者居住的无障碍住房套型。

2. 设有残疾人住房的多层、低层住宅及公寓建筑进行无障碍设计的范围应符合表2－8－10的规定。

表 2-8-10　无障碍设计的范围

建筑类别	设计部位
多层住宅 低层住宅 多层公寓 低层公寓	1. 建筑入口 2. 入口平台 3. 公共走道 4. 楼梯 5. 无障碍住房

注：多层、低层住宅及公寓建筑，每100套住房宜设2～4套符合乘轮椅者居住的无障碍住房套型。

3. 设有残疾人住房的职工和学生宿舍建筑进行无障碍设计的范围应符合表 2-8-11 的规定。

表 2-8-11　无障碍设计的范围

建筑类别	设计部位
职工宿舍 学生宿舍	1. 建筑入口 2. 入口平台 3. 公共走道 4. 公共厕所、浴室和盥洗室 5. 无障碍住房

注：宿舍建筑应在首层设男、女残疾人住房各一间。

六、居住区无障碍实施范围

(一)道路

1. 居住区道路进行无障碍设计应包括以下范围*：

(1)居住区路的人行道(居住区级)。

(2)小区路的人行道(小区级)。

(3)组团路的人行道(组团级)。

(4)宅间小路的人行道。

2. 居住区各级道的人行道纵坡道不宜大于2.5%。在人行步道中设台阶，应同时设轮椅坡道和扶手。

3. 居住区道路无障碍实施范围，应符合本规范第3章的有关规定。

4. 居住区道路无障碍设计内容，应符合本规范第4章的有关规定。

5. 设有红绿灯的路口，宜设盲人过街音响装置。

(二)公共绿地

1. 居住区公共绿地进行无障碍设计应包括以下范围*：

(1)居住区公园(居住区级)。

(2)小游园(小区级)。

(3)组团绿地(组团级)。

(4)儿童活动场。

2. 各级公共绿地的入口与通路及休息凉亭等设施的平面应平缓防滑；地面有高差时,应设轮椅坡道和扶手。

3. 在休息座椅旁应设轮椅停留位置。

4. 公共厕所的入口、通道及厕位、洗手盆等的无障碍设计,应符合本规范第 7 章第 8 节的有关规定。

5. 居住区级和小区级公共绿地入口地段应设盲道,绿地内的台阶、坡道和其他无障碍设施的位置应设提示盲道。

6. 组团级绿地和儿童活动场的入口应设提示盲道。

(三)公共服务设施

1. 居住区公共服务设施的无障碍实施范围,应符合本规范第 5 章的有关规定。

2. 居住区公共服务设施的无障碍设计内容,应符合本规范第 7 章的有关规定。

七、建筑物无障碍设计(略)

八、建筑物无障碍标志与盲道

(一)标志

政府机关与主要公共建筑的无障碍通路、停车车位、建筑入口、服务台、电梯、公共厕所或专用厕所、轮椅席、客房等无障碍设施的位置及走向,应设国际通用的无障碍标志牌。

(二)盲道

政府机关与主要公共建筑的人行通道应设盲道;在建筑入口、服务台、楼梯、电梯、公共厕所或专用厕所、火车与地铁站台等无障碍设施的位置,应设提示盲道。

第九节　特殊教育学校建筑设计规范

2003 年 12 月,建设部、教育部批准《特殊教育学校建筑设计规范》为行业标准,编号为 JGJ76－2003,自 2004 年 3 月 1 日起实施。该规范主要技术内容包括:总则;术语;选址及总平面布置;建筑设计;室外空间;各类用房面积指标、层数、净高和建筑构造；交通与疏散；室内环境与建筑设备。其中，建筑设计与各类用房面积指标、层数、净高和建筑构造两部分内容专业性较强，故从略。

一、总则

（一）为适应特殊教育学校建设的需要，确保特殊教育学校设计质量，创造有利于补偿残疾儿童及青少年生理缺陷、康复身心健康，且适合其德、智、体等诸方面全面发展的学校环境，制定本规范。

（二）本规范适用于城镇新建、扩建和改建的特殊教育学校。

（三）特殊教育学校应按残疾儿童和青少年的心理、生理及行为特征的特殊要求，遵循适用、安全、舒适和卫生的设计原则，进行规划与设计。

（四）特殊教育学校的建筑设计，除应符合本规范外，尚应符合国家现行有关强制性标准的规定。

二、术语

（一）特殊教育学校（special education school）：由政府、企事业组织、社会团体、其他社会组织及公民个人依法举办的专门对残疾儿童、青少年实施义务教育的机构。

（二）儿童福利院（child welfare）：由民政部门在城镇设立的社会福利事业单位，主要收养城镇无依靠、无生活来源的残疾孤儿。该机构对他们进行保育和文化知识教育，并帮助其进行补偿缺陷的训练。

（三）特殊教育班（special educational class）：普通中小学校、医疗康复机构、社会福利机构等举办的残疾儿童、少年的特殊教育班。

（四）残疾人（disability）：在心理、生理、人体结构上，某种组织、功能丧失或者不正常，全部或者部分丧失以正常方式从事某种活动能力的人。

（五）盲人学校（school for the blind person）：为视力残疾儿童、青少年实施特殊教育的机构。除与普通学校具有相同的教育任务外，还有补偿视力缺陷、培养生活自理能力和一定的劳动技能，为他们平等地参与社会竞争创造条件的任务。

（六）视力残疾（visual handicapped）：指由于各种原因导致双眼视力障碍或视野缩小，以致不能进行一般人所能从事的工作、学习或其他活动。

（七）光感（light perception）：仅能感知光亮而不能辨认出眼前一米处手指的晃动。多数盲人保留有光感的残余视力。

（八）定向行走（mobility orientation）：盲人运用各种感官确定自己在一定环境中及其他物体之间的相互位置关系的过程，是训练盲人能在各种环境中进行有目的、安全、有效、独立自如的行动。

(九)视知觉训练(sensory training):以低视力儿童为对象,训练手与眼的协调动作,以及文字的读与写。

(十)盲道(sidewalk for the blind):在人行道上铺设一种固定形态的地砖,使视力残疾者产生不同的触感,诱导视力残疾者向前行走和辨别方向以及到达目的地的通道。

(十一)聋学校(school for the deaf person):对有听力及语言残疾儿童、青少年进行特殊教育的机构。聋学校除与普通学校具有相同的教育任务外,还有弥补聋生听觉缺陷,使其身心正常发展的特殊任务。

(十二)听力残疾(hearing handicapped):由于各种原因导致双耳不同程度的听力丧失,听不到或听不清周围环境声音及语言声音。听力残疾包括:听力完全丧失;及有残留听力但辨音不清,不能进行听说及交往。

(十三)语言残疾(speech handicapped):由于各种原因导致的语言障碍(经治疗一年以上未愈者),不能进行正常的语言交往活动。

(十四)律动课(rhythmic course):内容包括音乐感受、舞蹈、体操、简单游戏、唱歌等,主要是利用学生残存的听觉锻炼他们的触觉、振动觉,发展动作机能,培养学生对韵律的初步感受能力、欣赏能力和表现能力,以促进学生身心健康发展。

(十五)听觉和语言训练(hearing and speech training):听觉训练是通过各种声音刺激受训练者的听觉器官,以期提高其感受和识别各种声音的能力的一种训练。语言训练是通过发音、看话、会话等训练,锻炼受训者对语言活动中的听觉或视觉信号的分辨力和理解力,形成和发展语言感受和表达能力。

(十六)看话(speech reading):聋人利用视觉信息,感知语言的一种技法,又称视话、读话。

(十七)弱智学校(school for the mental handicapped):为弱智儿童、青少年实施特殊教育的机构。从智力残疾儿童的特点出发进行教学和训练,补偿其智力和适应行为缺陷,将他们培养成为能适应社会生活、自食其力的劳动者。

(十八)智力残疾(mental handicapped):智力明显低于一般人的水平,并显示适应行为障碍。智力残疾包括:在智力发育期间,由于各种原因导致的智力低下;智力发育成熟以后,由于各种原因引起的智力损伤和老年期的智力明显衰退导致的痴呆。

(十九)肢体残疾(physical handicapped):四肢残缺或者四肢躯干畸形、麻痹导致人体运动功能丧失或障碍。

三、选址及总平面布置

(一)校址选择

1. 校址选择应从所在地区环境、校园周边环境及校园内部环境出发,综合分析确定。

2. 学校所在地区环境应符合下列规定:

(1)校址选择应避免自然灾害的影响。

(2)校址应选择在卫生、无污染的地区,与各类污染源的距离应符合国家有关防护距离的规定。

(3)学校应选择在交通较为便利、公用设施较为完备的地区。

3. 学校校园周边环境应符合下列规定:

(1)学校应具有安静、安全、卫生又有利于学生的生活与学习、健康成长的校园周边环境。

(2)盲学校、聋学校校界处的噪声允许标准:昼间不应超过 60dB(A)、夜间不应超过 45dB(A)。

(3)学校宜邻近文教设施、医疗机构、福利机构及公园绿地等地段,不应与娱乐场所、集贸市场、医院的传染病房及太平间等为邻。

(4)学校周边应有便于安全通行及紧急疏散的校园外部道路,并应与城市道路相接。

(5)学校出入口不宜设在车辆通行量大的街道一侧,或与车辆出入频繁的单位为邻。

(6)校园周边不应有无防护设施的河流、池沼、断崖及陡坡等。

4. 学校校园内部环境应符合下列规定:

(1)学校用地应有不少于学校规模所需的用地面积、适于建校的较为规整的地形与较为平坦的地貌。

(2)学校用地范围内应阳光充足、空气清新、通风良好、排水通畅。

(3)学校用地应有适于校舍建设与植物生长的土壤条件。

(4)校园用地不应有架空变压输电线及城市热力管等管线穿越校区。

(二)总平面布置及用地构成

1. 新建、改建和扩建的学校,应根据有关部门批准的学校规划总平面图进行校舍的设计。

2. 学校总平面设计,应按教学区、运动活动区、植物种植绿化区、康复训练及职业技术训练区、生活服务区等功能关系进行合理布置。

3. 教学用房与学生宿舍应安排在校内安静区,应有良好的日照与自然通风,并应保证冬至日底层满窗日照不少于 3 小时。

4. 教室不宜面对运动场布置，当必须面向运动场时，窗与运动场之间的距离不应小于25m。

5. 运动场地应根据学校规模设置：9～12班时，应设置200m环形跑道及4～6股的100m直跑道的运动场；18～24班规模时，需增设1～2个球类场地。

6. 康复训练及职业技术训练场地应包括：体能训练、盲学校定向行走训练、职业训练场地等，其场地用地面积应为每人4平方米，但总用地面积不应小于400平方米。

7. 校园内人车流线应合理分流，道路系统应简明通畅，车行范围应控制在一定区域内。

8. 学校绿地应包括校园绿地及植物种植园地等成片绿地，绿地率不应小于35%。

9. 学校应作为向社区居民开放的残疾人康复、咨询指导中心。

10. 总平面布置应预留一定面积的发展用地。

四、建筑设计（略）

五、室外空间

（一）一般规定

1. 特殊教育学校校园的室外空间应由以下部分组成：

（1）室外运动设施：运动场、球类场地，有条件的学校宜设置游泳池等。

（2）室外教育设施：室外学习活动园地、游戏场地、动植物园地、康复训练场地等。

（3）绿地设施。

（4）其他室外设施：校门、前庭广场、道路等。

2. 校内各种室外空间的设置应满足残疾学生的特点，确保使用上的功能关系及安全性。

3. 室外空间与室内空间和半室外空间在功能、空间上应具有连续性，各空间应相互协调，形成良好的室外空间环境。

4. 校园外部空间环境应与学校周边的景观环境相协调，形成良好的地域景观与空间。

（二）室外运动设施

1. 室外运动场的设计应符合下列规定：

（1）田径场地及球类场地的长轴应为南北向；为避免对校舍和周边居民的噪声干扰，应在场地周围设置绿化带。

（2）运动场地的表面材料应选用不起灰尘、表面平坦、具有一定弹性的地面材料,确保良好的排水性。

(3)盲学校的田径场地的边界周围应绿化,弯道的转弯处应设置触感标志。

(4)固定运动器械的设置应根据学生的特点,决定需要的种类、数量及位置。

(5)在运动场地的周边和各项活动场地之间应设置隔离草坪。

2. 体育器材库的设置应根据运动场地的规模、方便学生使用等因素决定其大小和位置,同时应设置运动场地维护管理所需的工具仓库等设施。

3. 在运动场周边适当的位置应设置学生用洗手池、洗脚池、厕所,并应在室内设置更衣室等。

4. 屋顶设置运动场时,应设置高度不低于 3.00m、网的孔径不大于 0.05m 且无法攀爬的安全网。当需要隔声时,应设置隔声板。

5. 游泳池的设置应符合下列规定:

(1)游泳池应设置在自然通风良好的地段,周边应设遮挡视线的屏障。

(2)游泳池的长度和宽度应根据学校规模、条件以及向社区开放的需要决定;其深度应根据学生的身体状况决定,避免深度的急剧变化,并应在易于看到的位置标示出水的深度。

(3)游泳池四壁及池底的表面材质应保证使用上的安全和卫生,应便于清扫和维护管理,排水孔处应设置防止产生吸人事故的保护装置。

6. 游泳池的端部地面应有较为宽敞的活动场地,并应选用防滑的地面材料。

7. 盲学校在游泳池周边应设置防止学生不慎掉入泳池的设施。距游泳池边缘 0.60m 及距外屏障内侧 0.60m 范围内,地面材料的触感应有不同的处理。弱智学校在游泳池端部应考虑使用轮椅学生的出入水口。

8. 应在可俯视全池的位置设置安全监视室。

9. 入口、更衣、淋浴、卫生间等辅助设施的位置应符合使用流程;盲学校,各部分的位置路线应简洁、易于辨认、使用方便。弱智学校,为便于轮椅学生的使用,在高差处应设坡道。

(三)室外教育设施

1. 室外学习园地应符合下列规定:

(1)室外游戏、训练场地应设置在有良好日照、通风并对周围环境不产生干扰的场所。

(2)游戏场宜分为游戏区和玩具活动区。盲校游戏区的边缘应设置宽度为 1.50 m 以上的草坪,玩具活动区的游戏设施必须确保使用上的安全性。

(3)游戏场地地面宜采用塑胶地面、橡胶砖、草坪等不致使人跌伤的材料铺面,并应有良好的排水性。

(4)训练场地的位置应临近职业技术培训用房,共同构成职业技术培训的场地。

(5)场地内应包括较宽裕的训练空间、准备空间和器材存放场所;应保证场地内的简易、临时性设施的安全性。

(6)训练场地应有良好的排水设施;从训练场地进入培训用房的入口附近应设置洗手、洗脚水池。

2. 康复训练场地应符合下列规定:

(1)康复训练场地应根据学生身体发育生长阶段的体能、运动健身技能等决定场地的面积、形状及设置器械的种类,宜临近室外运动场设置。

(2)场地周边宜设置维护的扶手栏杆,并设置一定数量的休息座椅;在器械的周边危险部位,应有防止学生碰伤的保护措施。

(3)盲校中作为定向行走训练场地时,在场地维护扶手栏杆内侧1.00 m处的地面应有场地边界的触感标志。

(4)场地的地面宜采用具有一定弹性的塑胶、橡胶砖等材料铺面,并应保证场地有良好的排水性。

3. 动、植物园地应符合下列规定:

(1)动、植物园地应设置在阳光充足、适于植物生长的位置;小动物饲养舍应合理地安排好饲养空间、观察空间、收藏空间以及动物排泄物的暂时保管场所等。

(2)园地应适于植物的种植和动物的饲养,并便于管理;当设置水生植物及水生动物作为观察内容时,应采用池底水深不大于0.40 m的水池。

(3)种植植物应结合土壤、气候等条件,选择无刺、无毒、不生长各种寄生虫的树种,并应选择四季富有变化、形态相异的树木种植在适于观察的位置。

(四)绿地设施

1. 校园内的绿地应符合下列规定:

(1)校园内的绿地应结合学校所在地区的气候特性、观察植物生态的需要以及降水、温度和湿度及土壤条件,选择易于管理的树木、花草等。

(2)校园周边种植的树木,应构成地区景观的组成部分;校舍周边种植的树木,不应影响教室的采光与通风。

(3)校园中的树木应结合所选树木的树形、高低进行点、线、面结合的立体配置,形成丰富的校园生态空间环境。

2. 幼儿及小学低年级学生使用的游戏场、保育室及普通教室前面应种植草坪,并应合理选择品种。

3. 花坛的设置应符合下列规定：

(1)应选择易于管理、向阳及易于观察的场所。

(2)对盲学校，应有效地选择有利于学生触觉及嗅觉的花木。

(五)其他室外设施

1. 校门的设计应符合下列规定：

(1)校门的尺度应根据学校的规模、人流的多少决定其出入口的大小，车行与人行的出入口必须分别设置。

(2)校门的位置应退后城市干道红线 5.00 m 以上，形成相应的缓冲空间；校门及两侧围墙的形式、绿化空间等，应结合校门周围的空间环境设定。

(3)校门外应设置车辆慢行、注意避让等指示牌。

(4)选用手动门或电动门时，应保证安全性。

(5)校门的人行出入口应设置盲道，并应与城市道路的盲道相通。

2. 前庭广场的设计应符合下列规定：

(1)校园前庭广场应规划好车行与人行的交通流线，设置全天候校车接送学生的上、下车场所。

(2)在前庭广场内应设置师生使用的自行车存放处和外来机动车辆的停车场，停车台数可根据学校的规模和校车的台数设定。

(3)在前庭广场内应设置校区标志向导图，盲校应设置触摸式向导图，并应设置通知、展示用橱窗。

3. 道路的设计应符合下列规定：

(1)应合理地规划校园内交通路线及消防车通道。

(2)道路宽度、形状及路面铺装材料应根据学校的规模及使用学生的身体残疾特征确定。

(3)盲人学校校园内应设置盲道。

(4)校园内的道路应创造无障碍通行环境，道路有高差变化时，应设坡度不超过 1/12 的坡道；高差超过 0.60 m 时，坡道两侧应设高度为 0.60 ~ 0.65 m 的扶手。

六、各类用房面积指标、层数、净高和建筑构造(略)

七、交通与疏散

(一)校园教学与生活用房应为无障碍通行环境，并应符合现行行业标准——《城市道路和建筑物无障碍设计规范》JGJ 50 的规定，并应确保平时的安全顺畅及紧急情况下的安全疏散。

(二)校舍入口的设计应符合下列规定：

1. 入口处室内外高差，除应设置踏步外，尚应设置坡度不大于 1/12 的坡道,坡道宽度不得小于0.90m,每段坡道长度不得大于9.00m。

2. 盲学校、弱智学校校舍出入口,不应设置弹簧门或旋转门,盲学校应设触感标志。

(三)教学楼的门厅和走廊设计应符合下列规定:

1. 教学楼宜设置门厅,在寒冷或风沙大的地区,教学楼门厅入口应设挡风间(门斗)或双道门,其深度不宜小于2.40m。

2. 门厅和走廊内不得设踏步,当有高差变化时,应采用坡道连接;房间出入口与走廊有高差时,连接处应采用斜坡,其坡度应符合现行行业标准JGJ 50的规定。

3. 盲学校门厅和走廊的地面上,应设有引导学生通向楼梯或有关房间的触感标志;走廊沿墙宜做踢脚线,颜色应与地面相区别。

4. 教学用房走廊的净宽度:外廊不应小于1.80m,内廊不应小于2.40m(指扶手间的净距离);行政及教师办公用房走廊的净宽度不应小于1.50m。

5. 盲学校的走廊,沿内墙两侧均应设置与墙牢固连接的连续扶手,距地面高度宜为0.80~0.90m;扶手端部应向墙方向做成弧形连接;教学及生活用房的门厅或走廊、所设坡道的坡度不应大于1/8,供轮椅使用的坡道不应大于1/12。

6. 室内坡道水平投影长度超过15.00m时,应设休息平台,平台宽度不应小于1.20m;坡道应采用无凸状物的防滑地面。

7. 兼作轮椅使用的坡道两侧应设置高低扶手,高扶手高度应为0.90m,低扶手高度应为0.65m,扶手应沿坡道及休息平台连续设置。

(四)楼梯的设计应符合下列规定:

1. 教学楼楼梯间应有直接天然采光。

2. 宜采用双跑楼梯,盲学校、弱智学校不得采用直跑楼梯。

3. 不得采用螺旋形或扇形踏步,踏步板边缘不得突出踢脚板;楼梯坡度不得大于30度。

4. 楼梯间的净宽度不应大于0.20m;当超过0.20m时,必须采取安全防护措施。

5. 室内楼梯栏杆(或栏板)的高度不应小于0.90m,水平部分及室外楼梯栏杆(或栏板)的高度不应小于1.10m。

6. 盲学校楼梯梯段的净宽度(指扶手间的净距离)不应小于1.80m。

7. 盲学校楼梯间沿墙应设扶手,此扶手应与走廊墙面扶手相连接。

8. 盲学校楼梯间上下起步处的地面及扶手均应设触感标志。

(五)阳台、外廊、上层屋面等临空处防护栏杆(或栏板)应符合下列规定:

1. 栏杆(或栏板)高度不应小于1.10m。

2. 栏杆(或栏板)离楼面或屋面0.10m高度内不得留空。

3. 栏杆不得采用易于攀登的花格,垂直杆件间净距不应大于0.11m。

八、室内环境与建筑设备

(一)一般规定

1. 学校各种教学及生活用房,应满足不同残疾学生所需的声、光、热、通风等物理环境及卫生条件。

2. 在设计中应充分利用天然采光和自然通风。

3. 学校配备各种设备器材的选用、安装、管线敷设及运行,应满足节能、方便与安全等要求。

4. 各种外露的设备、器材、管道等的控制件等应考虑位置的安全性及使用的易操作性,并应结合残疾人特点选择适宜的设施。

(二)采光

1. 学校各种教学用房采光系数最低值和窗地比应符合本规范的规定,某些区域应同时利用人工照明以补充照度。

2. 教室自然光线的主要入射方向应为学生座位的左侧。

3. 侧窗采光房间的顶棚、远窗墙的墙面应采用浅色装修,室内各表面反射比值应符合本规范的规定。

(三)隔声

1. 对不同残疾学生及不同教学用房,应通过平面布置和构造措施等创造良好的声环境,且应符合下列规定:

(1)产生噪声的房间(音乐教室、舞蹈教室、琴房、健身房)与其他教学用房设于同一教学楼内时,应分区布置,并应采取隔声措施。

(2)教学楼内的封闭走廊、门厅及楼梯间的顶棚,条件许可时宜设置吸声系数不小于0.50(中频500~1000Hz)的吸声材料或在走廊的顶棚、墙裙以上墙面设置吸声系数不小于0.30的吸声材料;吸声材料的选用,应符合防火的要求。

2. 学校的声环境质量应达到下列要求:

(1)有特殊安静要求的房间,室内允许噪声不应高于35dB(A),一般房间不应高于40dB(A)。

(2)隔墙、楼板的空气隔声计权隔声量应大于50dB(A),楼板计权标准化撞击声压级不应大于75dB(A)。

(四)采暖、通风与换气

1. 严寒及寒冷地区的冬季采暖宜采用集中热水采暖系统。

2. 教学楼及学生宿舍冬季设备采暖设计温度应符合下列规定：

(1)聋学校采暖设计温度应为16℃～18℃；盲学校、弱智学校的普通教室采暖设计温度不应低于18℃。

(2)盲学校的按摩教室，冬季室内采暖设计温度不宜低于22℃。

3. 盲学校、弱智学校可选用地板辐射采暖；当使用普通铸铁或钢散热器时，必须暗藏或设暖气罩。

4. 夏热冬冷地区的教室内，应保证开窗通风时气流经教室中心区域，或设置空调。

5. 严寒及寒冷地区，冬季室内换气次数应符合本规范的规定。

6. 各种教学用房的换气、通风应符合下列规定：

(1)夏热地区应采用开窗通风的方式，而温和地区应采用开窗与小气窗相结合的方式。

(2)寒冷和严寒地区可采用在教室外墙和过道开小气窗或在室内做通风道的换气方式。小气窗设在外墙时，其面积不应小于房间面积的1/60；小气窗开向过道时，其开启面积应大于设在外墙上的小气窗的2倍；当在教室内设通风道时，其换气口设在顶棚或内墙上部，并安装可开关的活门。

(3)室内二氧化碳浓度应低于1.5‰。

(五)给水与排水

1. 校区内应设室内外给、排水系统和消防给水系统以及相应的设施。

2. 在严寒及寒冷地区，教学用房的给水进户管上应装设泄水装置。

3. 校内应在适当位置设置供应全校学习、生活、消防用的蓄水池，其容量应根据全校人数等因素计算。

4. 教学楼的各层，应设符合卫生标准的饮用水供应点。

(六)电气与照明

1. 康复训练与职业技术训练用房的用电，应设专用回路，回路保护应采用漏电保护开关装置。

2. 学校各种用房的一般照明照度标准值，不应低于本规范的规定，其照度均匀度不应低于0.7。

3. 盲学校室内照明用电的电源开关应一律设置在房间门开启一侧的墙壁上，并应设置上下按键式开关。电源插座应一律设置在室内某一固定位置，并应使用安全插座。

4. 教室黑板应设黑板灯。其垂直照度的平均值不应低于5001x。黑板面上的照度均匀度不应低于0.7。

5. 教室照明光源宜采用荧光灯，不宜采用裸灯。灯具距桌面的最低悬挂高度不应低于1.80m。灯管排列应垂直于黑板布置。

6. 低视力生的教室每桌均应设局部照明，宜采用摇臂式灯具，地面应设走线槽。灯具照度不应低于100lx。

7. 聋学校应加强教师面部照明，其垂直照度不宜小于300lx。

（七）电教、信息网络设备

1. 各类特殊教育学校所设的电教、信息网络系统应结合残疾人特点，分别设置相应的系统。

2. 设有接收共用天线设施、闭路电视系统的学校，接收的各教室应有合理的线路设计。

3. 聋学校设置灾害广播系统，可在报警系统上增设发出闪动信号的装置。

第十节　殡仪馆建筑设计规范

根据建设部《关于印发一九九八年工程建设城建、建工行业标准制订、修订项目计划的通知》（建标［1998］59号）的要求，由民政部101研究所编写的《殡仪馆建筑设计规范》，经审查由建设部和民政部发布为强制性行业标准，编号为JGJ124－99，自2000年2月1日起施行。该规范的主要技术内容包括：总则、术语、选址、总平面设计、建筑设计、防护、防火设计、建筑设备。该规范由民政部101研究所组织编写并负责解释。

一、总则

（一）为提高殡仪馆的建筑设计质量，创造良好的殡仪活动条件，符合适用、经济、安全、卫生等要求，制定本规范。

（二）本规范适用于我国城镇殡仪馆新建、改建和扩建工程的建筑设计。

（三）殡仪馆的建筑设计应以当地丧葬习俗为前提，保证有安静肃穆的活动空间。

（四）殡仪馆建筑设计除应符合本规范外，尚应符合国家现行的有关强制性标准的规定。

二、术语

（一）殡仪馆（funeral parlor）：提供遗体处置、火化、悼念和骨灰寄存等部分或全部殡仪服务活动的场所。

（二）业务区（division for business）：洽谈并办理丧葬事宜的区域。

（三）殡仪区（division for funeral service）：进行遗体处置及举行悼念活动

的区域。

（四）遗体处置（disposal of corpse）：葬前对遗体进行清洗、消毒、防腐、整容、整形、解剖、冷藏等处理的统称。

（五）悼念厅（mourning hall）：举行告别仪式或追悼会的场所。

（六）火化间（crematory house）：火化遗体的专用房间。

（七）骨灰寄存区（division for depositing ashes of the dead）：寄存骨灰并提供有关服务的区域。

（八）祭悼场所（place for mourning）：殡仪馆内祭悼逝者的场所。

（九）殡仪车（hearse）：运送遗体的专用车辆。

三、选址

（一）殡仪馆的选址应符合国家的土地使用原则和当地总体规划的要求。

（二）设有火化间的殡仪馆宜建在当地常年主导风向的下风向，并应有利于排水和空气扩散。

（三）殡仪馆应选在交通方便，水、电供应有保障的地方。

（四）殡仪馆在选址时应留有发展余地。

四、总平面设计

（一）总平面布局

1. 总平面布局应根据功能分设业务区、殡仪区、火化区、骨灰寄存区、行政办公区和停车场等。

2. 总平面设计应符合下列要求：

（1）以殡仪区为中心进行合理的功能分区规划，做到联系方便、互不干扰。

（2）建筑布局紧凑，交通便捷，车辆和人员的分流有序。

（3）殡仪区与火化区相邻设置，并设廊道连通。

（4）骨灰寄存区内应设置祭悼场所。

（5）行政办公用房朝向良好。

（6）有改、扩建余地和绿化用地，绿化率不应小于35%。

（7）有集中处理垃圾的场地。

（8）应设置室外公共活动场地和公共厕所。室外公共厕所的设计应符合现行行业标准《城市公共厕所规划和设计标准》（CJJ14）的规定。

3. 殡仪馆不应少于2个出入通道，其中1个专供殡仪车通行。

4. 停车场设计除应符合国家现行行业标准《城市公共交通站、场、厂设计规范》等有关标准的规定外，尚应符合下列要求：

（1）做好交通组织。

（2）在停车场出入最方便的地段设残疾人的停车车位，并设醒目的“无障碍标志”。

（3）内部车辆单独设置停车场。

5. 殡仪馆入口附近宜设馆前广场。

（二）室外环境设计

1. 室外环境设计应包括公共活动场地、道路和绿化等设计。

2. 室外环境设计宜根据用地的自然条件，结合各功能区的特点，对景观、植物配置及山石水面等作出综合设计。

3. 道路设计应根据建筑布局和周围环境条件，选择方便、安全的方案，并满足消防车通行的需要。

4. 各功能区均应设置醒目标志。

五、建筑设计

（一）一般规定

1. 殡仪馆建筑设计应根据规模和功能，配置业务、殡仪、火化、骨灰寄存、办公和辅助用房。

2. 各类用房应按殡仪流程布局，做到功能明确、流程便捷。

3. 有供暖和中央空调的房间宜集中布置。

4. 殡仪馆建筑应有良好的天然采光，各用房的采光标准应符合表2－10－1的规定。

表2－10－1　殡仪馆各用房采光标准

房间名称	窗地面积比 Aw/Af	房间名称	窗地面积比 Aw/Af
骨灰寄存用房	1/6	火化间	1/7
悼念厅	1/7	遗体处置用房	1/6

注：Aw为直接采光的侧窗采光口面积，Af为地板面积。

5. 殡仪馆内各用房应有自然通风，其通风开口面积不应小于各用房地面面积的1/20。

6. 遗体处置用房、火化间和骨灰寄存用房等宜分别设置竖向通风道及与其配套的排风装置。

（二）业务区用房

1. 业务区用房通常由业务、丧葬用品销售、挽联书写和洗手间等房间组成。

2. 业务厅宜设置咨询处、业务洽谈处、收款处和休息处，其设计应符合下列要求：

(1)业务厅的使用面积不宜小于80 ㎡。

(2)业务厅内各业务洽谈处或业务洽谈间的使用面积不宜小于8 ㎡。

(3)休息处的使用面积不宜小于30 ㎡。

(4)为办公自动化预留条件。

(5)有自然通风和天然采光。

3. 丧葬用品销售处的使用面积不应小于30 ㎡。

(三)殡仪区用房

1. 殡仪区用房应根据殡仪馆的使用要求和丧葬习俗设置，包括悼念厅、音响室、休息室、遗体接收间、遗体处置用房、更衣室、殡仪车库和洗手间等。

2. 悼念厅的设计应符合下列要求：

(1)悼念厅的使用面积不应小于42 ㎡。

(2)悼念厅的出入口应设方便轮椅通行的坡道。

(3)悼念厅的出入口不应少于两个。

3. 音响室的使用面积不应小于10 ㎡。

4. 遗体接收间的最小边长不应小于4.0m，其入口处应设机动车停靠的平台和雨棚。

5. 遗体运送通道净宽不宜小于3.0m。

6. 遗体处置用房的设计应符合下列要求：

(1)各功能用房内应设通风口。

(2)各功能用房的门宽度不应小于1.4m，且不应设门槛。

(3)各功能用房宜设准备间。

(4)冷藏室应根据冷藏设备的规格、冷藏量和操作空间进行设计。

(5)消毒室、防腐室和整容室的使用面积均不宜小于18 ㎡。

(6)防腐室、整容室与冷藏室宜设内门相通。

7. 殡仪馆如需单独设置解剖室，其使用面积不应小于30 ㎡。

8. 汽车库的设计应符合现行行业标准《汽车库建筑设计规范》(JGJ100)的有关规定，殡仪车库与其他车库应分开设置。

(四)火化区用房

1. 火化区用房应包括遗体停放间、火化间、火化工休息室、更衣室、配电室、风机室、工具室、骨灰整理室、取灰室和洗手间等。

2. 火化间的平面布置应按火化设备的数量和规格分前后厅设计，并符合下列要求：

(1)前厅净宽不宜小于8.0m。

(2)后厅净宽不宜小于7.0m。

(3)火化机与侧墙净距不宜小于1.5m。

(4)火化间净高不应低于7.0m。

(5)烟道应按照火化设备的要求进行设计,并应采取防水措施。

(6)烟囱的断面内壁应保证排烟通畅,并应防止产生阻滞、涡流、串烟、漏气和倒灌现象。

3. 风机房的使用面积应根据火化设备的要求确定。

4. 遗体停放间使用面积应按每具遗体占地2.5 ㎡确定,宜有自然通风和天然采光。

5. 骨灰整理室使用面积不宜小于8 ㎡。

(五)骨灰寄存区用房

1. 骨灰寄存区用房应包括骨灰寄存用房、管理人员办公用房和洗手间等。

2. 骨灰寄存用房应根据骨灰寄存容量、骨灰寄存架的材质及排列方式等确定。

3. 骨灰寄存架之间的通道宽度不应小于1.2m。

4. 骨灰寄存室的净高不宜低于3.3m。

5. 管理人员的办公用房应设在骨灰寄存区的入口处,并为自动化办公提供条件。

6. 骨灰寄存用房应有通风换气设施。

六、防护

(一)卫生防护

1. 殡仪区中的遗体停放、消毒、防腐、整容、解剖和更衣等用房均应进行卫生防护。

2. 遗体处置用房、火化间与其他建筑之间应设卫生防护带,防护带内宜绿化。

3. 消毒室、防腐室、整容室和解剖室应单独为工作人员设自动消毒装置。

4. 遗体消毒、防腐、整容、解剖各用房内的洗池和操作台应阻燃、耐腐蚀、易冲洗。

5. 火化间的空气质量应符合现行国家标准《燃油式火化机污染物排放限值及监测方法》(GB 13801)中的有关规定。

6. 火化机的引风机和鼓风机等应选择低噪声设备,并应设消声减振装置，风机室的四壁和顶棚应作吸声处理。

7. 火化区内应设置集中处理火化间废弃物的专用设施。

8. 遗体处置用房、火化间的内墙面、地面，应平整、光滑、易于清洗。

9. 休息室、业务办公室和悼念厅等备用房，室内最大允许噪声级（A 声级）应符合表 2－10－2 的规定。

表 2－10－2　备用房内最大允许噪声级（dB）

房间名称	休息室	悼念厅	业务办公室
允许噪声级（A 声级）	50	55	50

10. 悼念厅隔墙和楼板的空气隔声标准为：计权隔声量不应小于 45dB；楼板的计权标准化撞击声压级不应大于 75dB。

11. 业务厅及馆内走廊的顶棚应作吸声处理，顶棚的吸声系数宜为0.3～0.4。

12. 火化间的允许噪声级应符合现行国家标准《燃油式火化机污染物排放限值及监测方法》（GB 13801）的有关规定。

（二）骨灰寄存防护

1. 骨灰寄存防护应包括外围结构防水、隔热，室内湿度控制，骨灰盒防潮、防直射光照、防尘、防虫、防鼠、防盗等。

2. 骨灰寄存室内应防止地面返潮。

3. 骨灰寄存室屋面宜采用外排水，严禁渗漏。

4. 骨灰寄存室地面应坚实耐磨，墙面和顶棚应表面光洁，其窗扇应采取防尘和密闭措施。

5. 骨灰寄存区中的祭悼场所应设封闭的废弃物堆放装置。

七、防火设计

（一）一般规定

1. 殡仪馆建筑的耐火等级不应低于二级。

2. 殡仪馆建筑的防火分区应依据建筑功能合理划分。

3. 悼念用房应设消防水龙、水喉等设施。

4. 殡仪馆内的建筑灭火器设置应符合现行国家标准《建筑灭火器配置设计规范》（GBJ 140）的规定。

5. 殡仪区的防火分区安全出口数目应按每个防火分区不少于两个设置，且每个安全出口的平均疏散人数不应超过 250 人；室内任何一点至最近安全出口的最大距离不宜超过 20.0m。

6. 悼念厅楼梯和走道的疏散总宽度应分别按每百人不少于 0. 65m 计算,但最小净宽不宜小于 1. 8m。

7. 悼念厅的疏散内门和疏散外门净宽度不应小于 1. 4m,不应设置门槛和踏步。

8. 室外应设消火栓灭火系统。

9. 殡仪馆建筑内部装修防火设计应符合现行国家标准《建筑内部装修设计防火规范》(GB 50222)的有关规定。

(二)骨灰寄存区

1. 骨灰寄存用房的储存物品的火灾危险性分类应按现行国家标准《建筑设计防火规范》(GBJ 16)中的储存物品类型丙类第 2 项划分。

2. 骨灰寄存用房不得采用水灭火设施,应按规模在明显位置设气体或干粉灭火设施,并设火灾探测器。

3. 骨灰寄存用房的防火分区隔间最大允许建筑面积:为单层时,不应大于 800 ㎡;建筑高度在 24. 0m 以下时,每层不应大于 500 ㎡;建筑高度大于 24. 0m 时,每层不应大于 300 ㎡。

4. 骨灰寄存室与毗邻的其他用房之间的隔墙应为防火墙。

5. 每个防火分区的安全出口不应少于两个,其中 1 个出口应直通室外。

6. 骨灰寄存用房防火墙上的门,应为甲级防火门。骨灰寄存室防火门应向外开启,其净宽不应小于 1. 4m,且不应设置门槛。

7. 骨灰寄存室内的通道不应设置踏步。

8. 骨灰寄存楼垂直连通的条形窗不应跨越上下防火隔层,水平连通的带形窗不应跨越相邻防火分区。

9. 骨灰寄存室内的寄存架应采用阻燃材料。

10. 骨灰寄存室内的装修材料应采用燃烧性能等级为 A 级的阻燃材料。

11. 骨灰寄存用房与祭悼场所的防火间距不宜小于 15. 0m。

(三)火化区

1. 火化间应符合现行国家标准《建筑设计防火规范》(GBJ 16)中丁类设防的规定。

2. 火化间安全出口不应少于两个。

3. 油库设计应符合现行国家标准《建筑设计防火规范》(GBJ 16)的规定,寒冷地区应采取防冻措施。

4. 火化间内储油箱与火化机之间的防火距离应符合现行国家标准《建筑设计防火规范》(GBJ 16)的有关规定。

5. 采用燃气式火化设备的火化间在建筑物外应设置气源紧急切断阀。

八、建筑设备

（一）一般规定

1. 管网系统的总平面设计应统一规划，合理安排。

2. 殡仪馆内各用房的建筑设备应选低噪声、节能、节水型，并应进行整体综合设计。管线宜集中隐蔽、暗设。

（二）给水、排水

1. 殡仪馆建筑应设给水、排水及消防给水系统。

2. 殡仪馆内各区生活用水量不应低于表2－10－3的规定。

表2－10－3　殡仪馆内各区生活用水量

用水房间名称	单位	生活用水定额（最高日）（L）	小时变化系数
业务区、殡仪区和火化区用房	每人每班	60（其中热水30）	2.0～2.5
职工食堂	每人每次	15	1.5～2.0
办公用房	每人每班	60	2.0～2.5
浴池	每人每次	170（其中热水110）	2.0
办公区（饮用水）	每人每班	2	1.5
殡仪区（饮用水）	每人每次	0.3	1.0

注：上述生活用水量中，热水水温为60℃，饮水水温为100℃

3. 殡仪馆建筑给水的水质应符合现行国家标准《生活饮用水卫生标准》（GB 5749）的规定。

4. 遗体处置用房应设给水、排水设施。

5. 遗体处置用房和火化间的洗涤池均应采用非手动开关，并应防止污水外溅。

6. 遗体处置用房和火化间应采用防腐蚀的排水管道，排水管内径不应小于75mm。上述用房内均应设置地漏。

7. 遗体处置用房和火化间等的污水排放应符合现行国家标准《医院污水排放标准》（GBJ 48）的规定。

8. 殡仪馆绿地应设洒水栓。

（三）采暖、通风、空调

1. 采暖地区殡仪馆的建筑供暖宜利用当地城镇集中供热系统。因条件限制无法利用城镇集中供热系统时，应采用单独的供暖系统。业务区、殡仪区、火化区和行政办公区宜设置可单独调控的供暖系统。

2. 骨灰寄存用房不应设采暖装置。

3. 殡仪馆内各类用房的采暖室内计算温度不应低于表2－10－4的规定。

表2－10－4　采暖室内计算温度

房间名称	火化间	取灰室	遗体处置用房	冷藏室
室内计算温度(℃)	10	16	16	5

4. 设置机械通风的房间,换气次数不应低于表2－10－5的规定。

表2－10－5　换气次数

序号	房间名称	换气次数(次/h)	序号	房间名称	换气次数(次/h)
1	消毒室	8	6	悼念厅	6
2	防腐室	8	7	休息室	4
3	整容室	8	8	火化室	8
4	解剖室	8	9	骨灰寄存室	3
5	冷藏室	6			

5. 火化机烟囱的设计应符合下列规定:

(1)设置在殡仪馆最大风频风向的下风侧或最小风频风向的上风侧。

(2)符合火化设备要求。

(3)烟囱应留有烟道污染物排放测试孔,孔径尺寸和位置应符合现行国家标准《燃油式火化机污染物排放限值及监测方法》(GB 13801)的有关规定。

6. 殡仪馆各区用房可根据需要,按不同功能分系统设置空调,而不同功能区的空调可按需集中设置。

7. 遗体处置用房和火化间采用空调时,应采用直流式空调系统,排风应经处理后再排入大气。

8. 空调房间的夏季室内计算温度宜为25℃～26℃,相对湿度宜为60%～65%。

9. 骨灰寄存室相对湿度不宜大于60%。

(四)电气、照明

1. 殡仪馆电气负荷不宜低于二级。当无条件两路供电时,殡仪区用房和火化间应设备用电源。

2. 殡仪馆内应按不同用电场所划分回路。

3. 悼念厅应配置告别棺专用局部定向照明。

4. 业务办公台、收款台以及骨灰整理室、遗体处置用房的操作台应设局部照明设备，其照度值不应低于150lx。

5. 建筑物的疏散走道和公共出口处应设紧急疏散照明，其地面水平照度不应低于50lx。重要地段宜设置应急照明灯，照明时间不应少于20min。

6. 消防控制室、空调机房，以及殡仪区、火化区和骨灰寄存区用房等均应设置应急照明。

7. 各类用房照度标准值应符合表2－10－6的规定。

表2－10－6　各用房照度标准

房间名称	参考平面及其高度	照度标准值(lx)		
		低	中	高
悼念厅	地面	100	150	200
休息室	地面	75	100	150
防腐室、整容室、解剖室	0.75m水平面	150	200	300
消毒室	0.75m水平面	75	100	150
火化间	地面	100	150	200
骨灰整理室	0.75m水平面	100	150	200
骨灰寄存室	地面	100	200	300
停尸间	地面	50	75	100

8. 殡仪馆应设有防雷保护设施。骨灰寄存用房应为二类防雷建筑。

9. 业务厅、悼念厅和骨灰寄存室应根据需要分别设置广播音响设施。

10. 殡仪馆内应配备通信设施。

11. 骨灰寄存室的照明线路应采用铜芯导线穿金属管或采用护套为阻燃材料的铜芯电缆配线，并单独设置回路控制开关。

12. 殡仪馆内宜对计算机系统、监控系统和通讯系统综合布线，暗管敷设。

13. 骨灰寄存用房应设火灾自动报警装置。

14. 殡仪馆宜设置自动监控系统。

第三章 社会福利服务职业标准(一)

按照标准化对象的不同,通常把标准分为技术标准、管理标准和工作标准三大类。工作标准是指对工作的责任、权利、范围、质量、程序、效果以及检查方法和考核办法制定的标准,一般包括部门工作标准和岗位(个人)工作标准。其中,属于工作标准的国家职业标准是在职业分类的基础上,根据职业(工种)的活动内容,对从业人员工作能力水平的规范性要求。它是从业人员从事职业活动、接受职业教育培训和职业技能鉴定以及用人单位录用、使用人员的基本依据。国家职业标准由人力资源和社会保障部组织制定并统一颁布(已经由国家人事、财政等部门提出职业要求的职业,如律师、会计师等,不再制定国家职业标准),由职业概况、基本要求、工作要求和比重表四部分组成,其中工作要求是国家职业标准的核心部分。限于篇幅,本章和下章主要介绍社会福利服务国家职业标准中的基本要求和工作要求部分。

第一节 社会工作者职业水平评价

社会工作者是指在社会福利、社会救助、社会慈善、残障康复、优抚安置、卫生服务、青少年服务、司法矫治等社会服务机构中,从事专门性社会服务工作的专业技术人员。目前,我国已经建立社会工作者职业水平评价制度,将其纳入全国专业技术人员职业资格证书制度统一规划。社会工作者职业水平评价分为助理社会工作师(Junior Social Worker)、社会工作师(Social Worker)和高级社会工作师(Senior Social Worker)三个级别。2006 年,民政部和人事部共同颁布《社会工作者职业水平评价暂行规定》,对助理社会工作师和社会工作师的考试、业务能力和登记等内容作了初步的规定(高级社会工作师职业水平评价办法暂未制定)。

一、社会工作者职业水平考试

(一)考试的组织

人事部、民政部共同负责社会工作者职业水平评价制度的组织实施工作,并按职责分工对该制度的实施进行指导、监督和检查。助理社会工作师、社会工作师职业水平评价实行全国统一大纲、统一命题、统一时间、统一组织的考试制度,原则上每年举行一次。民政部负责组织专家拟定考试科目、考试大纲,组织命题,研究建立考试试题库,提出考试合格标准建议。人事部负责组织专家审定考试科目、考试大纲和试题,会同民政部确定考试合格标准,并对考试实施等工作进行指导、监督和检查。

(二)报名条件

凡中华人民共和国公民,遵守国家法律、法规,恪守职业道德,并符合助理社会工作师或社会工作师报名条件的人员,均可申请参加相应级别的考试。

1. 助理社会工作师考试报名条件:

(1)取得高中或者中专学历,从事社会工作满4年;

(2)取得社会工作专业大专学历,从事社会工作满2年;

(3)社会工作专业本科应届毕业生;

(4)取得其他专业大专学历,从事社会工作满4年;

(5)取得其他专业本科及以上学历,从事社会工作满2年。

2. 社会工作师考试报名条件:

(1)取得高中或者中专学历,并取得助理社会工作师职业水平证书后,从事社会工作满6年;

(2)取得社会工作专业大专学历,从事社会工作满4年;

(3)取得社会工作专业大学本科学历,从事社会工作满3年;

(4)取得社会工作专业硕士学位,从事社会工作满1年;

(5)取得社会工作专业博士学位;

(6)取得其他专业大专及以上学历,其从事社会工作年限相应增加2年。

(三)颁发证书

助理社会工作师、社会工作师职业水平考试合格,颁发人事部统一印制、人事部和民政部共同用印的《中华人民共和国社会工作者职业水平证书》,该证书在全国范围有效。凡以不正当手段取得社会工作者职业水平证书的,由发证机关收回证书,两年内不得再次参加社会工作者职业水平考试。通过职业水平评价取得社会工作者职业水平证书的人员,表明其已具备相应专业技术岗位工作的水平和能力。但是根据现行政策规定,社会工作者职业水平考试并不是职业资格考试,职业水平考试并不构成职业准入的门槛。

二、社会工作者的义务与职业能力

(一)社会工作者应严格遵守国家法律法规和社会工作职业守则

社会工作者在社会服务工作中,应当与服务对象建立良好平等的沟通关系,维护服务对象的权益,倾听服务对象的诉求,尊重服务对象的选择,保守服务对象的隐私。

(二)助理社会工作师应具备的职业能力

1. 熟悉与社会工作业务相关的法律、法规、政策和行业管理规定,掌握基本的社会工作专业知识。

2. 能够与各类服务对象建立专业服务关系,对服务对象的问题作出预估,制订服务计划和服务协议,独立接案、结案并提供跟进服务。

3. 能够根据服务计划,运用专业方法和技术协助服务对象解决问题。

(三)社会工作师应具备的职业能力

1. 能够熟练运用与社会工作业务相关的法律、法规、政策和行业管理规定,具备较丰富的社会工作专业经验。

2. 能够综合运用各种社会工作方法,为服务对象提供专业服务,处理各类复杂问题,并对提供的专业服务质量与效果进行评估。

3. 能够指导助理社会工作师开展专业工作,帮助其提高专业工作水平和能力。

4. 能够制订科学合理的工作方案和发展规划,整合、运用相关社会服务资源,拓展服务领域,保证服务质量。

(四)取得社会工作者职业水平证书的人员,应当接受继续教育,更新知识,不断提高职业素质和本专业的工作能力。

三、社会工作者职业水平证书登记

(一)社会工作者职业水平证书实行登记服务制度。

(二)民政部或其委托的机构定期向社会公布社会工作者职业水平证书登记情况,并为用人单位提供查询取得社会工作者职业水平证书人员的信息服务。

(三)在社会工作职业活动中,违反有关法律、法规、规章制度或职业道德造成不良影响的,由登记机关取消登记,并由发证机关收回职业水平证书。

第二节 假肢与矫形器制作师国家职业标准

为了加强对假肢与矫形器行业的管理,规范假肢与矫形器行业的市场行为,提高专业技术人员的素质和执业水平,保护残疾人权益,1997 年人事部和民政部共同发布《假肢与矫形器制作师执业资格制度暂行规定》(人发[1997]38 号)。2006 年 2 月,民政部又公布《假肢与矫形器(辅助器具)制作师执业资格注册办法》(民政部第 33 号令),对假肢与矫形器制作师的考试和注册办法作了具体规定。

一、总则

国家对假肢与矫形器制作专业技术人员实行资格考试、注册登记制度。通过考试取得假肢或矫形器制作师(以下简称制作师)执业资格证书并经注册登记的人员,方可从事假肢或矫形器制作业务。制作师执业资格制度纳入全国专业技术人员执业资格制度的统一规划,由国家确认批准。假肢制作师英文译称:Certified Prosthetist(简称 CP),矫形器制作师英文译称:Certified Orthotist(简称 CO),假肢与矫形器制作师英文译称:Certified Prosthetist and Orthotist(简称 CPO)。制作师执业资格证书是具备该专项工作执业能力和水平的证明,亦是上岗凭证或依法申请从事假肢或矫形器制作业务的法定注册凭证。

凡从事假肢或矫形器制作的单位,其关键技术岗位必须由经注册登记的假肢或矫形器制作师担任。民政部负责制作师执业资格制度的组织实施工作,人事部负责制作师执业资格制度组织实施的指导、检查和监督工作。

二、制作师考试

制作师执业资格考试实行统一大纲、统一命题的考试办法,原则上每年举行一次。凡中华人民共和国公民,遵纪守法并具备以下条件之一者,可申请参加制作师执业资格考试:

(一)假肢与矫形器或相关专业中专毕业,并具有六年以上的相关专业工作经历,其中在民政部审核批准的假肢与矫形器制作单位有四年以上的工作经历。

(二)假肢与矫形器或相关专业大专毕业,并具有四年以上的相关专业工作经历,其中在民政部审核批准的假肢与矫形器制作单位有三年以上的工作经历。

(三)假肢与矫形器或相关专业本科毕业,并具有三年以上的相关专业工作经历,其中在民政部审核批准的假肢与矫形器制作单位有两年以上的工作经历。

(四)假肢与矫形器或相关专业硕士或第二学士、研究生班毕业,并具有两年以上的相关专业工作经历,其中在民政部审核批准的假肢与矫形器制作单位有一年以上的工作经历。

(五)民政部认定的其他同等条件。

制作师执业资格考试合格者,由人事部或其授权的部门颁发统一印制、人事部和民政部共同用印的执业资格证书。

三、制作师注册

制作师执业资格实行注册登记制度。民政部及各省、自治区、直辖市民政部门为制作师执业资格的注册管理机构,注册登记管理工作的具体事宜由中国假肢矫形器协会承办。人事部和各省、自治区、直辖市人事部门对制作师的注册及管理有检查、监督的责任。制作师应当在取得制作师执业资格证书后 3 个月内,向国务院民政部门(以下简称注册登记机构)申请办理制作师初始注册登记手续。

（一）初始注册登记

申请制作师初始注册登记的，必须同时具备下列条件：

1. 遵纪守法，恪守制作师职业道德；
2. 取得制作师执业资格证书；
3. 经所在执业单位审核同意；
4. 身体健康，能够在假肢和矫形器生产装配企业关键技术岗位工作。

申请制作师初始注册登记的，应当向注册登记机构提交下列材料：

1. 制作师注册登记申请书；
2. 与原件核对无误的制作师执业资格证书复印件；
3. 与原件核对无误的申请人身份证复印件；
4. 申请人所在执业单位考核合格证明；
5. 申请人与所在执业单位签订的聘用合同。

超过规定期限申请制作师初始注册登记的，除提交上述材料外，还应当提交注册登记机构认可的制作师通过函授、自修、参加培训、业务研讨、学术交流等方式取得的继续教育、业务培训证明。超过规定期限 1 年以上申请制作师初始注册登记的，还应当提交实际操作考核合格的证明。

注册登记机构应当自收到申请材料后 20 个工作日内，作出准予注册登记或者不予注册登记的决定。准予注册登记的，核发注册证；不予注册登记的，应当书面说明理由。

有下列情形之一的，不予注册登记：

1. 属于无民事行为能力人或者限制民事行为能力人的。
2. 在业务中有重大过失，过失之日至申请注册登记之日不满两年的。
3. 因年龄超过 70 周岁或者健康等原因不宜从事制作师业务的。

（二）年度验证

制作师初始注册登记后，应当于每年 3 月 31 日前向注册登记机构申请验证。申请验证可以通过信函、电报、电传、传真、电子数据交换和电子邮件等方式提出。申请验证的，应当提交注册登记机构认可的制作师每年通过刊授、自修、参加培训、业务研讨、学术交流等方式取得的不少于 30 学时的继续教育、业务培训证明，以及经所在单位考核合格的证明。

验证合格的，由注册登记机构在注册证上加盖验证专用章。

（三）续期注册登记

制作师执业资格证书初始注册登记的有效期限为 3 年，自注册登记之日起计算。制作师注册登记有效期满要求继续执业的，应当在注册登记有效期届满前 3 个月，向注册登记机构申请续期注册登记。

申请续期注册登记可以通过信函、电报、电传、传真、电子数据交换和电子邮件等方式提出。申请续期注册登记的，所提供的申请材料除初始注册登记规定的内容外，还应当提交本人工作总结、业绩证明，以及注册登记机构认可的制作师通过刊授、自修、参加培训、业务研讨、学术交流等方式取得的继续教育、业务培训证明。

注册登记机构应当自收到申请材料之日起20个工作日内，作出准予续期注册登记或者不准予续期注册登记的决定。准予续期注册登记的，有效期限为3年，重新核发注册证，收回原注册证。

制作师有下列情形之一的，不予验证或者续期注册登记：

1. 同时在两个假肢或者矫形器生产装配企业执业的。

2. 在执业单位执业时间未连续超过1年的。

3. 因违法执业或者过失对当事人造成身体严重伤害的。

制作师变更工作单位，应当在变更工作单位后两个月内向注册登记机构办理变更注册登记手续。

第三节　养老护理员国家职业标准

一、职业定义和职业等级

养老护理员，是对老年人生活进行照料、护理的服务人员。本职业共设四个等级，分别为：初级（国家职业资格五级）、中级（国家职业资格四级）、高级（国家职业资格三级）、技师（国家职业资格二级）。

二、基本要求

（一）职业道德

1. 职业道德基本知识

2. 职业守则

（1）尊老敬老，以人为本。

（2）服务第一，爱岗敬业。

（3）遵章守法，自律奉献。

（二）基础知识

1. 老年护理基础知识

（1）老年人的生理、心理特点。

（2）老年人的护理特点。

（3）老年人的常见疾病。

（4）老年人的营养需求。

（5）养老护理员职业工作须知。

2. 相关法律、法规

(1)《中华人民共和国老年人权益保障法》的相关知识。

(2)《中华人民共和国劳动法》(以下简称"劳动法")的相关知识。

(3)其他相关法律、法规。

三、工作要求

本标准对初级、中级、高级和技师的技能要求依次递进,高级别包括低级别的要求。

(一)初级

职业功能	工作内容	技能要求	相关知识
一、生活照料	(一)清洁卫生	1. 能完成老人的晨、晚间照料 2. 能帮助老人清洁口腔 3. 能帮助老人修剪指(趾)甲 4. 能为老人洗头、洗澡,以及进行床上浴和整理仪表、仪容 5. 能为老人更衣,更换床单,清洁轮椅,以及整理老人衣物、被服和鞋袜等个人物品 6. 能预防褥疮	1. 更换卧床老人床单的方法 2. 口腔卫生及假牙的一般养护方法 3. 洗头方法 4. 床上浴方法 5. 女性老人会阴部位的清洗方法 6. 褥疮预防方法
	(二)睡眠照料	1. 能帮助老人正常睡眠 2. 能分析造成非正常睡眠的一般原因并予以解决	1. 老年人生理节奏的相关知识 2. 更换卧位的方法
	(三)饮食照料	1. 能协助老人完成正常进膳 2. 能协助老人完成正常饮水 3. 能喂吞咽困难的老人进食、给水	1. 饮食种类的相关知识 2. 喂食方法
	(四)排泄照料	1. 能协助老人正常如厕 2. 能采集老人的二便常规标本 3. 能对呕吐老人进行护理照料 4. 能配合护士照料二便异常的老人	1. 胃肠及排尿活动的相关知识 2. 二便标本采集方法 3. 留置导尿集尿袋和肠瘘粪袋的更换方法 4. 便器与纸尿裤使用的相关知识 5. 缓泻剂的使用及灌肠方法
	(五)安全保护	1. 能协助老人正确使用轮椅、拐杖等助行器 2. 能对老人进行扶、抱、搬、移 3. 能正确使用老人其他保护器具 4. 能预防老人走失、摔伤、烫伤、互伤、噎食、触电及火灾等意外事故	1. 轮椅、拐杖等助行器使用操作知识 2. 扶抱搬移方法 3. 相关保护器具应用操作知识 4. 预防意外事故的相关知识

续表

职业功能	工作内容	技能要求	相关知识
二、技术护理	(一)给药	1. 能配合医护人员,协助完成老人的口服给药 2. 能配合医护人员,协助保管老人的口服药	1. 药物疗法的相关知识 2. 口服给药方法
	(二)观察	1. 能测量老人的液体出入量 2. 能观察老人的皮肤、头发和指(趾)甲的变化 3. 能对不舒适老人进行观察	1. 液体出入量记录方法 2. 常用体征观察方法
	(三)消毒	1. 能用常规消毒方法对便器等常用物品进行消毒 2. 能进行天然消毒和简单隔离	消毒灭菌的相关知识
	(四)冷热应用	会使用热水袋、冰袋	热水袋、冰袋的使用方法
	(五)护理记录	1. 能读懂一般的护理文件 2. 能进行简单的护理记录	护理文件的相关知识
	(六)临终护理	1. 能协助解决老人临终的身体需求 2. 能完成尸体料理及终末消毒	临终关怀护理的相关知识

(二)中级

职业功能	工作内容	技能要求	相关知识
一、生活照料	(一)清洁卫生	1. 能为特殊老人清洁口腔 2. 能为老人灭头虱、头虮 3. 能照料有褥疮的老人	1. 特殊老人口腔护理方法 2. 灭头虱、头虮的方法 3. 褥疮护理的相关知识
	(二)睡眠照料	1. 能照料有睡眠障碍的老人 2. 能分析造成非正常睡眠的特殊原因并予以解决	1. 老年人睡眠障碍的相关知识 2. 疼痛护理方法和松弛肌肉方法
	(三)饮食照料	1. 能协助医护人员完成高蛋白等治疗饮食的喂食 2. 能协助医护人员完成导管喂食	1. 治疗饮食的相关知识 2. 鼻饲方法

续表

职业功能	工作内容	技能要求	相关知识
二、技术护理	（一）给药	1. 能配合医护人员为褥疮老人换药 2. 能配合医护人员完成吸入法给药	1. 褥疮换药方法 2. 吸入法给药注意事项
	（二）观察	1. 能测量老人的体温、脉搏、血压、呼吸 2. 能对老人呕吐物进行观察 3. 能协助医护人员完成各种给药后的观察 4. 能观察濒临死亡老人的体征	1. 体温、脉搏、血压、呼吸的测量方法 2. 药物过敏的相关知识
	（三）消毒	1. 能用常用物理消毒方法进行消毒 2. 能用常用化学消毒方法进行消毒 3. 能进行传染病的隔离	1. 消毒隔离的操作方法 2. 无菌技术的基本操作规程
	（四）冷热应用	能给老人进行温水擦浴和湿热敷	温水擦浴和湿热敷的方法
	（五）护理记录	1. 能正确书写老人护理记录 2. 能对特殊老人护理进行记录 3. 能对护理文件进行保管	护理文件记录与保管的相关知识
	（六）急救	能对外伤出血、烫伤、噎食、摔伤等意外及时报告并做出初步的应急处理	1. 氧气吸入方法 2. 吸痰方法
	（七）常见病护理	能配合医护人员完成对老年人高血压病、冠心病、中风、帕金森病、糖尿病、退行性关节炎、痛风、便秘、老年痴呆症等常见病的护理	老年人常见病的相关知识

续表

职业功能	工作内容	技能要求	相关知识
三、康复护理	(一)肢体康复	1. 能配合医护人员,帮助特殊老人进行肢体被动运动 2. 能配合医护人员开展常用作业疗法 3. 能指导老人使用各类健身器材	1. 肢体康复的相关知识 2. 健身器材使用常识
	(二)闲暇活动	能组织老人开展小型闲暇活动	常用娱乐方法
四、心理护理	沟通与协调	1. 能对老人的情绪变化进行观察,并能与老人进行心理沟通 2. 能对老人人际交往中存在的不和谐现象与矛盾进行分析指导 3. 能协助解决临终老人的心理与社会需求	1. 与老人进行心理沟通的技巧 2. 老人心理咨询的相关知识 3. 临终关怀的相关知识

(三)高级

职业功能	工作内容	技能要求	相关知识
一、技术护理	(一)急救	1. 能进行心脏按摩和人工呼吸 2. 发生意外后,能止血、包扎、固定和搬运	1. 胸外心脏按压术与人工呼吸法 2. 止血、包扎与固定的简单操作方法
	(二)危重病护理	1. 能协助医护人员观察与护理危重病老人 2. 能协助医护人员护理昏迷老人	老年人危重病护理的相关知识
	(三)健康教育	1. 能对老年人常见病、多发病和传染病进行咨询与预防指导 2. 能对老年人的生活习惯进行健康指导	老年人常见病、多发病和传染病的相关知识

续表

职业功能	工作内容	技能要求	相关知识
二、康复护理	(一)康复训练	1. 能对老人的一般康复效果进行测评 2. 能完成群体康复计划的实施 3. 能完成个体康复计划的实施	老人康复训练的相关知识
	(二)闲暇活动	1. 能组织老人开展各类兴趣活动 2. 能参与组织较大型的文体娱乐活动	兴趣活动与大型文体娱乐活动的组织方法
三、心理护理	(一)心理保健	能向老人宣讲心理保健知识	老人心理保健的相关知识
	(二)情绪疏通	1. 能对老人忧虑、恐惧、焦虑等不良情绪进行疏导 2. 能与老人进行情感交流并予以心理支持	老人情绪疏导与情感交流的相关知识
四、培训与指导	(一)护理培训	能对初级养老护理员进行基础培训	培训与指导的基本方法
	(二)操作指导	能对初级养老护理员的实践操作给予指导	

(四)技师

职业功能	工作内容	技能要求	相关知识
一、技术护理	(一)环境设计	1. 能对老人护理环境进行设计 2. 能制订改善老人护理环境的方案	环境与老人健康的相关知识
	(二)护理计划	1. 能制订老人护理计划 2. 能检查老人护理计划的实施	护理计划的相关知识
	(三)技术创新	1. 能在养老护理技术方面进行创新 2. 能选择、论证、申报养老护理科研课题 3. 能参与养老护理科研成果的鉴定与推广	研究养老护理的相关知识

续表

职业功能	工作内容	技能要求	相关知识
二、培训与指导	(一)护理培训	能制订养老护理员的培训计划	1. 培训计划的编制要求 2. 教学法的基本知识 3. 指导操作中各类疑难问题的相关知识
	(二)操作指导	能对养老护理操作中的各类疑难问题进行示范、指导	
三、护理管理	(一)组织管理	1. 能制订养老护理员岗位职责和工作程序 2. 能对养老护理管理方案予以实施与控制	养老护理管理相关知识
	(二)质量管理	1. 能制订养老组织护理质量控制方案 2. 能对养老组织护理技术操作规程的实施进行管理 3. 能对养老组织护理质量的实施进行管理 4. 能运用现代办公设备进行管理 5. 能撰写养老护理与管理的论文	1. 养老组织护理质量管理相关知识 2. 现代办公设备相关知识 3. 论文撰写常识

第四节 遗体接运工国家职业标准

一、职业定义和职业等级

遗体接运工，是从事遗体接收、装殓和运送服务的人员。本职业共设三个等级，分别为：初级（国家职业资格五级）、中级（国家职业资格四级）、高级（国家职业资格三级）。

二、基本要求

（一）职业道德

1. 职业道德基本知识

（1）相信科学，客户至上。

(2)遵纪守法,谦恭礼让。

(3)善待故人,文明丧葬。

(4)保护环境,品德高尚。

2. 职业守则

(1)认真负责,勤奋工作。

(2)热情服务,礼貌待客。

(3)诚实守信,团结协作。

(4)刻苦钻研,爱岗敬业。

(二)基础知识

1. 死亡学基本常识

(1)死亡的概念。

(2)死亡的类型。

(3)假死现象产生的原因及其识别方法。

(4)遗体的定义与分类。

2. 职业形象与素养

(1)仪表。

(2)仪态。

3. 社交礼仪基本知识

(1)人际交往常识。

(2)殡葬服务用语和忌语。

(3)我国主要的殡葬习俗。

(4)殡葬心理抚慰方法。

4. 卫生与消毒知识

(1)公共卫生常识。

(2)尸源性致病菌的分类。

(3)遗体及其接运设备的实用消毒技术。

(4)个人卫生防护方法。

5. 安全知识

(1)安全防火、防盗常识。

(2)交通运输安全注意事项。

6. 相关法规、标准

(1)《中华人民共和国传染病防治法》(以下简称"传染病防治法")的相关知识。

(2)《中华人民共和国道路交通安全法》(以下简称"道路交通安全法")的相关知识。

(3)《公共卫生管理条例》的相关知识。

(4)《殡葬管理条例》的相关知识。

(5)《殡仪场所致病菌安全限值》的相关知识。

三、工作要求

本标准对初级、中级和高级遗体接运工的技能要求依次递进,高级别涵盖低级别的要求。

(一)初级

职业功能	工作内容	技能要求	相关知识
一、接待咨询	(一)业务准备	1. 能按岗位的具体要求着装 2. 能准备好接运遗体所需的工具和用品 3. 能按照接运工作单的要求与客户联系	1. 岗位仪表、仪态的规定 2. 接运遗体工具和用品的基本使用方法 3. 接运遗体工作流程 4. 本地区医院太平间的分布
	(二)接待客户	1. 能做自我介绍并说明服务范围 2. 能使用规范性殡葬服务用语 3. 能根据客户需求确定遗体接运路线 4. 能与客户核对接运工作单并提供必要的咨询服务	1. 岗位工作职责与范围 2. 殡仪服务用语使用须知 3. 殡葬消费心理常识 4. 本地区主要民族的丧葬礼仪
二、装殓遗体	(一)核对证明	1. 能核对具有法律效力的部门开具的死亡证明 2. 能与客户共同辨认、核对待运遗体并办理有关手续,能查验殡葬管理机构出具的异地运尸等书面文件	1. 死亡证明种类及其有效性的判定 2. 遗体交接手续的办理程序和方法
	(二)更衣服务	1. 能使用基本的消毒剂和卫生敷料对遗体进行消毒与清洁处理 2. 能为正常死亡的遗体脱穿衣物	1. 常用消毒剂和卫生敷料的使用方法 2. 遗体更衣的基本方法
	(三)遗体入殓	1. 能为正常死亡的遗体选择入殓器材 2. 能按照客户要求将正常死亡的遗体殓入棺木和殡仪车遗体舱	1. 殡仪车遗体舱和抬尸器具消毒方法 2. 棺木类型及其功能

续表

职业功能	工作内容	技能要求	相关知识
三、接运遗体	(一)起灵服务	1. 能主持小型起灵仪式 2. 能根据本地区主要丧葬习俗布设殡仪车辆的外观和内部装饰	1. 起灵仪式的基本主持方法 2. 花圈、花篮、挽幛、黑花、黑纱和孝服的使用方法
	(二)遗体运输	1. 能完成本地正常死亡遗体的运输任务 2. 能根据路况、车况对所运遗体采取适当的保护措施	1. 遗体运输过程中的常见问题 2. 遗体运输安全、卫生防护规范
	(三)遗体交接	1. 能填写遗体运输日志 2. 能与殡葬服务机构的遗体处理和专职验尸工作人员办理交接业务 3. 能按照殡仪流程引导客户进入下步活动区域	1. 遗体运输日志的填报要求 2. 遗体交接步骤与方法 3. 殡仪服务流程

(二)中级

职业功能	工作内容	技能要求	相关知识
一、接待咨询	(一)业务准备	1. 能准备好接运遗体所需的设备、设施 2. 能在服务区域内与主要医院、社区和单位建立联络关系	1. 遗体接运设备的使用 2. 遗体接运设施的日常管理 3. 服务区内主要医院、社区和单位的基本情况
	(二)接待客户	1. 能根据客户需求制订正常死亡遗体的接运方案 2. 能解答客户提出的有关业务问题	1. 正常死亡遗体接运方案的制订方法 2. 遗体接运专业技巧
二、装殓遗体	(一)更衣服务	1. 能对待运的非正常遗体进行消毒 2. 能为非正常死亡的遗体脱穿衣物	1. 遗体消毒方法 2. 非正常死亡遗体的更衣技巧
	(二)遗体入殓	1. 能为非正常死亡的遗体选择入殓器材 2. 能按照客户要求将非正常死亡的遗体殓入棺木和遗体舱	1. 遗体包装物的种类和使用方法 2. 非正常死亡遗体收敛的技术

续表

职业功能	工作内容	技能要求	相关知识
三、接运遗体	（一）起灵服务	1. 能主持中型起灵仪式 2. 能根据本地区主要丧葬习俗布设灵棚	1. 起灵仪式的主持艺术 2. 灵棚的布设
	（二）遗体运输	1. 能完成本地非正常死亡遗体的运输任务 2. 能根据非正常死亡遗体的种类和具体情况采取合理的遗体保护和卫生防护措施	1. 遗体运输过程中的应急策略 2. 非正常死亡遗体的种类

（三）高级

职业功能	工作内容	技能要求	相关知识
一、接待咨询	（一）业务准备	1. 能对遗体接运设备进行日常维护和保养 2. 能根据本地情况提出遗体接运程序	1. 遗体接运设备的维护和保养常识 2. 外地和外事遗体接运调研的基本途径
	（二）接待客户	1. 能根据客户需求制订非正常死亡遗体的接运方案 2. 能解答客户提出的综合性业务问题	1. 非正常死亡遗体接运方案的制订方法 2. 遗体接运的特殊要求
二、装殓遗体	（一）更衣服务	1. 能为国际运输的遗体脱穿衣物 2. 能按照客户要求为不同遗体提供个性化的更衣服务 3. 能为客户整理火葬或土葬的随葬品	1. 国际运尸的基本要求 2. 随葬品类别
	（二）遗体入殓	1. 能为国际运输的遗体选择入殓器材 2. 能按照客户要求将国际运输的遗体殓入棺木	1. 遗体包装物的种类和使用方法 2. 国际运输遗体的收敛技术

续表

职业功能	工作内容	技能要求	相关知识
三、接运遗体	(一)起灵服务	1. 能主持大型起灵仪式 2. 能根据本地区起灵习俗制订起灵规范	1. 大型起灵仪式的注意事项 2. 各地主要起灵习俗
	(二)遗体运输	1. 能制订遗体运输应急预案 2. 能检查殡仪车辆卫生防护设备的可靠性 3. 能管理遗体接运业务档案	1. 遗体运输应急预案的编制要点 2. 遗体接运业务档案的建立、保管和使用方法
四、培训指导	(一)人员培训	1. 能制订业务培训计划 2. 能对初级和中级遗体接运工进行理论培训	遗体接运工理论培训的原则和方法
	(二)技术指导	能对初级和中级遗体接运工进行技术指导	遗体接运工技术指导的要点、方法和注意事项

第五节　殡仪服务员国家职业标准

一、职业定义和职业等级

殡仪服务员，是从事追悼场所布置、接待、引导和骨灰寄存等治丧服务的人员。本职业共设四个等级，分别为：初级（国家职业资格五级）、中级（国家职业资格四级）、高级（国家职业资格三级）、技师（国家职业资格二级）。

二、基本要求

（一）职业道德

1. 职业道德基本知识

2. 职业守则

（1）遵纪守法，礼貌待客，优质服务，爱岗敬业。

（2）诚实守信，认真负责，顾全大局，团结协作。

（3）拒收馈赠，清正廉洁，照章行事，公示价格。

（4）客户至上，超越自我，敬重先人，善待逝者。

（5）钻研业务，提高技能，移风易俗，促进文明。

（6）追求完美，善始善终，亲情服务，圆满人生。

（二）基础知识

1. 殡仪服务知识

(1)殡葬改革常识。
(2)殡仪服务内容。
(3)常用殡葬文书。
(4)中国传统的殡葬服务。
(5)中国现代的殡葬服务。
2. 服务礼仪知识
(1)接待客户礼仪的一般要求。
(2)人际交往技巧。
(3)人际交往的忌讳。
(4)殡仪风俗与习惯。
(5)各民族和宗教信仰者安葬礼仪。
3. 殡葬心理
(1)公众及客户殡葬心理。
(2)殡葬消费心理。
(3)抚慰心理常识。
4. 殡仪设施、设备及用品
(1)殡仪服务设施的分类与管理。
(2)殡仪服务设备的分类与管理。
(3)殡仪服务用品的分类、用途及销售。
5. 计算机使用常识
6. 安全防护知识
(1)安全用电常识。
(2)卫生防疫基础常识。
(3)防火、防盗知识。
7. 相关法律、法规
(1)《中华人民共和国消费者权益保护法》(以下简称"消费者权益保护法")的相关知识。
(2)《中华人民共和国合同法》(以下简称"合同法")的相关知识。
(3)《殡葬管理条例》的相关知识。
(4)《消防条例》的相关知识。

三、工作要求

本标准对初级、中级、高级和技师的技能要求依次递进,高级别涵盖低级别的要求。

（一）初级

职业功能	工作内容	技能要求	相关知识
一、接待洽谈	（一）接待准备	1. 能够按岗位要求，保持个人良好的仪表和仪态 2. 能够按要求整理好工作环境 3. 能够准备好工作所需的各种办公设备和服务用品	1. 服务岗位仪表和仪态的规定 2. 工作设施、设备的使用方法 3. 服务用品使用常识
	（二）业务接待	1. 能够使用普通话进行服务 2. 能够使用规范性服务用语 3. 能够以文明得体的方式提供服务 4. 能够对客户进行服务程序引导	1. 规范性服务用语 2. 殡仪服务程序
	（三）咨询洽谈	1. 能够通过互联网、电话、传真及面谈的方式了解客户的服务需求，解答客户提出的问题 2. 能够介绍服务项目、工作流程及收费标准 3. 能够根据客户的要求和反应及时调整洽谈方式	1. 电话礼仪 2. 计算机及传真机的使用方法 3. 各民族殡葬习俗和礼仪 4. 当地丧葬习俗
	（四）签订合同	能够与客户议定合同	订立合同的基本知识
二、治丧服务	（一）引导服务	1. 能够引导客户办理丧事 2. 能够安排治丧业务	1. 殡葬业务流程 2. 引导服务规范
	（二）文书服务	能够根据客户提出的要求，提供殡葬文书格式样本	殡葬文书格式样本常识
	（三）悼念服务	能够对悼念场所进行清洁和消毒	场所环境消毒基本方法
三、骨灰寄存	（一）骨灰收取	1. 能够对寄存骨灰进行审核、登记和办证 2. 能够为客户取放寄存的骨灰 3. 能够对领取骨灰进行核对、登记	1. 骨灰接收程序要求 2. 骨灰领取要求
	（二）档案管理	能够对寄存的骨灰资料立卷、管理	档案立卷常识

续表

职业功能	工作内容	技能要求	相关知识
四、用品销售	(一)用品介绍	1. 能够解答客户提出的有关殡葬用品使用的问题 2. 能够向客户介绍丧礼常用花材的名称及花圈、花篮的类型 3. 能够向客户介绍骨灰盒的种类及寿衣的款式 4. 能够介绍其他常用殡葬用品种类的材质、性能和特色	1. 销售服务礼仪常识 2. 殡葬用品的分类、性能及特点
	(二)货款结算	1. 能够核对收费项目 2. 能够填写票据	票据的填写与保管知识

(二)中级

职业功能	工作内容	技能要求	相关知识
一、接待洽谈	(一)业务接待	1. 能够有针对性地向客户提供服务信息 2. 能够区分客户的需求类型和需求特征	了解客户需求的技巧
	(二)咨询洽谈	1. 能够对客户提出的问题给予明确的回答 2. 能够向客户提供合理化建议 3. 能够应对洽谈中的冲突	1. 殡仪服务技巧 2. 业务洽谈技巧
	(三)签订合同	1. 能够签订小额合同 2. 能够预测合同履行中可能出现的争议	合同类别
二、治丧服务	(一)文书服务	能够拟写唁电(函)、慰问信	唁电(函)、慰问信的写作要求
	(二)悼念服务	1. 能够组织告别仪式 2. 能够布置告别场所 3. 能够制作殡仪用花及黑纱	1. 告别仪式常识 2. 告别场所布置方法 3. 常用殡仪用花、黑纱的制作方法

续表

职业功能	工作内容	技能要求	相关知识
三、骨灰寄存	(一)骨灰保管	能够对寄存的骨灰进行安全保管	1. 防火防盗知识 2. 安全检查知识
	(二)档案管理	1. 能够对寄存骨灰的文字档案、电子档案进行分类、检索 2. 能够根据档案价值划分保管期限 3. 能够对档案安全保管	1. 档案分类、检索知识 2. 划分档案保管期限知识 3. 档案安全保管常识
四、用品销售	(一)用品介绍	能够介绍殡葬用品的用途和使用方法	殡葬用品的使用方法
	(二)货款结算	1. 能够办理现金、信用卡和支票的结算业务 2. 能够识别假钞	1. 收银程序 2. 假钞识别

(三)高级

职业功能	工作内容	技能要求	相关知识
一、接待洽谈	(一)业务接待	能够对丧亲者进行心理抚慰	丧亲者心理抚慰方法
	(二)咨询洽谈	1. 能够向客户说明各项服务的内容和范围 2. 能够根据不同客户的消费需要，积极推荐服务内容并解答问题 3. 能够运用技巧突破洽谈僵局	1. 客户消费心理常识 2. 突破洽谈僵局的技巧
	(三)签订合同	能够签订各种合同	签订合同的具体要求
	(四)业务调度	1. 能够协调本单位有关部门的关系 2. 能够填写业务单据 3. 能够复核业务项目 4. 能够安排殡仪服务项目	1. 沟通、协调的基本方法 2. 殡仪服务内容和要求 3. 业务调度服务规范

续表

职业功能	工作内容	技能要求	相关知识
二、治丧服务	(一)文书服务	能够拟写挽联和讣告	挽联、讣告的基本格式和写作要求
	(二)悼念服务	1. 能够组织并主持悼念活动 2. 能够承担悼念活动的策划 3. 能够根据客户的要求、爱好和禁忌确定丧礼主题,制作花圈、花篮	1. 组织悼念活动的相关知识 2. 悼念活动主持人的基本要求 3. 策划悼念活动的基本方法 4. 花圈、殡仪花篮的制作方法
三、骨灰寄存	(一)祭奠服务	1. 能够验证、发放骨灰 2. 能够验灰、验证收回骨灰 3. 能够引导客户进行祭奠活动	1. 骨灰查验要求 2. 骨灰祭奠要求
	(二)档案管理	能够有效利用骨灰档案资料开展专项服务	骨灰寄存档案的开发利用
四、用品销售	(一)用品介绍	能够根据客户的需求,介绍推荐殡葬用品并解答客户的问题	殡葬消费的心理常识
	(二)用品鉴别	能够鉴别殡葬用品的质量	殡葬用品的鉴别常识

(四)技师

职业功能	工作内容	技能要求	相关知识
一、接待洽谈	(一)业务接待	能够与各种客户洽谈业务	殡葬客户心理分析的有关知识
	(二)咨询洽谈	能够解答客户提出的疑难问题	殡葬服务及沟通知识
	(三)组织协调	1. 能够协调纠纷事件中相关方的关系 2. 能够处理纠纷事件的善后工作 3. 能够处理接待工作中突发的安全事故	1. 纠纷事件协调要点 2. 处理纠纷事件善后工作的知识 3. 突发安全事故的类型及应对方法

续表

职业功能	工作内容	技能要求	相关知识
二、治丧服务	（一）文书服务	能够撰写个性化的殡仪文书	个性化殡仪文书的写作技巧
	（二）悼念服务	1. 能够组织个性化的悼念活动 2. 能够布置个性化的悼念厅 3. 能够进行个性化悼念活动的策划 4. 能够根据客户的需求，开发、设计新的服务项目	1. 组织个性化悼念活动的知识 2. 个性化悼念活动的策划知识 3. 国内外殡仪服务发展状况
三、培训指导	（一）人员培训	能够对初级、中级、高级殡仪服务员进行理论培训	1. 教学、教法基本知识 2. 教案编写知识
	（二）技术指导	能够对初级、中级、高级殡仪服务员进行技术指导	对初级、中级、高级殡仪服务员进行技术指导的要点和方法

第六节　遗体防腐师国家职业标准

一、职业定义和职业等级

遗体防腐师，是用防腐剂及防腐器械对遗体进行防腐、保存的人员。本职业共设五个等级，分别为：五级遗体防腐师（国家职业资格五级）、四级遗体防腐师（国家职业资格四级）、三级遗体防腐师（国家职业资格三级）、二级遗体防腐师（国家职业资格二级）、一级遗体防腐师（国家职业资格一级）。

二、基本要求

（一）职业道德

1. 职业道德基本知识

2. 职业守则

（1）倡导科学，理念前瞻。

（2）移风易俗，勤劳节俭。

（3）遵纪守法，道德规范。

（4）客户至上，服务周全。

（5）善待故人，文明体面。

(6)敬业爱岗,技术精湛。
(7)认真操作,公正清廉。
(8)刻苦学习,躬身实践。
(9)清洁卫生,消除污染。
(10)重视环保,防患未然。

(二)基础知识

1. 死亡学基本知识
(1)生命的基本特征。
(2)死亡类型。
(3)死亡原因。
(4)假死现象。
(5)遗体现象。
2. 遗体防腐的基本概念
(1)遗体防腐的定义。
(2)遗体腐烂原因及固定的基本知识。
3. 遗体防腐技术发展状况
(1)世界现代遗体防腐技术。
(2)中国遗体防腐技术现状。
4. 遗体防腐实用方法
(1)灌注法。
(2)注射法。
(3)浸泡法。
(4)低温辅助防腐法。
5. 遗体防腐剂
(1)遗体防腐剂的类别。
(2)遗体防腐剂的功能。
6. 遗体防腐器械
(1)常用遗体防腐器械的分类。
(2)常用遗体防腐器械的工作原理。
7. 消毒的基本常识
(1)消毒的原则。
(2)消毒剂的类别。
(3)常用消毒剂的使用功能。
8. 环保、安全、卫生防护常识
(1)防腐药剂安全管理。

(2)遗体防腐室环境保护。

(3)防腐器械的消毒方法。

(4)岗位安全防护知识。

(5)常见传染病的种类和预防。

(6)安全用电知识。

(7)防火、防盗常识。

9. 相关法律、法规和标准

(1)《传染病防治法》的相关知识。

(2)《中华人民共和国环境保护法》(以下简称"环境保护法")的相关知识。

(3)《殡葬管理条例》的相关知识。

(4)《消毒管理办法》的相关知识。

(5)《殡仪场所致病菌安全限值》的相关知识。

三、工作要求

本标准对五级、四级、三级、二级、一级遗体防腐师的技能要求依次递进,高级别涵盖低级别的要求。

(一)五级遗体防腐师

职业功能	工作内容	技能要求	相关知识
一、防腐准备	(一)遗体识别	能用切脉方法判断死亡和假死现象	切脉判断死亡的方法
	(二)表面处理	1. 能对遗体进行清洁及消毒处理 2. 能摆正遗体体位	1. 遗体清洁处理程序 2. 遗体消毒的基本方法
二、防腐操作	(一)排除积水	能利用吸引器具排除遗体腹腔积水	遗体腹水抽吸方法
	(二)表面防腐	1. 能用喷洒法对遗体防腐 2. 能用擦拭法对遗体进行防腐	1. 遗体表面防腐剂性能 2. 遗体表面防腐剂使用
	(三)注射防腐	1. 能根据遗体保存期确定防腐剂的浓度和用量 2. 能对正常遗体进行皮下注射防腐	1. 气温对遗体保存期的影响 2. 皮下注射方法 3. 注射防腐的注意事项
	(四)低温防腐	能用冷藏、冷冻设备对遗体进行低温辅助防腐	1. 遗体冷藏箱使用方法 2. 遗体冷冻柜使用方法

续表

职业功能	工作内容	技能要求	相关知识
三、安全防护	(一)器械消毒	1. 能根据实际情况针对不同防腐器械合理选用消毒剂并确定其剂量 2. 能对遗体防腐器械进行消毒处理	1. 消毒剂的选用原则 2. 遗体防腐器械消毒的技术要点
	(二)环境消毒	能对防腐室进行环境消毒	1. 防腐室的卫生要求 2. 殡仪场所消毒灭菌规程
	(三)污染处理	1. 能对遗体防腐污水进行消毒处理 2. 能对遗体防腐产生的固体废弃物进行消毒处理	1. 污水消毒方法 2. 固体废弃物消毒知识
	(四)卫生防护	能针对遗体防腐类型采取必要的卫生防护措施	1. 岗位卫生防疫须知 2. 个人卫生防护知识

(二)四级遗体防腐师

职业功能	工作内容	技能要求	相关知识
一、防腐准备	(一)遗体识别	能根据死亡证明和遗体状况识别主要传染病死亡的遗体	常见传染病死亡遗体的识别方法
	(二)制订方案	能根据遗体的具体情况制订注射防腐方案	注射防腐方案的制订
	(三)使用药剂	1. 能正确使用单种消毒液 2. 能正确使用单种遗体防腐液	1. 实用消毒液的使用 2. 遗体防腐液的适用范围
二、防腐操作	(一)排除积水	能运用内脏穿透法抽吸遗体胸腔积水	胸腔积水排除方法及其注意事项
	(二)表面防腐	能用涂抹或皮下注射法对遗体进行防腐处理	表面防腐综合技术要点
	(三)注射防腐	1. 能挑起需要的动、静脉血管,插入注射器和引流管 2. 能对正常死亡的遗体进行动脉和体腔注射防腐	1. 人体血液循环系统的相关知识 2. 动脉注射的要求 3. 体腔注射方法

续表

职业功能	工作内容	技能要求	相关知识
三、安全防护	(一) 器械消毒	能制定遗体防腐器械消毒规定	遗体防腐器械消毒规定制定原则
	(二) 环境消毒	能制订环境消毒实施方案	环境消毒实施方案的制订原则和方法
	(三) 污染处理	1. 能及时排除并处理遗体防腐过程中释放的废气 2. 能对遗体防腐污水进行综合处理	1. 排气装置的构造及使用方法 2. 污水处理常用方法
	(四) 卫生防护	能根据遗体的具体情况和工作条件制订卫生防护方案	遗体防腐卫生防护方案的制订原则

(三)三级遗体防腐师

职业功能	工作内容	技能要求	相关知识
一、防腐准备	(一) 制订方案	能根据遗体的实际情况制订灌注防腐方案	灌注防腐方案的制订
	(二) 使用药剂	1. 能正确使用多种常用消毒液 2. 能正确使用多种常用的遗体防腐液	1. 消毒液的保管 2. 遗体防腐液的管理规定
二、防腐操作	(一) 注射防腐	能对非正常死亡的遗体进行综合注射防腐	非正常死亡遗体注射防腐综合技术要领
	(二) 灌注防腐	能运用灌注技术对正常遗体进行动脉灌注防腐	动脉灌注防腐的基本方法
	(三) 静脉引流	能对正常死亡遗体进行静脉引流	静脉引流操作流程

续表

职业功能	工作内容	技能要求	相关知识
三、安全防护	(一)污染处理	1. 能对遗体防腐引流排出的血液和体液进行安全处理 2. 能制订遗体防腐方面的污染治理方案	1. 血液和体液的安全处理方法 2. 污染治理方案的制订依据
	(二)卫生防护	能检查和评价工作场所卫生防护设施的技术性能	遗体防腐卫生防护有效性的评定方法

(四)二级遗体防腐师

职业功能	工作内容	技能要求	相关知识
一、防腐操作	(一)灌注防腐	1. 能对超时遗体(死亡 24 小时以上)进行灌注防腐处理 2. 能对患黄疸病等死亡的非正常遗体进行防腐处理 3. 能对事故性死亡但肢体未破损的遗体进行灌注防腐处理	1. 超时遗体防腐处理技巧 2. 事故性死亡遗体的类别 3. 轻度腐败遗体的操作规程
	(二)特殊处理	1. 能判断遗体的主要变色原因 2. 能在防腐过程中对血液变色遗体进行恢复性处理 3. 能在防腐过程中对病理性变色遗体进行恢复性处理 4. 能在防腐过程中对腐败变色遗体进行恢复性处理	1. 遗体变色类型 2. 遗体变色原因 3. 病理变色知识 4. 变色蛋白漂白原理 5. 腐败变色遗体的特种处理方法 6. 变色遗体多功能防腐液的使用知识
二、业务管理	(一)档案管理	能建立遗体防腐业务档案,归纳、整理、保管并有效利用防腐档案资料	技术资料的建档和管理常识
	(二)质量管理	1. 能制定遗体防腐工作的规章制度 2. 能组织实施防腐工作的质量管理措施	1. 遗体防腐规章制度的制定方法 2. 质量管理工作基础知识

续表

职业功能	工作内容	技能要求	相关知识
三、培训指导	(一)培训	1. 能编写本职业技术培训讲义 2. 能对五级、四级、三级遗体防腐师进行培训	1. 培训计划的制订方法 2. 技术培训教材的编写方法 3. 五级、四级、三级遗体防腐师的培训方法和注意事项
	(二)指导	能对五级、四级、三级遗体防腐师进行技术指导	五级、四级、三级遗体防腐师技术指导要点

(五)一级遗体防腐师

职业功能	工作内容	技能要求	相关知识
一、防腐操作	(一)综合防腐	1. 能对缺少器官的遗体进行综合防腐处理 2. 能按照检定要求对法医待检遗体进行综合防腐处理 3. 能对腐败等特殊遗体进行综合防腐处理	1. 特效遗体防腐剂的正确使用方法 2. 多功能遗体防腐剂的使用方法 3. 遗体防腐辅助药剂的使用方法 4. 特殊遗体的检查方法 5. 综合防腐技巧 6. 特殊遗体处理技术要点及注意事项
	(二)特种处理	1. 能针对法医解剖、医学研究和事故纠纷等目的,利用遗体综合防腐技术处理并安全保存遗体及器官 2. 能在防腐的同时对特种复合变色遗体进行恢复性处理 3. 能制订综合防腐处理技术方案并组织实施	1. 保存遗体的相关知识 2. 特种复合变色遗体的处理技巧 3. 遗体湿法保存和干法保存技术 4. 综合防腐处理技术方案的编制方法

续表

职业功能	工作内容	技能要求	相关知识
二、业务管理	(一)质量管理	1. 能制定遗体防腐质量管理办法和技术规程 2. 能检查和评定遗体防腐工作质量并提出改进措施 3. 能建立遗体防腐质量管理体系并组织实施	1. 质量管理的相关知识 2. ISO 9000 质量管理体系标准 3. 质量管理体系的建立方法
	(二)技术管理	1. 能审定待用的遗体防腐新技术和新工艺 2. 能组织开展遗体防腐领域的相关实验	1. 遗体防腐新技术投入使用的审定程序 2. 技术管理的主要内容和方法
三、培训指导	(一)培训	1. 能编写本职业技术培训计划和培训大纲 2. 能对五级、四级、三级、二级遗体防腐师进行培训	1. 遗体防腐技术培训计划和大纲的编写原则 2. 五级、四级、三级、二级遗体防腐师的培训方法
	(二)指导	能对五级、四级、三级、二级遗体防腐师进行技术指导	五级、四级、三级、二级遗体防腐师技术指导的理论、方式与方法

第七节　遗体整容师国家职业标准

一、职业定义和职业等级

遗体整容师，是使用化妆品、药品和器具，从事遗体整容、整形、化妆和美发的人员。本职业共设五个等级，分别为：五级遗体整容师（国家职业资格五级）、四级遗体整容师（国家职业资格四级）、三级遗体整容师（国家职业资格三级）、二级遗体整容师（国家职业资格二级）、一级遗体整容师（国家职业资格一级）。

二、基本要求

(一)职业道德

1. 职业道德基本知识
2. 职业守则
(1)遵纪守法,刻苦勤奋。
(2)团结互助,诚实守信。
(3)文明操作,善待故人。
(4)爱岗敬业,与时俱进。

(二)基础知识

1. 遗体整容的基本概念
(1)遗体整容的定义。
(2)遗体整容的分类。
(3)遗体整容的作用。
2. 人体解剖常识
(1)人体基本结构。
(2)人体器官与系统常识。
(3)人体局部解剖知识。
3. 死亡学基本知识
(1)死亡原因。
(2)遗体分类。
(3)遗体腐败与霉变。
4. 遗体整容化妆的基本知识
(1)常用化妆品分类及作用。
(2)遗体整容化妆的内容。
(3)遗体整容化妆的标准。
5. 遗体整容的环境与卫生
(1)整容室环境保护知识。
(2)整容室卫生防疫常识。
(3)整容师个人卫生防护。
6. 相关法律、法规
(1)《传染病防治法》的相关知识。
(2)《中华人民共和国固体废物污染环境防治法》的相关知识。
(3)《劳动法》的相关知识。
(4)《殡葬管理条例》的相关知识。

(5)《消毒管理办法》的相关知识。

三、工作要求

本标准对五级、四级、三级、二级、一级遗体整容师的技能要求依次递进，高级别涵盖低级别的要求。

（一）五级遗体整容师

职业功能	工作内容	技能要求	相关知识
一、整容准备	（一）识别遗体	1. 能够识别正常死亡遗体 2. 能够检查遗体所带遗物及贵重物品	1. 正常死亡遗体的识别方法 2. 遗物及贵重物品的寄存方法
	（二）制订方案	1. 能够制订正常死亡遗体的整容方案 2. 能够根据遗体整容方案配备常规整容用品和用具	1. 正常死亡遗体整容方案的内容和要求 2. 整容用品、用具的使用方法
二、清洁更衣	（一）遗体清洁	1. 能够使用常规清洁剂对遗体进行清洗 2. 能够使用一般消毒剂对遗体进行消毒	1. 遗体清洗、消毒的步骤和方法 2. 常用清洁剂、消毒剂的选择和使用注意事项
	（二）遗体更衣	1. 能够按照传统习俗为遗体穿戴服装 2. 能够按照客户要求为遗体佩戴服饰	1. 遗体更衣的顺序、方法 2. 遗体佩戴服饰的方法
三、美容化妆	（一）面部化妆	能够使用遗体化妆用品、用具，按照基础化妆程序完成面部的化妆，达到着色均匀、自然	1. 遗体常用化妆品的名称、用途和性能 2. 遗体化妆的一般方法
	（二）剃须修面	1. 能够对剃须修面工具进行消毒 2. 能够运用正手刀法进行剃须修面	1. 剃刀的种类与保养 2. 剃刀的基本使用方法 3. 剃须修面程序
	（三）发型制作	1. 能够梳理一般男女发式 2. 能够给遗体佩戴假发	1. 理发工具的性能和使用方法 2. 理发的基本操作程序 3. 假发佩戴方法
四、整容整形	（一）眼部闭合	能够用按摩方法使眼部闭合	眼部按摩方法
	（二）创缘闭合	能够使用黏合剂闭合躯体、肢体等体表损伤	体表损伤的黏合方法与要求

（二）四级遗体整容师

职业功能	工作内容	技能要求	相关知识
一、整容准备	（一）识别遗体	能够识别病理性死亡遗体	常见病、传染病等病理性死亡遗体的识别方法
	（二）制订方案	1. 能够制订病理性死亡遗体的整容方案 2. 能够按照整容方案做好遗体美容化妆用品、整容整形用具的准备工作	1. 病理性死亡遗体整容方案的制订方法及要求 2. 整容、整形用品、用具的配备要求
二、清洁更衣	（一）遗体清洁	1. 能够使用不同的清洁材料对遗体面部及必要部位进行清洗 2. 能够用消毒棉球将遗体表面与外界相通的管道口进行填塞 3. 能够清洗腐败遗体	1. 遗体血迹的清洁方法 2. 消毒棉球填塞的方法 3. 各管道口清洗消毒方法 4. 常用消毒液的正确使用方法 5. 特种清洁液的正确使用方法
	（二）遗体更衣	能够为腐败遗体、缺损器官遗体、肢体分离遗体、粉碎性遗体穿戴服装、佩戴服饰	腐败遗体、不完整遗体的更衣方法与技巧
三、美容化妆	（一）面部化妆	1. 能够调配简易的化妆油彩 2. 能够选用正确的底色对不同肤色遗体进行化妆 3. 能够对遗体面部进行修饰	1. 化妆油彩的配制方法 2. 常用化妆品的使用方法 3. 常用色彩的调配方法 4. 眼睛、眉毛、鼻子、口唇、面颊、睫毛的修饰方法
	（二）剃须修面	1. 能够使用反手刀法剃须修面 2. 能用张、拉、捏等绷紧皮肤方法剃须修面	1. 反手刀的操作方法 2. 皮肤绷紧的方法
	（三）发型制作	1. 能够修剪一般男女发式 2. 能够使用一般理发工具为遗体做一般发式造型	1. 发式修剪的程序及技法 2. 男女发式的一般造型 3. 吹风机操作原理和使用技巧 4. 梳理造型工具的性能与使用技巧

续表

职业功能	工作内容	技能要求	相关知识
四、整容整形	(一)眼部闭合	1. 能够清洁眼部 2. 能够解除眼睑的僵硬	1. 清洁眼部的方法 2. 眼睑僵硬的解除方法
	(二)口部闭合	1. 能够为遗体安放假牙 2. 能够使用按摩方法或支架使口部合拢 3. 能够使用填塞方法使两颊饱满 4. 能够处理下颌脱臼	1. 假牙安放方法 2. 按摩的顺序、方法 3. 下颌支架的使用方法 4. 两颊填塞的方法 5. 下颌脱臼的复位方法
	(三)缝合组织	能够使用间断缝合方法缝合躯体创口	1. 缝合工具与材料的名称及用法 2. 间断缝合方法

(三)三级遗体整容师

职业功能	工作内容	技能要求	相关知识
一、整容准备	(一)识别遗体	能够识别非正常死亡遗体	非正常死亡遗体的识别方法
	(二)制订方案	1. 能够制订非正常性死亡遗体的整容方案 2. 能够按照整容方案做好遗体整容、整形、修复、制作用品用具的准备工作	非正常死亡遗体整容方案制订方法及要求

续表

职业功能	工作内容	技能要求	相关知识
二、美容化妆	(一)面部化妆	1. 能够正确调配不同遗体使用的化妆品 2. 能够对不同年龄、不同肤色的遗体进行化妆 3. 能够粘贴假眉毛、睫毛 4. 能够权衡头部比例及特征 5. 能够运用化妆矫正技法对面部器官不协调者进行修饰	1. 假眉毛、假睫毛的制作方法 2. 头部比例及特征 3. 化妆矫正技术方法
	(二)剃须修面	1. 能够使用推刀、削刀、滚刀方法剃须修面 2. 能够修饰特种胡须	1. 推刀、削刀、滚刀的操作方法 2. 特种胡须的种类与修饰方法
	(三)发型制作	1. 能够修剪造型 2. 能够吹风烫发	1. 修剪造型的分类 2. 烫发的吹风梳理方法与技巧
三、整容整形	(一)眼部闭合	1. 能够用眼帽或棉花使眼睑闭合 2. 能够黏合、密封眼睑	1. 眼帽或棉花的使用方法 2. 黏合眼睑的方法
	(二)口部闭合	1. 能够填充遗体咽部 2. 能够缝合上下颌使口部闭合 3. 能够使用封唇膏固定双唇 4. 能够黏合上下唇和打蜡修复唇部	1. 咽部填充的方法 2. 上下颌的缝合方法 3. 密封口的用品与方法 4. 闭合双唇的方法
	(三)缝合组织	能够使用连续缝合法缝合躯体创口	连续缝合的基本方法

（四）二级遗体整容师

职业功能	工作内容	技能要求	相关知识
一、美容化妆	（一）面部化妆	1. 能够调配化妆品 2. 能够为五官损伤的遗体面部化妆 3. 能够为腐败遗体面部化妆	1. 调配化妆品的方法 2. 五官损伤遗体的化妆方法与技巧 3. 腐败遗体的化妆方法
	（二）发型制作	1. 为头颅破损者修饰发型 2. 能够制作假发	1. 修饰发型的方法与技巧 2. 制作假发的方法与技巧
二、整容整形	（一）面部整容	能够使用器具对面部器官损伤进行修补	遗体五官损伤修补方法
	（二）遗体整形	1. 能够为肢体损伤的遗体整形 2. 能够为挛缩肢体整形	1. 肢体损伤遗体的整形方法 2. 挛缩肢体整形方法
	（三）缝合组织	1. 能够使用连续毡边式缝合法、减张缝合法缝合组织或创口 2. 能够缝合面部皮肤创口	连续毡边式缝合、减张缝合的方法
三、修复塑型	（一）修复遗体	1. 能够修复皮肤萎缩导致的四肢弯曲畸形 2. 能够修整破损的头颅 3. 能够修整体腔 4. 能够为肢体骨折、错位的遗体复位 5. 能够修复连体肢体 6. 能够修复遗体面部的伤痕	修复遗体的工具、方法与程序
	（二）塑造器官	1. 能够配制油灰、棉质纤维素、油泥 2. 能够制作眉膏 3. 能够制作塑型掩蔽软膏 4. 能够使用眉膏修饰遗体面部破损的伤口 5. 能够使用天然乳胶塑型化妆法塑造器官	配制塑型的材料、工具及方法

续表

职业功能	工作内容	技能要求	相关知识
四、培训指导	(一)培训	1. 能够编写培训计划和大纲 2. 能够对五级、四级、三级遗体整容师进行理论培训	1. 培训计划和大纲的编写方法及要求 2. 对五级、四级、三级遗体整容师进行理论培训的方法 3. 教学、教法基本知识 4. 案例教学法
	(二)指导	能够对五级、四级、三级遗体整容师进行技术指导	对五级、四级、三级遗体整容师进行技术指导的要点和方法
五、技术管理	(一)物料管理	1. 能够根据遗体整容整形工作需要,制订物料用品、用具的选购计划 2. 能够制订物料用品的管理制度	1. 遗体整容整形物料用品、用具选购的基本原则 2. 物料用品、用具管理的方法
	(二)质量管理	1. 能够组织实施整容整形服务质量管理 2. 能够应用遗体整容整形新技术和新方法	1. 整容整形服务质量的内容、特点及方法 2. 国内遗体整容整形发展趋势及新技术、新方法

(五)一级遗体整容师

职业功能	工作内容	技能要求	相关知识
一、美容化妆	(一)面部化妆	1. 能够为特殊遗体调配特殊的化妆品 2. 能够使面部变色的遗体恢复正常 3. 能够使用特殊技术为严重腐败的遗体面部化妆	1. 调配特殊化妆品的方法 2. 特制药液的调配方法 3. 遗体面部变色的处理方法 4. 严重腐败遗体面部化妆的方法
	(二)发型制作	能够为重塑的遗体头颅制作发型	重塑遗体头颅发型制作技巧

续表

职业功能	工作内容	技能要求	相关知识
二、整容整形	(一) 面部整容	能够使用器具为面部不完整的遗体整容复形	面部不完整遗体的整容程序与方法
	(二) 遗体整形	1. 能够为头部、肢体分离的遗体整形 2. 能够运用移皮、充垫方法进行局部整容整形 3. 能够使用抽吸技术或其他方法消除遗体局部或全身肿胀	1. 头部、肢体分离的遗体整形的操作方法与技巧 2. 消除遗体肿胀的操作方法与技巧
	(三) 缝合组织	能够使用皮内缝合方法缝合面部创口	皮内缝合方法
三、修复塑型	(一) 修复遗体	1. 能够修复脊柱畸形 2. 能够修复肌肉、肌腱萎缩,以及关节疾病所致的四肢弯曲畸形 3. 能够修复破损的头颅 4. 能够修复体腔 5. 能够修复离体肢体	1. 修复遗体的种类 2. 修复遗体的程序、器具与方法 3. 修复遗体完整性和对称性的操作方法与技巧
	(二) 修复器官	能够使用缝合、捏合等技术对伤残器官进行修复	油灰、棉质纤维素、天然乳胶的使用方法
	(三) 制作塑型	1. 能够按照生前照片对头部、面部、肢体等损毁器官进行塑造 2. 能够使用雕塑技术为疑难遗体塑造头颅	1. 雕塑的原理、工具、材料、方法与步骤 2. 塑造器官的设计和注意事项
四、培训指导	(一) 培训	1. 能够制订培训计划和教学方案,组织实施教学 2. 能够对五级、四级、三级、二级遗体整容师进行业务培训	1. 培训教学方案制订的方法 2. 组织实施教学的基本方法与要求
	(二) 指导	能够对五级、四级、三级、二级遗体整容师进行技术指导	对五级、四级、三级、二级遗体整容师进行技术指导的方法
五、技术管理	(一) 技术革新	1. 能够不断改进和创新整容整形技术 2. 能够组织国内遗体整容整形技术交流活动	1. 国内外遗体整容、整形、修复、制作的新知识、新技术、新方法 2. 国内遗体整容整形技术交流活动的方法
	(二) 质量管理	1. 能够检查遗体整容服务质量 2. 能够制订遗体整容服务质量的管理办法和技术规程	遗体整容服务质量管理和技术规程的制订方法

第八节　遗体火化师国家职业标准

一、职业定义和职业等级

遗体火化师，是使用并检修火化设备，从事遗体火化和骨灰处理的人员。本职业共设五个等级，分别为：五级遗体火化师（国家职业资格五级）、四级遗体火化师（国家职业资格四级）、三级遗体火化师（国家职业资格三级）、二级遗体火化师（国家职业资格二级）、一级遗体火化师（国家职业资格一级）。

二、基本要求

（一）职业道德

1. 职业道德基本知识

2. 职业守则

(1) 遵纪守法，爱岗敬业。

(2) 热忱服务，文明操作。

(3) 实事求是，诚实守诺。

(4) 努力学习，坚持不懈。

(5) 尊师爱徒，团结协作。

（二）基础知识

1. 火化的基本概念

(1) 火化的概念。

(2) 火化机的定义、类别、型号及结构特征。

(3) 火化机的主要参数。

2. 遗体火化原理

(1) 氧化与燃烧。

(2) 燃料的种类及特性。

(3) 遗体燃烧的化学过程。

(4) 火化机的燃烧控制。

3. 火化机的结构与操作

(1) 平板式火化机的结构特点。

(2) 平板式火化机的使用要求。

(3) 台车式火化机的结构特点。

(4) 台车式火化机的使用要求。

4. 进尸车的类别、结构及使用
(1)翻板式进尸车的结构特点及使用。
(2)履带式进尸车的结构特点及使用。
(3)带预备门的进尸车的结构特点及使用 。
5. 火化设备中电控系统及仪表的原理、使用与调整
(1)温度仪表的原理与使用。
(2)压力仪表的原理与使用。
(3)油量仪表的原理与使用。
(4)烟气氧量测量仪表的原理与使用。
(5)烟气电视监控系统的原理与使用。
(6)火化机电控系统的原理、操作方法及维修。
6. 燃烧器的原理、使用与维修
(1)燃烧器的原理。
(2)燃烧器的使用要求。
(3)燃烧器的风量、油量调整。
(4)燃烧器常见故障的维修。
7. 安全知识
(1)火化机的防爆、防火安全常识。
(2)火化间的防火、防空气污染知识。
8. 火化记录
(1)火化设备运行记录。
(2)火化业务记录。
(3)设备检修保养记录。
9. 相关法律、法规
(1)《劳动法》的相关知识。
(2)《消费者权益保护法》的相关知识。
(3)《殡葬管理条例》的相关知识。
(4)卫生法规的相关知识。

三、工作要求

本标准对五级、四级、三级、二级、一级遗体火化师的技能要求依次递进,高级别涵盖低级别的要求。

(一)五级遗体火化师

职业功能	工作内容	技能要求	相关知识
一、火化准备	(一)设备检查	1. 能完成火化机总电源及各控制开关的状态检查 2. 能完成风路、油路阀门的状态检查 3. 能完成常用辅助工具的检查	1. 火化机电源使用知识 2. 火化机开机前的检查知识 3. 火化机及其辅助工具的使用知识
	(二)设备预热	1. 能启动火化机的引风机 2. 能启动火化机的鼓风机 3. 能启动自动燃烧器点火	1. 风机的使用知识 2. 燃烧器的使用知识
二、遗体入炉	(一)遗体接收	1. 能完成遗体及火化单据的接收 2. 能完成遗体火化手续的核对	1. 火化单据接收规定 2. 遗体确认方法
	(二)进尸操作	1. 能使用遗体搬运车移运遗体到进尸指定位置 2. 能操作火化机炉门的开关 3. 能操作进尸车输送遗体入炉	1. 遗体搬运车的使用知识 2. 进尸车的使用知识 3. 火化机的操作知识
三、遗体火化	(一)火化点火	1. 能完成遗体火化的一般点火操作 2. 在燃烧器点火失败时,能切断油路和风路 3. 能操作火化机烟道闸板的升降	1. 燃烧器启动关闭操作 2. 燃烧器点火失败的处理方法 3. 火化机烟道闸板操作方法
	(二)过程控制	1. 能完成主燃室、再燃室的供风控制 2. 能根据仪表显示数据判断遗体火化进程 3. 能对火化机的燃烧状态进行常规调整 4. 能完成燃烧器停止工作的相关操作	1. 火化机供风系统控制方法 2. 燃烧器火焰调节知识 3. 燃烧器关闭方法 4. 火化机炉门操作知识
四、骨灰处理	(一)骨灰收集	1. 能使用灰斗收集骨灰 2. 能进行骨灰冷却操作	1. 灰斗收集骨灰方法 2. 骨灰冷却操作要点
	(二)骨灰整理	1. 能进行骨灰筛选操作 2. 能进行骨灰分拣、整理操作	1. 骨灰的筛选方法 2. 骨灰的分拣方法
	(三)骨灰装殓	1. 能使用拣灰工具进行骨灰装殓 2. 能完成骨灰交接	1. 火化辅助工具的使用方法 2. 火化记录单据的填写方法

(二)四级遗体火化师

职业功能	工作内容	技能要求	相关知识
一、火化准备	(一)设备检查	1. 能完成火化机的常规检查 2. 能完成火化机燃料状态的检查 3. 能完成火化机温度仪表和压力仪表的检查	1. 火化机燃料使用规定 2. 火化机仪表的检查方法
	(二)设备预热	1. 能完成油枪手动点火 2. 能进行燃烧器的火焰调节 3. 能根据仪表读数判断火化机工作状态	1. 燃烧器火焰调节方法 2. 油枪手动点火方法 3. 主燃室预热操作方法
二、遗体入炉	(一)遗体接收	1. 能完成非正常死亡遗体及火化单据核对 2. 能完成火化记录	1. 火化单据接收规定 2. 火化记录方法
	(二)进尸操作	1. 能操作自动进尸车输送遗体入炉 2. 能检查炉门的密封状况 3. 出现机械故障时能手动进尸不影响正常火化	1. 自动进尸车的使用方法 2. 手动进尸车的使用方法 3. 炉门密封状况的检查
三、遗体火化	(一)火化点火	1. 能调整燃烧器的燃烧状态 2. 能根据遗体情况确定点火时间	1. 燃烧器火焰调节方法 2. 点火时间确定的要领
	(二)过程控制	1. 能调整火化机主燃室负压 2. 能根据烟气电视监控器判断烟气排放情况 3. 能调节主燃室、再燃室的助燃风 4. 能通过观察炉内燃烧情况判断尸体火化进度 5. 能通过观察判断火化是否完成 6. 能完成燃烧器和风机的停机操作	1. 主燃室负压的控制方法 2. 主燃室、再燃室的助燃风的调节方法 3. 尸体火化进度的判断方法 4. 烟气黑度的简单判断 5. 风机的操作方法 6. 火化结束的判断
四、骨灰处理	(一)骨灰收集	1. 能完成台车式火化机骨灰的出灰 2. 能对骨灰进行常规整理	1. 台车式火化机骨灰出灰方法 2. 骨灰的整理方法
	(二)骨灰装殓	1. 能合理地把骨灰装入骨灰盒 2. 能分拣骨灰中的异物 3. 能完成火化记录及单据整理	1. 骨灰的装殓方法 2. 特殊骨灰的处理方法 3. 火化单据的整理规定

续表

职业功能	工作内容	技能要求	相关知识
五、设备保养与维修	(一) 设备保养	1. 能完成电气设备的常规检查 2. 能完成风油管路的常规检查保养 3. 能按操作程序停止火化机运行	1. 火化机电气设备的检查方法 2. 火化设备管路检查方法
	(二) 设备维修	1. 能进行火化机表面的灰尘和油污清除 2. 能定期对火化设备进行消毒处理 3. 能完成对火化设备的保洁操作 4. 能完成火化用具的整理及工作场所的清扫	1. 火化机保养常识 2. 火化设备的消毒方法 3. 火化车间卫生要求 4. 火化用具保养常识

(三)三级遗体火化师

职业功能	工作内容	技能要求	相关知识
一、火化准备	(一) 设备检查	1. 能完成火化设备的全面检查 2. 能处理仪表一般性显示异常 3. 能完成新装火化机的运行准备工作 4. 能完成特种火化机及辅助设备的准备工作	1. 常用火化机及辅助设备的结构和使用方法 2. 炉膛负压的调节方法 3. 火化机主要参数的设定方法
	(二) 设备预热	1. 能完成火化机的预热操作 2. 能进行再燃室温度控制 3. 能完成火化机控制系统参数的设定	1. 再燃室预热操作方法 2. 仪表的设定方法 3. 设备应急故障处理知识
二、遗体入炉	(一) 遗体接收	1. 能进行患传染性疾病死亡遗体的确认 2. 能制订特殊遗体的火化方案	1. 特殊遗体的火化单据确认规定 2. 特殊遗体的处理知识
	(二) 进尸操作	1. 能操作常用火化机进尸系统进尸 2. 能完成特殊遗体进尸操作 3. 能处理进尸系统的一般故障	1. 火化机进尸系统操作方法 2. 火化机机械结构知识 3. 火化机维修知识

续表

职业功能	工作内容	技能要求	相关知识
三、遗体火化	(一)火化点火	1. 能完成各种类型的火化机火化点火 2. 能在燃烧器点火失灵时完成人工点火 3. 能调节燃烧器的风油比配合	1. 燃烧器点火失灵的原因 2. 燃烧器的人工点火方法
	(二)过程控制	1. 能完成常见火化机的风油配比调节 2. 能根据烟气监控器调整烟气排放 3. 能通过观察显示屏温度和负压判断尸体火化进度 4. 能调整火化机至最佳燃烧状态 5. 能判断特殊遗体火化结束 6. 能完成常用火化机电气控制的关停操作	1. 火化机燃烧状态的调节 2. 机电一体化的基本原理和常识 3. 烟气排放黑度的判断 4. 常用火化机电气控制系统的关停操作方法 5. 特殊遗体火化结束的判断
四、骨灰处理	(一)骨灰收集	1. 能完成常用火化机的骨灰出灰 2. 能完成特殊遗体的骨灰出灰	1. 人体骨骼基本结构知识 2. 特殊骨灰的出灰方法
	(二)骨灰装殓	1. 能对骨灰进行防腐杀菌处理 2. 能发现骨灰的异常情况,并能妥善处理	1. 骨灰的安全处理方法 2. 骨灰的非正常情况的判断方法
五、设备保养与维修	(一)设备保养	1. 能完成一般机械零部件的更换 2. 能根据使用要求定期对各运动部件加注润滑油 3. 能完成炉体和烟道的定期清灰	1. 火化机及辅助设备的保养方法 2. 火化机停机方法
	(二)设备维修	1. 能判断火化机及附属设备一般故障的原因 2. 能完成行程开关的检查和更换 3. 能完成电气过载保护和过热保护装置的定期检查和更换	1. 火化机及辅助设备发生故障的原因和维修方法 2. 电气维修的相关知识

（四）二级遗体火化师

职业功能	工作内容	技能要求	相关知识
一、遗体入炉	（一）遗体接收	1. 能完成火化手续的审核 2. 能根据特殊遗体情况确定火化方案	1. 火化手续审核知识 2. 特殊遗体处理方法
	（二）进尸操作	1. 能处理进尸车突发故障 2. 能完成高温炉膛的手动进尸操作 3. 能完成特殊遗体进尸操作	1. 进尸车常见故障的判断与处理方法 2. 特殊尸体的处理方法
二、遗体火化	（一）火化点火	1. 能确定特殊遗体的火化点火时机 2. 能完成遗体入炉后突发情况下的燃烧器点火	1. 燃烧器的人工点火方法 2. 特殊遗体的点火方法
	（二）过程控制	1. 能完成火化机突然停电、断电、机械故障等的应急处理 2. 能及时处理机械电气故障突发事件 3. 能完成特殊遗体的火化过程操作 4. 能解决连续火化造成火化机过热问题 5. 能完成台车式火化机的冷却操作 6. 能制定火化机节能操作规程	1. 火化机及辅助设备发生故障的原因和维修方法 2. 特殊遗体的火化操作方法 3. 燃烧器使用注意事项 4. 台车式火化机的冷却系统操作方法
三、骨灰处理	（一）骨灰收集	能完成因传染病死亡遗体的骨灰出灰	传染病遗体骨灰处理知识
	（二）骨灰装殓	能完成特殊骨灰的拣灰及装殓	特殊遗体骨灰处理知识
四、设备保养与维修	（一）设备保养	1. 能完成各种火化机的保养 2. 能制定火化设备的使用保养规程	1. 机械设备养护知识 2. 火化机卫生安全知识
	（二）设备维修	1. 能组织进行火化设备的中修 2. 能完成故障的诊断 3. 能进行较大零部件的选型和更换 4. 能对现运行设备的不足之处提出改进措施 5. 能维修火化机电控装置中较复杂的故障	1. 火化机及辅助设备发生故障的原因和维修保养方法 2. 机械加工的基本常识

续表

职业功能	工作内容	技能要求	相关知识
五、培训与管理	(一)培训指导	1. 能对五级、四级、三级遗体火化师进行基本理论知识的培训 2. 能对五级、四级、三级遗体火化师进行基本操作技能指导 3. 能指导五级、四级、三级遗体火化师进行火化设备一般故障处理 4. 能完成培训教案的编写	1. 五级、四级、三级遗体火化师理论知识培训方法 2. 五级、四级、三级遗体火化师技能指导要点 3. 火化机及其辅助设备故障判断和保养维修知识
	(二)火化管理	1. 能根据工作需要确定各火化岗位的职责 2. 能检查交接班火化记录	1. 遗体火化工岗位责任的制定 2. 火化记录管理规定
	(三)安全管理	1. 能制定设备的防雨和油、水管线的防冻措施 2. 能制定电源管理规定 3. 能制定仪表控制参数的调整方法	1. 殡仪馆安全管理规定 2. 火化机及辅助设备保养知识

(五)一级遗体火化师

职业功能	工作内容	技能要求	相关知识
一、遗体火化	(一)火化点火	1. 能处理燃烧器点火失灵故障 2. 能提出解决燃烧室爆燃的技术方法	1. 燃烧器常见故障分析与判断 2. 爆燃的产生原因和解决方法
	(二)过程控制	1. 能根据火化机的工作情况调整各种燃烧器的风油比例 2. 能按照环保无害化要求,调整火化机至最佳燃烧状态 3. 能处理火化过程中的突发事件 4. 能制定火化机节能操作的方法	1. 火化设备的系统知识 2. 火化过程中的突发事件处理规定 3. 火化机的节能途径与方法 4. 火化机环保无害化的技术要求
二、骨灰处理	(一)骨灰收集	能制定骨灰出灰、分拣及整理的操作规程	骨灰处理的相关知识
	(二)骨灰装殓	能完成特殊遗体的骨灰处理	1. 特殊骨灰处理知识 2. 殡葬文化的相关知识

续表

职业功能	工作内容	技能要求	相关知识
三、设备保养与维修	(一)设备保养	1. 能制定设备的使用保养规程 2. 能指导设备的常规保养操作	1. 机械设备保养知识 2. 卫生安全相关知识
	(二)设备维修	1. 制订设备大修计划及方案 2. 能组织设备大修方案的实施 3. 能调试、试烧大修后的火化机，并能进行质量检查和验收	1. 机械和电气相关知识 2. 火化机的安装调试、质量检查和验收知识
四、培训与管理	(一)培训指导	1. 能指导五级、四级、三级、二级遗体火化师对设备进行保养和维修 2. 能编写各级遗体火化师培训教案 3. 能指导五级、四级、三级、二级遗体火化师进行火化技能操作	1. 五级、四级、三级、二级遗体火化师技术指导方法 2. 火化师培训计划和大纲的编写 3. 案例教学法
	(二)火化管理	1. 能进行遗体管理 2. 能进行设备管理 3. 能进行工作记录管理 4. 能进行骨灰管理	1. 殡仪馆员工岗位管理规定 2. 殡仪馆遗体管理规定 3. 殡仪馆设备管理规定 4. 殡仪馆骨灰管理规定
	(三)安全管理	1. 能进行防火防盗管理 2. 能进行工作场所安全管理 3. 能进行人身安全防护管理	1. 殡仪馆安全管理规定 2. 火化机及辅助设备安全保管知识

第九节　墓地管理员国家职业标准

一、职业定义和职业等级

墓地管理员，是从事墓地维护管理，提供安葬、祭奠服务的人员。本职业共设四个等级，分别为：初级（国家职业资格五级）、中级（国家职业资格四级）、高级（国家职业资格三级）、技师（国家职业资格二级）。

二、基本要求

(一)职业道德

1. 职业道德基本知识

(1)客户至上，服务细致周全；文明殡葬，追求先进理念。

(2)相信科学，摈弃丧葬陋习；坚持节俭，反对铺张操办。

(3)遵纪守法,弘扬道德规范;善待故人,做到礼仪体面。

(4)清洁卫生,维护健康安全;保护环境,永葆国泰民安。

2. 职业守则

(1)敬业爱岗,守信诚实。

(2)团结协作,顾全大局。

(3)认真负责,照章行事。

(4)以人为本,服务第一。

(5)廉洁奉公,拒收谢礼。

(6)钻研业务,提高技艺。

(7)追求完美,规范管理。

(8)逝者安然,生者慰藉。

(二)基础知识

1. 殡葬改革基本知识

(1)殡葬发展的历史概况。

(2)殡葬的社会功能、地位与作用。

(3)殡葬管理的方针和基本任务。

(4)殡葬改革的主要政策和基本经验。

2. 墓地管理基本知识

(1)墓葬制度的形成与发展。

(2)墓地管理的基本原则和主要内容。

(3)墓地管理与服务质量标准。

3. 接待与咨询服务

(1)接待礼仪知识。

(2)服务礼仪知识。

(3)咨询的方法。

(4)心理学和心理咨询的基本知识。

4. 殡葬礼仪和服务

(1)我国传统的殡葬礼仪文化。

(2)我国主要民族和宗教信仰者的安葬礼仪。

(3)安葬礼仪知识。

(4)祭奠礼仪知识。

(5)殡葬服务知识。

5. 墓地维护

(1)建墓主要材料及其维护特点。

(2)墓地配套工程维护基础知识。

(3)墓地主要园林植物特性及其养护要点。

(4)安全防火常识。

6. 相关法律、法规

(1)《消费者权益保护法》的相关知识。

(2)《环境保护法》的相关知识。

(3)《劳动法》的相关知识。

(4)《殡葬管理条例》的相关知识。

(5)公墓管理法规的相关知识。

(6)革命烈士纪念建筑物管理保护法规的相关知识。

三、工作要求

本标准对墓地管理员初级、中级、高级和技师的能力要求依次递进,高级别涵盖低级别的要求。

(一)初级

职业功能	工作内容	技能要求	相关知识
一、接待与引导	(一)接待客户	1. 能够使用文明用语及得体方式迎送客户 2. 能够为客户介绍墓地概况 3. 能够通过询问了解客户的基本情况	1. 墓地管理员服装、服饰、仪容、仪表知识 2. 墓地接待服务规程及基本要求 3. 殡葬行业文明用语 4. 墓地基本情况 5. 咨询沟通的基本方法
	(二)引导订墓	1. 能够向客户介绍样品区墓型特点和价格 2. 能够根据客户的消费类型引导客户选择合适的墓型与墓位	1. 墓型特点和价格 2. 引导订墓的技巧
二、安葬与祭奠	(一)安葬服务	1. 能够组织有关人员做好安葬准备工作 2. 能够为客户介绍基本安葬礼仪 3. 能够在安葬过程中进行开穴和封穴工作,确保客户及时举行安葬仪式 4. 能够根据客户要求,按照施工规定安装墓体附属物件	1. 安葬的环境要求 2. 安葬的主要方式和基本礼仪 3. 开穴与封穴施工注意事项 4. 墓体附属物件的特性和安装知识
	(二)祭奠服务	1. 能够向客户介绍祭奠的程序和内容 2. 能够向客户说明墓地祭奠的要求	1. 祭奠的程序 2. 祭奠的要求

续表

职业功能	工作内容	技能要求	相关知识
三、维护管理	(一)墓地维护	1. 能够对墓地进行日常维护 2. 能够对墓地配套设施进行日常维护 3. 能够按规定处理客户提出的有关墓地维护事宜	1. 墓地日常维修养护内容与程序 2. 墓地构造与建墓材料养护特性 3. 墓地水、电、消防等设施的维修知识与安全使用 4. 道路的维修与养护知识
	(二)环境管理	1. 能够进行环境保洁 2. 能够对墓区园林植物进行常规管理 3. 能够执行消防制度并正确使用消防器材 4. 能够进行墓区停车场管理	1. 环境保洁的知识 2. 园林管理的内容与标准 3. 安全保卫常识 4. 消防常识

(二)中级

职业功能	工作内容	技能要求	相关知识
一、接待与引导	(一)接待客户	1. 能够通过观察和交谈判断客户的消费类型 2. 能够根据客户的不同心理和消费类型提出订墓建议	1. 殡葬消费心理知识 2. 殡葬消费类型 3. 墓葬的历史和现实意义 4. 公墓现行政策与要求
	(二)引导订墓	1. 能够向客户介绍墓区环境景观与文化特点 2. 能够合理设置样品展示区	1. 殡葬环境景观的知识 2. 样品摆放规则
二、安葬与祭奠	(一)安葬服务	1. 能够向客户介绍随葬品的使用方法 2. 能够向客户提出安葬礼仪和程序的建议	1. 常用随葬品及其使用方法 2. 指导安葬与祭奠的技巧
	(二)祭奠服务	1. 能够根据客户特点介绍祭奠的相关服务 2. 能够根据客户特点提出祭奠程序与内容的建议	1. 祭奠服务的主要内容 2. 不同类型客户的祭奠特点
三、维护管理	(一)墓地维护	1. 能够识别墓区规划图 2. 能够对墓料进行外形尺寸验收 3. 能够对墓体进行稳固性检查并进行加固处理 4. 能够及时检查并修复墓的受损部分	1. 规划图的基本知识 2. 墓设计图知识 3. 墓的稳固性标准 4. 墓的完损等级评定标准 5. 墓材表层维护与处理方法
	(二)环境管理	1. 能够拟订环境保洁方案 2. 能够对园林植物进行美化 3. 能够及时处理突发事件	1. 环境保洁方案的主要内容 2. 园林植物美化的主要技术要求 3. 处理突发事件的常识

(三)高级

职业功能	工作内容	技能要求	相关知识
一、接待与引导	(一)接待客户	1. 能够进行家庭、团体咨询 2. 能够提供订墓后续咨询服务 3. 能够处理客户投诉	1. 家庭、团体咨询的知识 2. 订墓后续咨询与服务技巧 3. 处理客户投诉的方法
	(二)引导订墓	1. 能够判断客户的心态并引导订墓 2. 能够处理订墓过程中出现的矛盾纠纷 3. 能够向客户宣传文化名人的墓地	1. 客户心态与消费的关系 2. 矛盾纠纷处理的方法 3. 文化名人的墓地在公墓文化建设中的意义
二、安葬与祭奠	(一)安葬服务	1. 能够为客户拟订安葬方案 2. 能够为客户拟订随葬品使用方案	1. 安葬方案的内容 2. 客户类型与随葬品的选择
	(二)祭奠服务	1. 能够为客户拟订祭奠方案 2. 能够根据客户特点提供祭奠服务	现代文明祭奠的相关知识
三、维护管理	(一)墓地维护	1. 能够识别墓的结构图 2. 能对厂家供应的墓材进行质量验收 3. 能够进行墓体安全管理 4. 能够进行墓体维护管理	1. 建筑构造与识图的知识 2. 墓材质量验收的内容 3. 墓体安全管理的内容 4. 墓体维护管理的内容
	(二)环境管理	1. 能够拟订有关应急预案 2. 能够拟订治安管理制度和工作程序	1. 应急预案的知识 2. 安全防范和设施管理规定
四、档案管理	(一)资料收集	1. 能够进行业务档案资料的收集和整理 2. 能够进行业务资料档案价值的鉴定	1. 档案资料收集的内容 2. 档案整理的原则与方法 3. 资料档案价值鉴定的原则
	(二)档案建立	1. 能够进行档案的案卷编排 2. 能够进行档案目录的编排 3. 能够对业务档案进行立卷、归档	1. 档案的案卷编排知识 2. 档案的目录编排知识 3. 档案立卷、归档的要求
	(三)档案保管	1. 能够进行墓地业务档案的登记 2. 能够编制墓地业务档案保管期限表	1. 档案登记的知识 2. 档案保管期限的确定
五、培训指导	(一)培训	能够对初级和中级墓地管理员进行理论培训	对初级和中级墓地管理员培训的方法与要求
	(二)指导	能够对初级和中级墓地管理员进行技术指导	对初级和中级墓地管理员进行技术指导的要点、方法及注意事项

（四）技师

职业功能	工作内容	技能要求	相关知识
一、安葬与祭奠	（一）安葬服务	1. 能够拟订安葬服务规范 2. 能够主持安葬仪式	1. 安葬服务规范的内容 2. 主持安葬仪式的技巧
	（二）祭奠服务	1. 能够拟订祭奠管理规定 2. 能够主持祭奠仪式 3. 能够在网上答复客户的问题 4. 能够进行网络祭奠服务	1. 祭奠管理的内容 2. 主持祭奠仪式的技巧 3. 网站管理的知识 4. 网络祭奠的内容
二、维护管理	（一）墓地维护	1. 能够识别墓区竖向规划设计图，并对墓区竖向工程进行维护 2. 能够拟订传统祭扫期的维护方案 3. 能够对现场维护人员进行有效配置 4. 能够进行墓地维护技术管理 5. 能够针对客户特殊需求策划维护经营的服务项目	1. 竖向工程设计图的识别与竖向工程维修管理内容 2. 传统祭扫期的特点 3. 墓地现场维护人员有效配置的内容 4. 墓地维护技术管理知识 5. 经营服务项目的要求与标准
	（二）环境管理	1. 能够拟订园林植物生态管理方案 2. 能够组织实施园林植物生态养护 3. 能够拟订环境质量考评体系并对环境质量进行测定	1. 园林植物生态养护知识 2. 园林植物生态养护的实施要点 3. 环境质量考评体系知识
三、档案管理	（一）档案建立	1. 能够确定墓地业务档案全宗 2. 能够确定档案归档的时限与范围 3. 能够利用档案专用软件建立业务档案	1. 档案全宗的编写 2. 档案归档的时限与范围 3. 档案专用软件的使用与档案信息化建设知识
	（二）档案保管	1. 能够定期进行档案的安全检查工作 2. 能够拟订档案工作的各项规章制度	1. 档案保管的知识 2. 档案安全的知识 3. 档案管理规章制度编写
	（三）档案利用	1. 能够编制档案的检索工具 2. 能够查调资料档案 3. 能够运用软件办理客户业务查询 4. 能够利用档案撰写生死教育材料	1. 档案利用的方法 2. 计算机查询档案的方法 3. 公墓教育功能开发的知识 4. 生死教育材料写作知识

续表

职业功能	工作内容	技能要求	相关知识
四、培训指导	(一)培训	1. 能够根据培训计划和实际情况,编写墓地管理员培训讲义 2. 能够对高级墓地管理员进行技术培训	1. 墓地管理员培训讲义的编写方法及要求 2. 高级墓地管理员培训的方法与要求
	(二)指导	1. 能够对高级墓地管理员进行技术指导 2. 能够撰写墓地管理方面的总结材料	1. 对高级墓地管理员进行技术指导的要点、方法及注意事项 2. 总结材料的写作常识

第十节　紧急救助员国家职业标准

一、职业定义和职业等级

紧急救助员,是当发生危害公民人身和财产安全的突发事件时,承担先期处置、组织和帮助遇险或受灾人员开展自救和互救活动的人员。本职业共设三个等级,分别为:紧急救助员(国家职业资格四级)、高级紧急救助员(国家职业资格三级)、紧急救助师(国家职业资格二级)。

二、基本要求

(一)职业道德

1. 职业道德基本知识

2. 职业守则

(1)遵纪守法,服务社会。

(2)爱岗敬业,一丝不苟。

(3)精通业务,操作规范。

(4)反应迅速,冷静沉着。

(5)高度的责任心和使命感,勇于奉献。

(二)基础知识

1. 我国突发事件应急管理基础知识

(1)突发事件的含义与特征。

(2)突发事件应急管理的基本内容。
(3)控制突发事件的一般原则、程序和措施。
(4)我国突发事件的分类与分级。
(5)我国突发事件应急管理的体制和政策。
2. 紧急救助员职业基础知识
(1)紧急救助员职业的性质、任务及工作程序。
(2)紧急救助员应具备的基本素质和行为规范。
(3)紧急救助员的权利与义务。
(4)紧急救助职业与相关职业的联系与区别。
3. 火灾紧急救助基础知识
(1)消防基础知识和火灾紧急救助原则。
(2)火灾的特征及其危害性。
(3)火场初期灭火的基本原理和方法。
4. 常见危险化学品紧急救助基础知识
(1)常见危险化学品的分类、特点及其危害性。
(2)常见危险化学品泄漏事故的一般特点、处置程序和方法。
(3)常见危险化学品泄漏事故紧急救助的注意事项。
5. 自然灾害紧急救助基础知识
(1)自然灾害的分类、特点及其危害性。
(2)自然灾害的应急处置程序和方法。
(3)自然灾害紧急救助中的注意事项。
6. 公众聚集场所突发事件紧急救助基础知识
(1)公众聚集场所突发事件的分类、特点及其危害性。
(2)公众聚集场所突发事件的应急处置程序和方法。
(3)公众聚集场所突发事件中紧急救助的注意事项。
7. 安全疏散与逃生基础知识
(1)火灾烟气的危害及流动特点。
(2)各类突发事件中人员避难和逃生的原则和方法。
(3)救人和自救的基本知识。
8. 医疗救护基础知识
(1)突发事件中对人员救助的原则和基本方法。
(2)常见类型事件造成人员伤亡的特点和救护方法。
(3)现场急救的实施程序。
(4)简单的人体生理解剖和病理知识。
(5)常用医疗救护器材和用品的使用常识。

9. 安全基础知识
(1)突发事件预防的总体原则和一般方法。
(2)防火基础知识。
(3)电气安全基础知识。
(4)交通事故处理基础知识。
10. 相关法律、法规
(1)《劳动法》的相关知识。
(2)《中华人民共和国消防法》的相关知识。
(3)《中华人民共和国安全生产法》的相关知识。
(4)突发事件应急管理的相关法律知识。

三、工作要求

本标准对紧急救助员、高级紧急救助员和紧急救助师的技能要求依次递进,高级别涵盖低级别的要求。其中,紧急救助师中的“紧急医疗救护”内容的考试按照高级紧急救助员的要求进行。

(一)紧急救助员

职业功能	工作内容	技能要求	相关知识
一、现场评估	(一)初步评估	1. 能初步确定事件发生的时间、位置 2. 能初步判断事件类型、原因和影响范围 3. 能初步判断事件造成的伤亡损失和危害	1. 常见突发事件的损失统计方法 2. 突发事件接报和记录的基本知识 3. 常见突发事件的报警方式和方法 4. 常见突发事件的主管部门及相应专业救援机构的职责范围和各自的功能 5. 常见突发事件应急处置需要的关键信息 6. 常用通信器材的使用方法
	(二)信息的沟通与交换	1. 能及时、准确地报警 2. 能与上级和相应专业救援机构沟通,交换现场信息 3. 能使用常用通信器材进行通话和联络	

续表

职业功能	工作内容	技能要求	相关知识
二、先期处置	(一)遇险人员营救	1. 能引导和帮助遇险人员逃生 2. 能控制集群现象 3. 能使用常用工具对建筑和交通工具的门、窗等进行破拆	1. 组织安全疏散的基本方法和手段 2. 遇险人员在紧急情况下的心理特征和行为特性 3. 常用工具的性能和使用方法
	(二)事态控制	1. 能正确使用便携式灭火器对初期火灾进行扑救 2. 能及时切断电源、气源等危险源 3. 能对可疑危险爆炸物进行隔离等初步控制 4. 能正确使用个人防护用品进行自我保护 5. 能进行必要的现场保护	1. 便携式灭火器的使用方法 2. 可疑爆炸物的处置程序及初期措施 3. 各类突发事件的自我防护措施 4. 常用个人防护用品的性能和使用方法 5. 保护现场的原则、方法和要求
三、紧急医疗救护	(一)伤情判定	1. 能对伤员进行意识、呼吸和循环等生命体征的检查 2. 能初步判断伤员伤势的轻重 3. 能对意识不清、休克、窒息、骨折进行判别 4. 做好伤情、病情的简单情况记录 5. 能简要、重点地向医务人员介绍病情	1. 生命体征检查的程序、方法和手段 2. 伤员伤情的初步检查及重伤、轻伤、心搏与呼吸停止的判别方法 3. 意识不清、休克、窒息、骨折的判别方法和手段 4. 伤情、病情资料记录的内容和方法 5. 交代病情的内容和方法
	(二)伤情处理	1. 能进行徒手心肺复苏 2. 能对意识不清、休克、窒息和中毒的伤员进行现场处理 3. 能利用指压止血法、加压包扎止血法进行外伤止血 4. 能利用三角绷带、绷带、手帕、毛巾、衣服等进行伤口的包扎 5. 能对骨折伤员实施临时固定 6. 能对伤员进行正确搬运,避免造成伤势加重	1. 人工呼吸法和胸外心脏挤压法等徒手心肺复苏方法的操作技术和要求 2. 意识不清、休克、窒息、中毒的现场处理原则和方法 3. 指压止血法、加压包扎止血法的操作要领和要求 4. 绷带包扎法、三角绷带包扎法的操作技术和要求 5. 骨折固定遵循的原则及身体各部位骨折的临时固定方法和要领 6. 徒手搬运法和担架搬运法的基本操作技术和注意事项

（二）高级紧急救助员

职业功能	工作内容	技能要求	相关知识
一、现场评估	（一）初步评估	1. 能判断现场潜在的险情 2. 能判断事件的等级、发展趋势及可能造成的次生、衍生事件	1. 常见突发事件潜在的危险性 2. 常见突发事件的发展趋势及可能造成的次生、衍生事件 3. 常见突发事件的分级和所需的救援力量 4. 常见突发事件的关键信息和要素的描述方法 5. 紧急状态下遇险人员及其亲属的心理及反应 6. 记录现场信息的方法和要求
	（二）信息的沟通与交换	1. 能收集、分析现场的相关信息 2. 能利用准确的语言报告事件信息 3. 能与现场遇险人员及其亲属进行沟通，稳定其情绪 4. 能记录现场情况	
二、先期处置	（一）遇险人员营救	1. 能确定疏散的优先顺序 2. 能组织现场人员安全、有序地疏散 3. 能选择适当的救生工具或用品营救遇险人员	1. 常见突发事件现场应遵循的疏散顺序 2. 常见突发事件现场组织疏散的方法和要求 3. 识别疏散标志并判断有效疏散路径 4. 常用救生工具或用品的性能和使用方法
	（二）事态控制	1. 能选择相应的堵漏方法，并有效地实施 2. 能转移和保护重要财产 3. 能对重点部位实施有效保护 4. 能使用固定消防设施扑救初起火灾	1. 常用堵漏工具的类型、原理和操作程序 2. 堵漏的基本方法 3. 保护重点部位、重要财产的措施、方法和要求 4. 消火栓、自动喷水灭火系统、自动报警系统等常用消防设施的功能和操作方法

续表

职业功能	工作内容	技能要求	相关知识
三、紧急医疗救护	(一)伤情判定	1. 能对伤情进行进一步的检查 2. 能初步进行检伤分类	1. 伤情进一步检查的步骤、内容和方法 2. 严重伤、重伤、轻伤、心搏与呼吸停止以及心搏骤停的判别方法
	(二)伤情处理	1. 能依据检伤分类结果进行分级、分类处理伤员 2. 能利用简易呼吸器对伤员进行人工呼吸 3. 能对头部、胸部、腹部、脊柱创伤进行现场处理 4. 能对心搏骤停、创伤性休克伤员进行现场救治 5. 能进行气道异物阻塞解除	1. 优先处理和优先运送伤员的原则 2. 简易呼吸器的使用及操作技术 3. 头部、胸部、腹部、脊柱创伤现场应急处理的原则和方法 4. 心搏骤停、创伤性休克的现场救治技术 5. 气道异物阻塞解除的方法和要求
四、宣传与指导	(一)安全知识宣传	1. 能对社区、单位或特定的社会群体进行安全知识宣传 2. 能讲解、示范救人、自救及逃生知识和技能	1. 安全知识宣传的目的、方法和技巧 2. 宣传材料的编写与宣传形式的策划 3. 业务指导的目的、原则、内容和方法
	(二)业务指导	能对紧急救助员进行业务指导	

（三）紧急救助师

职业功能	工作内容	技能要求	相关知识
一、预案制订	（一）预案制订	1. 能对单位、社区进行风险评估 2. 能制订应急预案 3. 能对应急预案进行评价	1. 常见突发事件风险评估的基本原理、内容、步骤和方法 2. 单位、社区突发事件应急预案编制的要求、步骤和方法 3. 评价应急预案的指标和要素
	（二）预案演练	1. 能制订演练方案 2. 能组织实施小规模演练	1. 应急预案演练方案制订的目的、方法和主要内容 2. 组织实施演练的方法与程序
二、现场控制	（一）现场信息管理	1. 能正确报告现场信息和趋势，以减小事件的危害程度 2. 能按相关规定和要求接受媒体的咨询和采访	1. 突发事件信息发布的原则和要求 2. 与新闻媒体沟通的原则和方法
	（二）现场组织与协调	1. 能组织、协调、指导紧急救助员和高级紧急救助员实施现场救助 2. 能对现场人员和运输工具进行安排 3. 能根据现场情况采取针对性施救措施	1. 常见突发事件组织和管理现场人员及运输工具的原则和具体措施 2. 灵活运用常见突发事件应急预案的原则和条件

续表

职业功能	工作内容	技能要求	相关知识
三、善后恢复	(一)现场环境恢复	1. 能对现场损坏情况进行初步评估 2. 能组织、实施现场清理的工作 3. 能确定被疏散人员的返回顺序	1. 现场损失情况评估的主要内容、步骤和具体方法 2. 现场清理工作的基本方法、步骤和注意事项 3. 被疏散人员返回顺序的确定原则 4. 现场环境恢复的程序和措施
	(二)心理干预	1. 能使用心理干预的方法对受害者进行心理安慰 2. 能接受间接受害人的咨询	1. 常见的心理干预方法(语言、眼神、手势等) 2. 突发事件直接和间接受害者事后的心理特征和反应
	(三)正常秩序恢复	1. 能提出秩序恢复的建议 2. 能制订秩序恢复的计划 3. 能总结经验教训,提出改进意见	1. 生产、生活秩序恢复的目标、原则和方法 2. 突发事件善后处理工作的主要内容和相关政策 3. 常见突发事件应急处置评估的要素和主要内容
四、培训与管理	(一)培训	1. 能收集和总结紧急救助的案例 2. 能编写培训教案 3. 能对紧急救助员、高级紧急救助员进行培训	1. 紧急救助案例的搜集和分析方法 2. 制订培训教案的基本原则和方法 3. 常用培训方式 4. 教学方法 5. 编写教材的基本能力
	(二)管理	1. 能撰写技术总结 2. 能检查、维护常用应急设施	

第四章　社会福利服务职业标准(二)

第一节　保育员国家职业标准

一、职业定义和职业等级

保育员,是在托幼园所、社会福利机构及其他保育机构中,辅助教师负责婴幼儿保健、养育和协助教师对婴幼儿进行教育的人员。本职业共设三个等级,分别为:初级(国家职业资格五级)、中级(国家职业资格四级)、高级(国家职业资格三级)。

二、基本要求

(一)职业道德

1. 职业道德基本知识

2. 职业守则

(1)爱岗敬业,热爱幼儿。

(2)为人师表,遵纪守法。

(3)积极进取,开拓创新。

(4)尊重家长,热情服务。

(5)文明礼貌,团结协作。

(二)基础知识

1. 婴幼儿生理、心理教育的基本知识

(1)婴幼儿生理学知识。

(2)婴幼儿卫生保健知识。

(3)婴幼儿心理保健知识。

(4)婴幼儿教育学知识。

2. 常见病及常见传染病的基础知识

(1)婴幼儿常见病的知识。

(2)婴幼儿常见传染病的知识。

3. 婴幼儿常见意外事故的初级处理办法

4. 婴幼儿营养常识

5. 相关法律、法规知识

(1)《中华人民共和国未成年人保护法》(以下简称"未成年人保护法")的相关知识。

(2)《劳动法》的相关知识。

(3)《中华人民共和国教育法》的相关知识。

(4)幼儿园工作规程的相关知识。

(5)幼儿园饮食卫生条例的相关知识。

三、工作要求

本标准对初级、中级、高级的技能要求依次递进,高级别涵盖低级别的要求。

(一)初级保育员

职业功能	工作内容	技能要求	相关知识
一、清洁消毒	(一)清洁卫生	1. 能够做到幼儿园设施、日常用品无尘土,物品摆放整齐 2. 能够做到盥洗室的设施无垢、无味、无蝇,地面清洁无死角、无积水 3. 能够根据季节变化和室内温度开窗通风	1. 清洁卫生的操作程序和注意事项 2. 开窗通风的作用
	(二)消毒	1. 能够在一日生活各环节对婴幼儿的日常物品、设施进行消毒 2. 能够在保健医生的指导下,配制常用的消毒液	1. 幼儿园常用的消毒方法 2. 常用消毒液的作用

续表

职业功能	工作内容	技能要求	相关知识
二、生活管理	（一）晨、午、晚检与体检	能够协助保健医生和教师进行晨、午、晚检与体检	1. 晨、午、晚检的内容和程序 2. 身高、体重测量仪的使用方法
	（二）进餐	1. 能够在进餐前根据天气情况对饭菜进行保温、保洁 2. 能够按照婴幼儿不同年龄要求分发餐具 3. 能够根据婴幼儿的个别差异分发、添加饭菜 4. 能够为婴幼儿营造愉快的进餐环境	1. 分发饭菜的程序和要求 2. 愉快进餐的条件
	（三）饮水	1. 能够清洗水桶并更换当日水 2. 能够根据婴幼儿的活动量、天气、饮食情况提供温度适宜的饮用水 3. 能够照顾和组织不同年龄的婴幼儿安静饮水并培养婴幼儿良好的饮水习惯	1. 不同年龄、不同情况下婴幼儿的饮水量知识 2. 饮水对婴幼儿健康的作用
	（四）盥洗如厕	1. 能够为婴幼儿准备盥洗用的消毒毛巾 2. 能够照顾婴幼儿洗手、洗脸、洗脚、洗臀部 3. 能够做好婴幼儿大、小便的照顾和清洁工作	婴幼儿洗手、洗脸、洗脚、洗臀部及擦屁股的方法
	（五）睡眠	1. 能够为婴幼儿提供安静的睡眠环境 2. 能够发现并纠正婴幼儿的不良睡姿 3. 能够处理婴幼儿的遗尿问题 4. 能够帮助、指导婴幼儿穿脱衣服，晾被、叠被，整理铺床	1. 穿脱衣服的程序和注意事项 2. 准备及整理睡眠室、寝具的程序和要求 3. 正确的睡眠姿势和方法
	（六）物品保管	1. 能够做到本班的设备、用具不丢失、不损坏 2. 能够及时更换本班的设备	物品保管的知识

续表

职业功能	工作内容	技能要求	相关知识
三、配合教育活动	(一)室内教育活动	1. 能够做保育工作记录 2. 能够做好活动前的准备和活动结束的整理工作 3. 能够纠正婴幼儿的不良姿势	正确姿势的具体要求及对婴幼儿的作用
	(二)室外教育活动	1. 能够做好室外活动材料、场地的准备和收尾整理工作 2. 能够协助教师组织婴幼儿活动	1. 活动材料知识 2. 婴幼儿活动知识
四、安全工作	(一)常规安全措施	1. 能够选择安全的活动材料和活动场地 2. 能够随时检查婴幼儿的衣着	环境设备的安全、卫生要求
	(二)防止意外伤害	1. 能够妥善保管危险用品 2. 能够处理常见的小外伤	1. 常见危险品的安全知识 2. 常见外伤的处理常识

(二)中级保育员

职业功能	工作内容	技能要求	相关知识
一、清洁消毒	消毒	能够独立配制常用的消毒液	配制日常消毒液的方法

续表

职业功能	工作内容	技能要求	相关知识
二、生活管理	(一)晨、午、晚检及体检	能够独立进行晨、午、晚检	晨、午、晚检的方法
	(二)进餐	1. 能够指导中、大班值日生工作 2. 能够向婴幼儿介绍饭菜的营养成分 3. 能够指导大班幼儿自取食物 4. 能够纠正婴幼儿不良的进餐姿势	1. 值日生的指导方法 2. 正确的进餐姿势
	(三)盥洗如厕	1. 能够按照盥洗要求指导婴幼儿盥洗 2. 能够培养婴幼儿爱清洁的习惯	婴幼儿盥洗的程序、方法和要求
	(四)睡眠	能够掌握个别婴幼儿的排尿规律并及时提醒排尿	遗尿发生的原因和预防方法
三、配合教育活动	(一)室内教育活动	1. 能够按照教师的要求参与婴幼儿部分游戏和教学活动 2. 能够对保育工作进行专题总结和制作玩、教具 3. 能够帮助和指导个别婴幼儿参与活动	1. 不同类型的游戏和教育活动的内容、方法 2. 各种电化教具的操作知识
	(二)室外教育活动	1. 能够根据气温和活动量随时给婴幼儿增减衣服 2. 能够照顾体弱儿、肥胖儿	体弱儿、肥胖儿的护理方法
四、安全工作	(一)常规安全措施	能够观察婴幼儿的行为并杜绝事故隐患	观察婴幼儿行为的方法
	(二)防止意外伤害	能够处理常见的意外事故	常见意外事故的处理方法

(三)高级保育员

职业功能	工作内容	技能要求	相关知识
一、清洁消毒	消毒	能够在保健医生指导下对常见传染病进行预防和消毒	常见传染病的预防、消毒措施
二、生活管理	(一)晨、午、晚检及体检	能够根据婴幼儿身体表现判断其健康状况	婴幼儿生病的迹象知识
	(二)预防接种	能够协助保健医生做好预防接种的护理工作	预防接种护理要求及注意事项
	(三)进餐	1. 能够在进餐中照顾体弱儿、挑食儿、肥胖儿 2. 能够培养婴幼儿文明进餐的习惯	1. 婴幼儿的进餐心理知识 2. 文明进餐的要求
	(四)盥洗如厕	1. 能够有序地组织婴幼儿盥洗 2. 能够培养婴幼儿良好的排便习惯 3. 能够观察并发现婴幼儿大、小便的异常	1. 婴幼儿盥洗过程中常见的问题 2. 大、小便异常的相关知识 3. 培养婴幼儿排泄习惯的相关知识
	(五)睡眠	1. 能够培养婴幼儿良好的睡眠习惯 2. 能够发现婴幼儿睡眠中的身体和行为异常	睡眠中容易出现的生理和行为问题

续表

职业功能	工作内容	技能要求	相关知识
三、配合教育活动	(一)室内教育活动	1. 能够了解教师的教育工作计划，并主动配合教育活动 2. 能够用正确的观念指导婴幼儿游戏和教育活动 3. 能够解决游戏和教学活动中出现的问题	1. 技能教育知识 2. 不同类型游戏活动的指导方法
	(二)室外教育活动	能够独立组织户外活动	婴幼儿体质测定知识及基本动作的要领知识
	(三)环境创设	能够根据教育目标及内容协助教师进行环境创设	环境创设知识
四、安全工作	安全教育	能够对婴幼儿进行安全教育	1. 常见事故发生的原因 2. 婴幼儿安全教育的相关知识
五、培训与指导	实际操作指导	能够对初、中级保育员工作进行指导	指导的相关知识

第二节　育婴员国家职业标准

一、职业定义和职业等级

育婴员，是主要从事0～3岁婴儿照顾、护理和教育的人员。本职业共设三个等级，分别为：育婴员（国家职业资格五级）、育婴师（国家职业资格四级）、高级育婴师（国家职业资格三级）。

二、基本要求

(一)职业道德

1. 职业道德基本知识

2. 职业守则

(1)热爱儿童,尊重儿童。

(2)爱岗敬业,优质服务。

(3)遵纪守法,诚实守信。

(二)基础知识

1. 0~3岁婴儿生理发育特点,包括:呼吸系统、心血管系统、消化系统、泌尿系统、内分泌系统、运动系统、神经系统、感觉系统的特点。

2. 0~3岁婴儿心理发展特点,包括:感知能力、记忆能力、思维能力、想象能力、注意特性、人际交往能力、自我意识、情绪与情感、意志力、气质特征、言语能力的特点。

3. 0~3岁婴儿营养知识,包括:热能、营养素的基本知识、营养需要、膳食评价与营养行为。

4. 0~3岁婴儿教育,包括:教育意义、教育特点与内容、教育原则与方法。

5. 相关法律、法规知识

(1)《中华人民共和国宪法》的相关知识。

(2)《中华人民共和国母婴保健法》的相关知识。

(3)《未成年人保护法》的相关知识。

(4)《中华人民共和国食品卫生法》(以下简称"食品卫生法")的相关知识。

(5)《劳动法》的相关知识。

(6)儿童权利公约的相关知识。

(7)中国儿童发展纲要(2001年~2010年)的相关知识。

三、工作要求

本标准对育婴员、育婴师和高级育婴师的技能要求依次递进,高级别涵盖低级别的要求。

（一）育婴员

职业功能	工作内容	技能要求	相关知识
一、生活照料	（一）饮食	1. 能够进行母乳喂养指导 2. 能够正确冲调奶粉 3. 能够正确准备用具和喂哺婴儿 4. 能够制作泥糊状食品并正确喂食 5. 能够正确选择、搭配、制作固体食物	1. 母乳喂养的重要性及喂养方法 2. 奶具使用和消毒的知识 3. 喂哺的方法 4. 制作泥糊状食物和固体食物的知识 5. 营养素的基本知识
	（二）饮水	能够运用正确方法给不同年龄的婴儿喂水	
	（三）睡眠、二便、三浴	1. 能够营造温度、光线、声音、通风、睡具等适宜的睡眠条件 2. 能够正确包裹婴儿 3. 能够给（训练）婴儿穿脱衣服 4. 能进行婴儿二便后的清洁处理 5. 能为婴儿进行水浴、日光浴、空气浴	1. 不同年龄婴儿的睡眠时间 2. 正常二便的规律、特征 3. 三浴锻炼的方法和好处 4. 尿布的选择、使用、换洗方法
	（四）卫生（居室、个人、四具）	1. 能够保持居室卫生 2. 能够定期对婴儿卧具、餐具、玩具、家具进行消毒 3. 能够对婴儿进行眼、外耳道、口腔、腋窝、外阴的清洁 4. 能够给婴儿洗头、洗澡	1. 婴儿居室的环境要求 2. 卧具、餐具、玩具、家具清洁和消毒的方法 3. 婴儿个人卫生知识

续表

职业功能	工作内容	技能要求	相关知识
二、日常生活保健与护理	（一）生长监测	能够为婴儿测量体重、身高	量具选择和使用的知识
	（二）预防接种	能够按时让婴儿接受预防接种	国家计划免疫要求
	（三）常见疾病护理	能够给患病的婴儿正确喂药并进行简易护理	喂药及简易护理的方法
	（四）预防铅中毒	能够识别铅中毒	1. 铅的来源 2. 铅进入人体的途径
	（五）危险因素识别	能够识别常见意外伤害的危险因素	常见意外伤害的原因及预防
三、教育	（一）动作技能训练	1. 能够对婴儿进行大动作训练 2. 能够对婴儿进行精细动作训练	1. 大动作的训练方法 2. 精细动作的训练方法
	（二）智力开发	1. 能够对婴儿进行认知能力训练 2. 能够对婴儿进行语言训练	1. 认知能力的训练方法 2. 语言的训练方法
	（三）社会行为及人格培养	1. 能够适时培养婴儿的生活自理能力 2. 能够适时培养婴儿的社会交往能力 3. 能够适时培养婴儿的良好情绪行为	1. 培养生活自理能力的知识与方法 2. 培养社会交往能力的知识与方法 3. 培养良好情绪行为的知识与方法
	（四）实施个别化教学计划	能够实施个别化教学计划	个别化教学计划实施的程序与方法

（二）育婴师

职业功能	工作内容	技能要求	相关知识
一、生活照料	（一）饮食	1. 能够为婴儿正确选择配方奶 2. 能够为婴儿选择泥糊状食品 3. 能够为婴儿营造良好的进餐环境	1. 人工喂养适应症 2. 换乳期的喂养知识 3. 食品安全性、过敏的基本知识 4. 泥糊状食物的重要性
	（二）饮水	1. 能够正确选择饮用水 2. 能够培养婴儿的饮水习惯	1. 饮用水的选择原则 2. 饮用水的知识
	（三）睡眠、二便、三浴	能够纠正婴儿睡眠和二便的不良习惯	睡眠、二便的规律性及其与生长发育的关系
	（四）卫生（居室、个人、四具）	能够针对因婴儿需要选择常用消毒剂	常用消毒剂的知识
二、日常生活保健与护理	（一）生长监测	能够正确记录婴儿生长发育曲线，使用生长监测图	婴儿生长发育的基本知识
	（二）预防接种	能够对接种反应进行及时处理	1. 接种与预防疾病的关系 2. 预防接种的程序和要求
	（三）常见疾病护理	1. 能够早期发现婴儿的异常并进行及时处理 2. 能够为患病的婴儿测体温、脉搏、呼吸	1. 识别婴儿异常的知识 2. 婴儿常见疾病综合护理的知识

续表

职业功能	工作内容	技能要求	相关知识
三、教育	(一) 动作技能训练	1. 能够根据婴儿发展水平选择和设计大动作训练游戏 2. 能够根据婴儿发展水平选择和设计精细动作训练游戏	1. 不同年龄阶段大动作发展的特点与训练方法 2. 不同年龄阶段精细动作发展的特点与训练方法
	(二) 智力开发	1. 能够根据婴儿发展水平选择和设计认知能力训练游戏 2. 能够根据婴儿发展水平选择和设计语言训练游戏	1. 不同年龄阶段认知能力发展的特点与训练方法 2. 不同年龄阶段语言发展的特点与训练方法
	(三) 社会行为及人格培养	1. 能够根据婴儿发展水平选择和设计培养生活自理能力的训练游戏 2. 能够根据婴儿发展水平选择和设计培养社会交往能力的训练游戏 3. 能够根据婴儿发展水平设计培养良好情绪行为的游戏	1. 婴儿生活自理能力培养的生理和心理基础 2. 婴儿社会交往能力发展的规律、特点与培养方法 3. 婴儿良好的情绪行为发展的规律、特点与培养方法
	(四) 实施个别化教学计划	能够根据婴儿发展水平的测评结果设计并实施个别化教学计划	1. 个别化教学计划的类型 2. 设计个别化教学计划的原则和方法 3. 测评结果使用的要求

(三)高级育婴师

职业功能	工作内容	技能要求	相关知识
一、生活照料	(一) 饮食	能够设计婴儿膳食和配制婴儿膳食	1. 营养密度、强度与婴儿消化道成熟度的关系 2. 均衡膳食的定义、内容和方法 3. 烹饪方法对食物营养的影响
	(二) 饮水	能够识别婴儿脱水	人体水代谢知识
	(三) 睡眠、二便、三浴	能够安排与处理特殊情况下的三浴锻炼	三浴锻炼对婴儿生长发育、健康影响的知识
	(四) 卫生(居室、个人、四具)	能够营造和选择有益于婴儿健康和生长的环境	危害婴儿健康的环境因素

续表

职业功能	工作内容	技能要求	相关知识
二、日常生活保健与护理	(一)生长监测	1. 能够对婴儿生长发育进行纵向监测 2. 能够进行婴儿营养计算和干预	1. 婴儿生长发育纵向监测的知识 2. 营养计算和干预的知识
	(二)预防接种	能够指导育婴员、育婴师进行接种反应处理	免疫学基础知识
	(三)常见疾病护理	能够对婴儿常见疾病进行预防和家庭护理	常见疾病防治的基本知识
	(四)预防铅中毒	能够防治婴儿铅中毒	1. 铅中毒的表现及病理生理机制 2. 铅中毒的防治
	(五)意外伤害处理	能够对婴儿意外伤害进行现场救助	婴儿现场救助的程序、方法
三、教育	(一)婴儿发展评价	能够对婴儿发展进行综合评价	1. 各年龄阶段婴儿发展水平的特点、规律 2. 婴儿发展评价的方法 3. 评价常用量表
	(二)实施个别化教学计划	1. 能够根据婴儿各领域发展水平编制综合性个别化教学计划 2. 能够指导育婴员、育婴师实施综合性个别化教学计划	1. 婴儿个体差异知识 2. 编制综合性个别化教学计划的流程与方法 3. 指导综合性个别化教学计划的方法
	(三)培训指导	1. 能够对育婴员、育婴师进行培训、指导和评估 2. 能够对婴儿家长的教育观念和方法进行培训与指导	1. 熟悉育婴员、育婴师的工作内容与要求 2. 培训、指导的原则与方法 3. 开展评估的方法

第三节 心理咨询师国家职业标准(试行)

一、职业定义和职业等级

心理咨询师,是运用心理学以及相关学科的专业知识,遵循心理学原则,通过心理咨询的技术与方法,帮助求助者解除心理问题的专业人员。本职业共设三个等级,分别为心理咨询员(国家职业资格三级)、心理咨询师(国家职业资格二级)、高级心理咨询师(国家职业资格一级)。

二、基本要求

(一)职业道德

1. 职业守则

热爱本职工作,坚定为社会做奉献的信念,刻苦钻研专业知识,增强技能,提高自身素质,遵守国家法律法规,与求助者建立平等友好的咨询关系。

2. 职业道德

(1)心理咨询师不得因求助者的性别、年龄、职业、民族、国籍、宗教信仰、价值观等任何方面的因素歧视求助者。

(2)心理咨询师在咨询关系建立之前,必须让求助者了解心理咨询工作的性质、特点、这一工作可能的局限以及求助者自身的权利和义务。

(3)心理咨询师在对求助者进行工作时,应与求助者对工作的重点进行讨论并达成一致意见,必要时(如采用某些疗法)应与求助者达成书面协议。

(4)心理咨询师与求助者之间不得产生和建立咨询以外的任何关系。尽量避免双重关系(尽量不与熟人、亲友、同事建立咨询关系),更不得利用求助者对咨询师的信任谋取私利,尤其不得对异性有非礼的言行。

(5)当心理咨询师认为自己不适合对某个求助者进行咨询时,应向求助者作出明确的说明,并且应本着对求助者负责的态度将其介绍给另一位合适的心理咨询师或医师。

(6)心理咨询师应始终严格遵守保密原则,具体措施如下:

①心理咨询师有责任向求助者说明心理咨询工作者的保密原则,以及应用这一原则时的限度。

②在心理咨询工作中,一旦发现求助者有危害自身或他人的情况,必须采取必要的措施,防止意外事件发生(必要时应通知有关部门或家属);或与其他心理咨询师进行磋商,但应将有关保密的信息暴露限制在最低范围之内。

③心理咨询工作中的有关信息,包括个案记录、测验资料、信件、录音、录像和其他资料,均属专业信息,应在严格保密的情况下进行保存,不得列

入其他资料之中。

④心理咨询师只有在求助者同意的情况下才能对咨询过程进行录音、录像。在因专业需要进行案例讨论,或采用案例进行教学、科研、写作等工作时,应隐去那些可能会据以辨认出求助者的有关信息。

(二)基础知识

1. 普通心理学

(1)普通心理学的对象、任务和方法,普通心理学简史。

(2)心理活动的生理基础,认知过程(感觉、知觉、注意、学习、记忆、思维、语言),心理活动的意识性特征(注意、情绪和情感、意志、能力、人格)。

2. 社会心理学

(1)社会心理学的对象、任务和研究方法,社会心理学简史。

(2)社会化与自我,社会认知与归因,社会动机,态度,人际关系,社会影响,助人利他与侵犯,人际吸引、婚姻与家庭。

3. 发展心理学

(1)发展心理学的对象、任务和方法,发展心理学简史。

(2)基本理论。

(3)心理发展的生物学基础。

(4)不同年龄阶段的心理与行为特点。

4. 心理健康与心理障碍

(1)心理健康的标准。

(2)心理异常的评定标准。

(3)常见心理障碍。

(4)心理卫生问题。

5. 心理测验学

(1)心理测验学简史,心理测验的概念与分类,心理测验的应用价值。

(2)智力测验。

(3)人格测验。

(4)心理评定量表。

6. 咨询心理学

(1)咨询心理学的工作对象、任务与方法。

(2)咨询心理学的工作范围。

(3)心理咨询与心理治疗的异同。

(4)心理咨询的分类。

7. 与心理咨询相关的法律知识

(1)《劳动法》的基本知识。

(2)《中华人民共和国民法通则》中与心理咨询和治疗相关的法律条文(如隐私权、人身权等)。

(3)现行《中华人民共和国婚姻法》、《中华人民共和国妇女儿童保护法》、《未成年人保护法》中与心理咨询相关的条文。

(4)《中华人民共和国治安管理处罚条例》中与心理咨询相关的条文。

(5)《消费者权益保护法》中与心理咨询相关的条文。

三、工作要求

本标准对各级别的工作要求依次递进,高级别涵盖低级别的内容。

(一)心理咨询员

职业功能	工作内容	技能要求	相关知识
一、心理诊断	(一)初诊接待	1. 能按心理咨询原则完成对求助者的初次接待工作	1. 咨询员的仪态和礼貌语言 2. 求助者的权利与义务 3. 心理咨询工作的性质和工作方式 4. 心理咨询的保密原则
		2. 能进行摄入性谈话	1. 心理学的谈话法 2. 摄入性谈话的技巧
		3. 能正确使用心理测验	1. 主意心理测验的性质和使用范围 2. 心理测验的针对性原则
		4. 能进行初诊资料的整理	1. 咨询材料的整理格式 2. 初诊中应收集的资料内容
	(二)初步诊断	1. 能依据初诊资料,作出精神病和非精神病的判断	1. 变态心理学知识 2. 发展心理学关于不同年龄段心理特征的知识 3. 普通心理学关于注意品质和情绪的一般知识 4. 精神病与非精神病判断原则
		2. 能依据所获资料和心理评估结果作出判断	1. 判断心理测验结果的知识 2. 心理健康水平的判断指标
		3. 能向上级咨询师提出诊断报告	1. 心理——行为障碍不同程度的划分标准 2. 心理——行为障碍系统分类诊断

续表

职业功能	工作内容	技能要求	相关知识
二、心理咨询	(一)咨询方案的制订	1. 能把握心理咨询要解决的主要问题 2. 能进行咨询失误的处理	1. 各类症状相关性的知识 2. 处理咨询失误的知识
	(二)咨询工作的实施(个体咨询)	1. 能运用谈话法,做心理疏导 2. 能进行咨询效果的初步评定 3. 能协助上级咨询师整理咨询案例	1. 治疗性谈话法 2. 咨询效果评估标准 3. 心理咨询文档工作的知识
	(三)心理咨询的实施(团体咨询或小组咨询)	1. 能在指导下见习团体咨询 2. 能实施团体咨询 3. 能进行见习咨询效果鉴别	1. 团体心理咨询的基本知识 2. 团体咨询效果鉴别的知识
三、心理测验	(一)智力测验	1. 能进行韦氏测验 2. 能进行瑞文测验 3. 能进行比奈西蒙测验	
	(二)人格测验	1. 能进行 MMPI－2 测验 2. 能进行 16PF 测验 3. 能进行 EPQ 测验 4. 能进行 CPAI 测验 5. 能进行 UPI 测验	
	(三)心理评定量表	1. 能进行 SCL－90 测验 2. 能进行 SAS 测验 3. 能进行 SDS 测验	
	(四)群体心理测验的实施	能在指导下见习团体心理测验	群体心理测验的基础知识
四、其他	心理咨询的其他辅助工作	能协助上级咨询师进行文档处理工作	文档处理工作的基础知识

（二）心理咨询师

职业功能	工作内容	技能要求	相关知识
一、心理诊断	（一）初诊接待	1. 审查心理咨询员提交的各类报告	1. 申请心理测验的报告格式 2. 诊断报告的格式和内容要求方面的知识
		2. 能使用谈话法以外的方法，深入了解求助者的心理	1. 神经症专用测验知识 2. 精神病专用测验知识
		3. 能鉴别一般心理问题和神经症	神经症的诊断标准
	（二）初步诊断	1. 能对所获资料进行分析、综合，对求助者的心理与行为的异常表现定性 2. 经过综合分析，给出初步诊断	1. 精神病学基本知识 2. 心理诊断学、精神病诊断和临床心理鉴别诊断的知识 3. 心理问题、神经症、精神病鉴别的知识
	（三）确定诊断与鉴别诊断（除外重型精神疾病和神经系统疾病并转诊）	1. 能对求助者的心理与行为问题给出诊断 2. 能对一般心理问题、神经症和精神病作出鉴别诊断	1. 中国和国际精神疾病诊断标准 2. 症状的外在表现、内在体验和动机之间一致性和不一致性的心理学知识 3. 心理紊乱的系统分类诊断知识
	（四）病因诊断	1. 能寻求引发心理问题的生物学原因 2. 能寻求引发心理问题的社会性原因 3. 能寻求引发心理障碍的认知因素	1. 躯体疾病的心理特点 2. 身心反应的知识 3. 生活事件与疾病的关系 4. 个人生活方式与心理健康的知识 5. 个人应对方式与心理健康的知识 6. 判断不良认知倾向的知识 7. 判断不良人格倾向的知识

续表

职业功能	工作内容	技能要求	相关知识
二、心理咨询	(一) 咨询方案的制订	1. 能确定心理咨询切入点和切入方式 2. 能进行咨询阶段的划分 3. 能确定咨询效果指标并进行效果评估	1. 临床心理学关于心理咨询的知识 2. 各种不同心理活动之间相互联系的知识 3. 不同心理问题改善过程的知识 4. 判断心理问题轻重程度的知识 5. 效果评估的基本知识
	(二) 咨询工作的实施(个体咨询)	1. 自然导入引导性心理咨询 2. 控制咨询方向,占据主动地位 3. 能启发、引导来访者独立思考 4. 能捕捉来访者心理活动的积极因素,激励主动性 5. 能正确指导求助者解决心理问题 6. 能对心理咨询进行阶段性总结 7. 能提出进一步咨询的问题,布置“作业” 8. 能确定下一阶段咨询的方向 9. 能进行咨询过程结束后的效果评定 10. 能根据效果指标进行咨询失败的处理 11. 能确定远期咨询的效果	1. 谈话法自然导入的知识 2. 临床心理学有关谈话法的知识 3. 社会心理学人际吸引的知识 4. 社会心理学人际互动的知识 5. 动机激励的相关知识 6. 心理卫生学知识 7. 临床心理学效果评定的知识 8. 临床心理学关于咨询反馈信息的知识 9. 自我激励、自我强化和自我管理的心理学知识 10. 咨询关系影响咨询成败的知识 11. 心理治疗的理论与应用知识 12. 咨询关系与疗效 13. 被社会接纳程度与效果的关系 14. 自我接纳程度与效果的关系 15. 咨询效果鉴别的基本知识 16. 心理咨询相关法律的知识 17. 社会心理学关于随访调查的知识 18. 心理学关于自身比较行为测验的知识

续表

职业功能	工作内容	技能要求	相关知识
	(三) 心理咨询的实施(团体咨询或小组咨询)	1. 能进行团体咨询设计 2. 能进行团体咨询实施 3. 能进行咨询效果评估	1. 心理问题归类的知识 2. 个体心理问题归纳原则与步骤 3. 团体心理咨询的知识 4. 社会心理学人际互动和人际沟通的一般知识 5. 社会心理学从众与引导知识 6. 归因与决策的社会心理学知识 7. 小团体文化作风的形成与功能知识 8. 咨询师在团体咨询中的角色与作用 9. 团体咨询与个别指导的知识 10. 咨询效果评估的心理学知识
三、心理测验	(一) 量表的分数与转换	1. 能编制量表 2. 能进行测验分数的转换 3. 能把握建立常模的过程	测验的常模及分数转换知识
	(二) 测验的信度、效度与项目分析	1. 能进行信度分析 2. 能进行效度分析 3. 能进行项目分析	心理测验的技术分析知识
	(三) 测验结果的解释	1. 能根据智力测验的一般原则进行解释 2. 能根据人格测验的一般原则进行解释 3. 能根据心理评定量表的一般原则进行解释	心理测验结果的基本分析方法
	(四) 群体心理测验的实施	能进行团体心理测验	团体心理测评的知识

续表

职业功能	工作内容	技能要求	相关知识
四、其他	指导心理咨询员工作	能示范心理咨询过程	国内外本学科的新进展、新知识

（三）高级心理咨询师

职业功能	工作内容	技能要求	相关知识
一、心理诊断	（一）初诊接待	1. 能向下级心理咨询师示范初诊接待的全过程 2. 能够向下级咨询师示范并讲解如何形成初步诊断、如何考虑下一步处理意见	临床心理学全部诊断程序和理论依据的知识
	（二）会诊	1. 能主持会诊 2. 能参与会诊	1. 会诊的各项原则、方式 2. 区分不同变态人格的知识 3. 身心疾病的知识，躯体疾病的知识 4. 神经心理学和神经疾病的知识
	（三）病因诊断	1. 能挖掘并向下级心理咨询师解释引发心理问题的社会性原因 2. 能挖掘并向下级心理咨询师说明引发心理问题的认知原因 3. 能挖掘并向下级心理咨询师讲解引发心理问题的生物学原因	1. 人类社会属性的理论知识 2. 生活方式影响心理与行为的知识 3. 认知对情绪和行为调节作用的知识 4. 神经生理学和神经内分泌学知识 5. 生物周期节律性的生物学知识
	（四）疑难案例分析	能剖析案例并进行讲解	人类的生物、社会、心理属性之间的辩证关系

续表

职业功能	工作内容	技能要求	相关知识
二、心理咨询	(一) 咨询方案的制订,修正下级心理咨询师的方案	能审定下级心理咨询师对疑难案例的咨询方案	心理咨询的理论知识
	(二) 咨询工作的实施(个体咨询)	1. 能正确使用权威效应实施各类催眠术 2. 能对下级心理咨询师的阶段性咨询效果进行评价 3. 能对下级心理咨询师的最终咨询效果进行评定	1. 暗示理论 2. 清醒状态下暗示作用的理论知识 3. 心理咨询以及催眠的职业道德和相关法律知识 4. 疗效鉴别的理论知识
	(三) 咨询的实施(团体咨询或小组咨询)	1. 能进行团体心理咨询的指导 2. 能评估咨询效果	1. 团体心理咨询的理论与操作知识 2. 团体咨询效果评定的理论知识
三、心理测验	(一) 翻译国外测验工具	1. 能翻译项目 2. 能翻译国外编制的量表 3. 能翻译国外制定的常模	相关专业外语知识
	(二) 编制心理测验	1. 能建立项目库 2. 能进行项目选择 3. 能掌握量表分数标准 4. 能建立常模 5. 能编手册	心理统计学知识
	(三) 群体心理测验与特殊问卷的实施	1. 能参与修正和编制团体问卷和量表 2. 能实施群体特殊问卷	社会心理学关于社会特殊群体划分的理论知识

续表

职业功能	工作内容	技能要求	相关知识
四、其他	(一) 业务督导	1. 能制订心理咨询师的培训计划 2. 能指导心理咨询师的理论学习和审核下级心理咨询师的工作方案 3. 能组织心理咨询师进行个案分析、专题讲习班和点评难点 4. 能参与心理咨询师业务考评和年检	1. 心理咨询师国家职业标准 2. 心理咨询的理论知识 3. 心理问题分类和心理疾病诊断的知识 4. 临床心理学国际、国内最新发展动态知识
	(二) 工作实践督导	1. 能对心理咨询师的职业道德和相关法律法规遵守情况、工作态度、工作表现和业务能力进行检查、指导 2. 能对心理咨询师的业务能力定期评估并指出努力方向 3. 能指导下级咨询师咨询过程中咨询关系的正常发展	1. 心理咨询与心理治疗的相互关系 2. 各类心理咨询与心理治疗方法 3. 咨询效果的鉴别知识 4. 国际、国内最新咨询手段与心理治疗方法
	(三) 下级心理咨询师个人心理健康的督导	1. 能评估下级心理咨询师的个人心理素质，指出薄弱点 2. 能指导下级心理咨询师个人心理健康状况并协助其排除因职业原因造成的心理问题 3. 能指导下级心理咨询师，提高个人心理平衡的能力	1. 督导的职责与责任界限 2. 本职业活动对从业者个人心理健康的影响

第四节　健康管理师国家职业标准

一、职业定义和职业等级

健康管理师,是从事健康的监测、分析、评估以及健康咨询、指导和干预等工作的专业人员。本职业共设三个等级,分别为:助理健康管理师(国家职业资格三级)、健康管理师(国家职业资格二级)、高级健康管理师(国家职业资格一级)。

二、基本要求

(一)职业道德

1. 职业道德基本知识

2. 职业守则

(1)健康管理师不得在性别、年龄、职业、民族、国籍、宗教信仰、价值观等方面歧视个体或群体。

(2)健康管理师首先应该让个体或群体了解健康管理工作的性质、特点以及个体或群体自身的权利和义务。

(3)健康管理师在对个体或群体进行健康管理工作时,应与个体或群体对工作的重点进行讨论并达成一致意见,必要时(如采用某些干预措施时)应与个体或群体签订书面协议。

(4)健康管理师应始终严格遵守保密原则,具体措施如下:

①健康管理师有责任向个人或群体说明健康管理工作的相关保密原则,以及应用这一原则时的限度。

②在健康管理工作中,一旦发现个人或群体有危害自身或他人的情况,必须采取必要的措施,防止意外事件发生(必要时应通知有关部门或家属),应将有关保密的信息暴露限制在最低范围之内。

③健康管理工作中的有关信息,包括个案记录、检查资料、信件、录音、录像和其他资料,均属专业信息,应在严格保密的情况下进行保存,不得泄露。

④健康管理师只有在个体同意的情况下才能对工作或危险因素干预过程进行录音、录像。在因专业需要进行案例讨论,或采用案例进行教学、科研、写作等工作时,应隐去可能会据此辨认出个体的有关信息。

3. 礼仪和礼貌语言知识

(二)基础知识

1. 健康管理基本知识,包括健康管理概论、健康风险评估、健康保障与保险的相关知识。

2. 医学基础知识，包括临床医学、预防医学、中医学知识。

3. 其他相关知识，包括医学信息学基础、营养学和运动学、心理学、健康相关产品的安全与卫生、健康营销学、医学伦理学的知识。

4. 相关的法律、法规知识（卫生法学）

（1）《劳动法》的相关知识。

（2）《合同法》的相关知识。

（3）卫生法律、法规的相关知识。

（4）其他法律、法规中与卫生相关的条文。

三、工作要求

本标准对各级别的能力要求依次递进，高级别涵盖低级别的内容。

（一）助理健康管理师

职业功能	工作内容	技能要求	相关知识
一、健康监测	（一）信息收集	1. 能够使用常用健康信息记录表收集信息 2. 能初步判断信息准确度 3. 能够进行标准化的体格测量 4. 能够填写健康信息记录表	1. 信息采集的原则、途径和方法 2. 基本体格测量知识
	（二）信息管理	1. 能够录入信息 2. 能够清理数据 3. 能够用计算机传递和接收健康信息 4. 能够打印、分送健康报告	1. 健康信息的查对与处理 2. 计算机应用基础知识

续表

职业功能	工作内容	技能要求	相关知识
二、健康风险评估和分析	(一) 评估分析	1. 能够识别相关健康危险因素 2. 能够确定评价指标 3. 能够使用选定的评估工具进行健康风险评估	1. 健康危险因素 2. 健康评估工具的正确使用
	(二) 评估判断	1. 利用信息和工具，确定危险因素 2. 根据评估指标作出危险因素的报告 3. 根据判断作出书面和口头报告	科学报告书写方法和原则
三、健康指导	(一) 跟踪随访	1. 能够采用电话、信件、电子邮件或交谈的方法执行健康管理随访计划 2. 能够记录个人和人群的健康变化	1. 沟通技巧 2. 科学观察和记录的技巧
	(二) 健康教育	1. 能够传播健康信息 2. 能够按照既定方案，发送健康教育材料	1. 健康教育计划的制订和执行 2. 健康信息传播的方法和技巧
四、健康干预	(一) 实施干预方案	能够按照指定的方案或利用特定的工具对常见健康危险因素实施干预	1. 常见健康危险因素干预方法 2. 健康干预方法和相关技术的使用
	(二) 监测干预效果	1. 对干预过程进行记录，检查是否达到或偏离既定目标 2. 反馈干预效果	1. 干预的原则 2. 干预过程的记录与报告方法 3. 干预效果的评价原则

（二）健康管理师

职业功能	工作内容	技能要求	相关知识
一、健康监测	（一）健康需求分析	能够与个人或人群负责人沟通，明确个人或人群健康需求	群体健康及其影响因素
	（二）信息收集	1. 能够选用健康调查表 2. 能够设计健康调查表	1. 问卷制订与考评知识 2. 常用调查方法
	（三）信息管理	1. 能够分类和汇总收集到的信息 2. 能够检索、查询、更新和调用信息 3. 能够利用信息工具建立健康档案	1. 信息分类的相关知识 2. 信息检索策略和方法 3. 健康档案设定的基本要求、内容和方法
	（四）信息分析与利用	1. 能够分析动态信息资料 2. 能够撰写信息分析报告	1. 常用数据处理方法和步骤 2. 描述性统计分析知识 3. 调查报告的书写知识 4. 数据库的设计和管理知识
	（五）监测方案制订与实施	1. 能够设计健康和疾病史采集方案 2. 能够设计体检方案 3. 能够制订动态健康指标监测方案 4. 能够制订方案实施时间表 5. 能够组织和实施监测方案 6. 能够评估监测方案，并对方案的实施进行质量控制	1. 预防性诊疗服务指南 2. 健康筛选原则与步骤 3. 健康风险信息的收集、分类、分析、确定和交流的途径和步骤 4. 诊断学相关知识 5. 健康监测实施策略知识 6. 项目管理一般知识

续表

职业功能	工作内容	技能要求	相关知识
二、健康风险评估和分析	(一)评估分析	1. 能够鉴别重要或需要优先改善的危险因素 2. 能够选择评估工具	1. 生活方式危险因素的危害及评估方法 2. 膳食运动与健康的关系及评估方法 3. 行为及心理危险因素的危害及评估方法 4. 常见疾病危险因素的危害及评估方法
	(二)评估判断	1. 能够分析健康和危险因素,找出危险因素可能存在的原因 2. 能够评估个人所处的危险水平 3. 能够告知和解释健康和疾病危险性评估结果	1. 因果关系确认的方法和步骤 2. 统计方法
三、健康指导	(一)健康咨询	能够用电话、面谈及其他媒介方式进行个性化健康咨询和指导	慢性疾病预防指南
	(二)健康教育	1. 能够制定健康教育计划 2. 能够进行个性化的健康教育 3. 能够按照不同需求对人群进行健康教育	1. 人群或个体健康信息需求的评价 2. 根据健康需要制定健康教育措施并实施

续表

职业功能	工作内容	技能要求	相关知识
四、健康干预	(一) 制订干预计划	1. 能够进行人群的需求评估，确定优先干预的健康问题和行为因素 2. 能够确定干预的短期目标和长期目标 3. 根据健康危险因素制订阶段性的健康干预计划 4. 能够根据个人或人群的重点危险因素选择适当的干预手段、场所和干预策略	1. 膳食干预 2. 运动干预 3. 行为心理干预 4. 健康干预计划制订的原则、策略和要点
	(二) 实施干预计划并监控	1. 能够依据制订的干预短期目标和长期目标，分阶段实施健康干预计划 2. 能够制订实施时间表 3. 对方案实施过程进行监控，实施方案过程中发现偏离目标后立即进行纠正	1. 健康干预的实施方法和流程 2. 质量控制的内容和方法
	(三) 进行干预的效果评估	1. 能够评估健康干预的过程、效应和结果 2. 能够评估健康干预效果的质量，保障健康干预的先进性和科学性	1. 健康干预评估的性质、目的和意义 2. 健康干预评估的种类和内容 3. 健康干预评估的方法
五、指导与培训	(一) 操作指导	能够指导助理健康管理师进行实际操作	1. 现场教学法 2. 现代教育手段和技巧
	(二) 理论培训	能够对助理健康管理师进行技术理论培训	

（三）高级健康管理师

职业功能	工作内容	技能要求	相关知识
一、健康监测	（一）健康需求分析	1. 能够明确个人及人群健康负担和健康维护的需求 2. 能够分析、量化个人或人群的健康需求	医疗卫生市场的概况和健康需求分析和评估
	（二）信息分析与利用	1. 能够制订信息分析规范 2. 能够分析和解释健康和疾病的相关检查结果 3. 能够分析个人和人群健康或疾病发展趋势，提出解决方案	1. 健康信息数据库的设计、建立与管理 2. 健康信息的比较与分析
	（三）人群监测方案制订与实施	1. 能够制订方案实施标准 2. 能够进行方案实施过程的质量控制 3. 能够评估实施效果 4. 能够分析产生偏差的原因，修订监测方案，并提出改进措施	1. 循证医学实践知识 2. 医学筛检的决策知识 3. 实施质量控制的知识
二、健康风险评估和分析	（一）群体风险评估	1. 能够制定人群分类的原则 2. 能够做出群体健康和疾病趋势分析和评估报告	1. 健康管理人群分类原则 2. 人群健康风险评估
	（二）群体风险管理	1. 能够确定风险管理重点 2. 能够制定风险管理方法 3. 能够确定风险管理质量控制原则	1. 风险控制策略 2. 风险预测技术 3. 疾病风险与健康保险知识

续表

职业功能	工作内容	技能要求	相关知识
三、健康指导	(一) 健康教育	1. 能够修正健康教育计划 2. 能够撰写健康教育教材 3. 能够分析个人或人群健康教育效果评价	1. 健康教育计划的评价 2. 健康教育的策略和方法 3. 健康教育材料制作程序知识
	(二) 健康维护	1. 能够检查和监督个人健康改善的效果 2. 能够根据健康管理方案的执行情况和个人的改善状况不断修正健康改善方案 3. 能够进行健康维护实施过程质量控制	1. 健康管理效果评估知识 2. 健康维护实施的质量控制知识
四、健康干预	(一) 制订干预计划	1. 能够评价个人健康干预计划 2. 能够修正个人干预计划 3. 能够进行人群的需求评估,制订人群健康干预计划	人群健康干预的原则、策略和要点
	(二) 实施干预计划并监控	1. 能够制订方案实施标准 2. 能够进行方案实施过程的质量控制 3. 能够评估实施效果 4. 能够分析产生偏差的原因,修订监测方案,并提出改进措施 5. 实施人员的选定和相关知识及技能的培训 6. 实施所需设备的选择、使用和管理	1. 健康干预的实施标准 2. 质量控制的内容和方法
	(三) 进行干预效果评估	1. 确定干预的效果评估标准 2. 能够明确影响评估结果的因素 3. 能够进行干预效果的成本–效益分析与成本–效果分析	1. 健康干预的效果评估 2. 质量控制知识 3. 成本效益分析

续表

职业功能	工作内容	技能要求	相关知识
五、研究与开发	(一)文献研究	1. 能够进行文献检索 2. 能够总结和整合原始研究结果 3. 能够确定研究目标	1. 文献检索方法 2. 常用统计分析方法 3. 分析与整合数据的方法 4. 收集原始研究的策略
	(二)应用开发	1. 能够开发健康评估的工具 2. 能够开发健康维护的产品	1. 循证医学证据的分析与评价 2. 产品设计的相关知识
	(三)成效评估	能够设计与实施健康管理技术应用的成效评估	1. 成本-效益分析测量方法 2. 研究设计常见的问题和注意事项
六、指导与培训	(一)操作指导	能够指导健康管理师进行实际操作	培训教学的基本方法
	(二)理论培训	1. 能够对健康管理师进行技术理论培训 2. 能够撰写健康管理培训讲义	培训讲义的编写方法

第五节　公共营养师国家职业标准

一、职业定义和职业等级

公共营养师，是从事公众膳食营养状况的评价与指导、营养与食品知识传播，促进社会公众健康工作的专业人员。本职业共设四个等级，分别为：公共营养师四级、公共营养师三级、公共营养师二级、公共营养师一级。

二、基本要求

(一)职业道德

1. 职业道德基本知识

2. 职业守则

(1)遵纪守法，诚实守信，团结协作。

(2)爱岗敬业，忠于职守，钻研业务。

(3)服务人民，认真负责，平等待人。

(4)科学求实，精益求精，开拓创新。

(二)基础知识

1. 医学基础知识

(1)人体解剖生理基础知识。

(2)食物消化吸收基础知识。

(3)不同人群生理特点基础知识。

2. 营养学基础知识

(1)营养与健康概论和营养学发展史。

(2)能量与宏量营养素基本知识。

(3)矿物质。

(4)维生素。

(5)水。

3. 人群营养基础知识

(1)孕妇乳母营养。

(2)婴幼儿营养。

(3)儿童青少年营养。

(4)老年人营养。

4. 食物营养与食品加工基础知识

(1)植物性食物。

(2)动物性食物。

(3)其他食品。

(4)营养强化与保健食品。

(5)常见食品加工方法。

5. 食品卫生基础知识

(1)食品污染及其预防。

(2)各类食品的卫生。

(3)食物中毒及其预防和处理。

6. 膳食营养指导

(1)膳食营养指导和管理概论。

(2)膳食营养素参考摄入量的应用。

(3)膳食结构与膳食指南。

(4)膳食与缺乏病预防。

(5)膳食与慢性病预防。

7. 营养教育和社区营养管理基础知识

(1)营养教育。

(2)社区营养计划和管理。

8. 相关法律、法规

(1)《食品卫生法》的相关知识。

(2)《保健食品管理办法》的相关知识。

(3)《食品添加剂卫生管理办法》的相关知识。

(4)《食品标签通用标准》(GB7718)的相关知识。

(5)《中国食物与营养发展纲要(2001~2010年)》的相关知识。

三、工作要求

本标准对公共营养师四级、公共营养师三级、公共营养师二级、公共营养师一级的技能要求依次递进,高级别涵盖低级别的要求。

(一)公共营养师四级

职业功能	工作内容	技能要求	相关知识
一、膳食营养调查和评价	(一)食物摄入量调查	1. 能设计称重法记录表 2. 能用称重法进行食物摄入量称重和记录	1. 食物科学名和俗名 2. 称重法记录表设计方法 3. 称重技术要点
	(二)膳食营养素摄入量计算	1. 能按照食物类别和重量进行生熟换算 2. 能使用食物成分表查营养素含量 3. 能对数据进行分类计算和核对	1. 食物成分表使用基本知识 2. 生熟食物比值换算规则 3. 食物可食部推算方法
	(三)膳食营养分析和评价	能判定成人膳食营养素摄入量是否满足需要	成人营养素参考摄入量
二、人体营养状况测定和评价	(一)身体测量	1. 能测量儿童、成人的身高和体重 2. 能测量儿童头围和胸围 3. 能利用调查表对基本情况进行调查和记录	1. 体格测量常用指标知识 2. 常用测量工具的使用和校准 3. 测定方法和注意事项
	(二)实验室指标收集和判断	能收集人体发、尿测定样品	生物样品的收集知识
	(三)营养缺乏症状和体征判别	1. 能判别体重不足 2. 能判别发育迟缓 3. 能判别消瘦 4. 能判别超重和肥胖	1. 成人和儿童的体格测量评价参考标准 2. 体重不足体征和计算 3. 发育迟缓体征和计算 4. 消瘦体征和计算 5. BMI公式和计算

续表

职业功能	工作内容	技能要求	相关知识
三、膳食指导和评估	(一)确定营养和食物需要量	1. 能确定成人营养需要和选择食物 2. 能确定成人每日食物供应量	1. 食物能量和食物营养素密度 2. 膳食平衡原则
	(二)编制食谱	1. 能选择主食类别和确定成人主食供给量 2. 能选择副食类别和确定成人副食供给量 3. 根据成人主、副食供给量编制食谱	1. 蛋白质、脂肪、碳水化合物食物应用知识 2. 成人食谱编制和营养配餐的基本原则、要求 3. 成人餐次及各餐的营养分配
	(三)调整食谱	能根据食谱能量和营养素含量,用食物交换法调整食物类别	食物交换法的原则和注意事项
四、食品营养评价	(一)食品营养标签制作	1. 能解读食品原料和辅料配方 2. 能解读营养标签	1. 食品标签标准基本知识 2. 谷类食品的制作常用原料和辅料知识 3. 食品添加剂的功能作用
	(二)营养评价	1. 能根据食物感官判断质量 2. 能根据食品成分、分析结果评定奶类、饮料、油类食品营养价值	1. 常见食物感官判断知识 2. 食品检验单营养成分数据的解析要点 3. 常见食品的营养素来源
五、社区营养管理和干预	(一)营养与健康信息收集	1. 能进行访谈和填写调查表 2. 能进行入户动员	1. 人员登记和访谈技巧 2. 填表注意事项 3. 入户动员工作常识
	(二)营养与健康档案建立和管理	1. 能录入相关数据资料 2. 能进行数据验证和核对	1. 常见数据库格式及转换 2. 数据验证和核对方法

（二）公共营养师三级

职业功能	工作内容	技能要求	相关知识
一、膳食营养调查和评价	（一）食物摄入量调查	1. 能设计回顾法和记账法食物量登记表 2. 能用24小时回顾法进行摄入量调查 3. 能用记账法进行人群的食物消耗量调查	1. 回顾法和记账法表格设计要点 2. 食物消耗量记录要点 3. 回顾法基本要求和技术要点 4. 记账法基本要求和技术要点
	（二）膳食营养素摄入量计算	1. 能进行人日数换算 2. 能计算家庭膳食人均食物和营养素摄入量 3. 能计算群体膳食人均食物和营养素摄入量	1. 进餐人数登记要点 2. 人日数换算要点 3. 营养素摄入量计算要点 4. 食物数据库相关知识
	（三）膳食营养分析和评价	1. 能分析和评价膳食能量 2. 能分析和评价膳食营养素质量 3. 能进行膳食模式的分析评价和报告	1. 膳食能量评价要点 2. 膳食模式整体评价分析要点 3. 膳食调查报告撰写要点
二、人体营养状况测定和评价	（一）身体测量	1. 能测量婴幼儿身长、胸围、上臂围和坐高 2. 能使用皮褶计测量肱二头肌、肱三头肌、肩胛下角皮褶厚度	1. 体格测量的标准化 2. 卧式量板、量床使用方法与原则 3. 皮褶计使用方法与原则 4. 肱二头肌、肱三头肌、肩胛下角解剖定位知识
	（二）实验室指标收集和判断	1. 能对尿液样品进行收集、保存和处理 2. 能对粪便样品进行收集、保存和处理	1. 尿液样品收集和保存知识 2. 尿液的种类和临床意义 3. 粪便样品收集和保存知识
	（三）营养状况和体征判别	1. 能识别能量—蛋白质营养不良基本体征并作出评价 2. 能识别维生素A、维生素D、维生素B_2、维生素C、钙、铁和锌缺乏体征并作出评价	1. 能量—蛋白质缺乏体征辨别 2. 缺铁性贫血基本体征和评价 3. 维生素B_2缺乏体征和评价 4. 维生素C、维生素A缺乏体征和评价 5. 维生素D和钙缺乏体征和评价 6. 锌缺乏基本体征和评价

续表

职业功能	工作内容	技能要求	相关知识
三、营养咨询和宣教	(一) 营养与食品安全知识咨询	1. 能进行合理营养、平衡膳食评估并提出建议 2. 能进行健康生活方式询问和评价并提出建议 3. 能解答食品污染、食物中毒等问题 4. 能进行体力活动和能量消耗评估	1. 膳食状况询问评估和建议原则 2. 生活方式询问和评价原则 3. 食品污染及其预防知识 4. 食物中毒、食源性疾病及其预防 5. 有关运动与能量消耗的基础知识
	(二) 营养与食品安全知识宣教	1. 能进行平衡膳食宣教 2. 能进行维持体重和能量平衡宣教 3. 能制作和编辑平面媒体宣教材料	1. 营养宣教基本方法和形式 2. 图形选择与编辑知识 3. 沟通和宣讲技巧
四、膳食指导和评估	(一) 确定营养和食物需要量	1. 能确定儿童和青少年每日平均营养素需要量 2. 能根据儿童和青少年的营养需要选择食物 3. 能确定儿童和青少年人均食物供应量	1. 年龄组分类知识 2. 不同性别、年龄的儿童和青少年的营养需要 3. 学校营养餐营养要求
	(二) 编制食谱	1. 能确定儿童和青少年主食供给量 2. 能确定儿童和青少年副食供给量 3. 能编制儿童和青少年食谱	1. 儿童和青少年食物选择原则和特点 2. 食物蛋白质互补原则 3. 儿童和青少年配餐原则和方法
	(三) 调整食谱	1. 能对成人、儿童和青少年的食谱进行营养评价 2. 能根据营养评价结果调整食物品种和数量	1. 食谱营养成分计算和评价知识 2. 食品种类和餐次比例评价原则 3. 能量营养素比例相关知识 4. 营养素损失因子相关知识

续表

职业功能	工作内容	技能要求	相关知识
五、食品营养评价	(一) 食品营养标签制作	1. 能根据终产品营养特点，制订成分分析计划 2. 能根据分析数据制作营养成分表并选择营养声称 3. 能撰写产品标签说明书	1. 产品相关标准要求和营养特点 2. 分析结果的表示方法 3. 有效数字以及单位转换 4. 营养声称基本知识 5. 标签说明书格式和相关规定
	(二) 营养评价	1. 能计算营养质量指数 2. 能进行蛋白质营养评价 3. 能进行碳水化合物评价 4. 能进行脂肪营养评价	1. 营养质量指数计算方法和要点 2. 蛋白质营养评价方法 3. 生糖指数和生糖负荷知识 4. 必需脂肪酸相关知识
	(三) 食品营养资料编辑	1. 能根据食品的营养特点，撰写产品宣传资料 2. 能设计市场需求调查表 3. 能分析调查资料并撰写市场调查报告	1. 宣传资料的种类 2. 需求调查表设计方法 3. 调查资料的统计方法 4. 调查报告的基本要素和资料信息化
六、社区营养管理和干预	(一) 营养与健康信息收集	1. 能收集社区目标人群的年龄、性别、职业等基本资料 2. 能收集社区目标人群饮食习惯和体力活动水平等基本资料 3. 能根据调查资料性质编制调查表	1. 健康信息表格设计原则 2. 人群资料信息分类和要点
	(二) 营养与健康档案建立和管理	1. 能建立个人健康档案 2. 能计算人群营养缺乏病发生率和患病率 3. 能计算社区目标人群基本资料的百分比	1. 个人健康信息和档案的主要内容 2. 计量和计数资料概念 3. 发病率、患病率、死亡率的概念及计算
	(三) 营养干预方案设计和实施	1. 能设计社区食物营养干预方案 2. 能设计普通人群科学运动方案	1. 食物营养干预方案设计原则 2. 成人体力活动指南

（三）公共营养师二级

职业功能	工作内容	技能要求	相关知识
一、膳食营养调查和评价	（一）食物摄入量调查	1. 能设计频率法食物调查表 2. 能用食物频率法进行定性膳食调查 3. 能用食物频率法进行定量膳食调查	1. 频率法食物调查表的设计原则和内容要点 2. 食物频率定性法和定量法技术要点
	（二）膳食营养素摄入量计算	1. 能进行个体、群体定性资料的分析 2. 能进行定量法的计算分析	1. 膳食营养计算软件相关知识 2. 定性资料分析相关知识 3. 定量计算相关知识
	（三）膳食营养分析和评价	1. 能对平均每日食物、能量和营养素摄入量进行分析评价 2. 能对膳食蛋白质以及维生素 A、铁、钙、锌的动植物来源进行分析和评价 3. 能对膳食能量来源进行分析评价 4. 能对膳食食物组成进行分析评价	1. 食物摄入频率概念和评价 2. 动植物蛋白质和微量营养素来源评价知识 3. 膳食能量和模式评价的相关知识
二、人体营养状况测定和评价	（一）身体测量	1. 能进行孕妇的身体测量 2. 能监测儿童和青少年的身高和体重 3. 能进行体格测量的质量控制	1. 孕妇身体测量指标的意义 2. 儿童和青少年身高和体重监测意义 3. 测量误差控制知识
	（二）实验室指标收集和判断	1. 能判断血常规和营养相关指标是否正常 2. 能判断尿常规和营养相关指标是否正常 3. 能判断发样品的营养分析指标是否正常	1. 血常规及营养相关指标的正常值及意义 2. 尿常规指标的正常值及意义 3. 发中矿物质正常值
	（三）营养状况和体征判别	1. 能对氟、碘、硒缺乏进行判断和评价 2. 能对烟酸缺乏进行判断和评价 3. 能对个体营养状况进行综合评价	1. 氟、碘、硒营养素缺乏体征 2. 烟酸的营养素缺乏体征 3. 个体营养状况综合评价要点

续表

职业功能	工作内容	技能要求	相关知识
三、营养咨询和宣教	(一) 营养与食品安全知识咨询	1. 能解答婴幼儿喂养咨询 2. 能进行乳母产褥期膳食咨询和建议 3. 能进行老年人的膳食咨询和建议	1. 母乳和奶粉产品相关知识 2. 产褥期膳食和营养需要相关知识 3. 老年人营养问题和改善措施 4. 营养素补充剂知识
	(二) 营养与食品安全知识宣教	1. 能撰写科普文章 2. 能进行科普知识演讲 3. 能编制餐饮卫生科普宣传资料	1. 科普文章编写原则 2. 演讲与沟通技巧 3. 餐饮业危险因素控制点
四、膳食指导和评估	(一) 确定营养和食物需要量	1. 能确定婴幼儿的营养需要 2. 能确定孕妇和乳母的营养需要 3. 能确定老年人的营养需要	1. 婴幼儿的营养需要和食品选择要点 2. 孕妇、乳母营养补充要点 3. 老年食品选择和营养补充要点 4. 食物、强化食品和补充剂应用原则
	(二) 编制食谱	1. 能指导婴儿人工喂养和混合喂养 2. 能编制孕妇、乳母、老年人量化食谱	1. 婴儿辅助食品添加原则 2. 孕妇膳食特点 3. 产褥期膳食特点 4. 营养计算软件在食谱编制中的使用方法和技巧 5. 传统特色食物的营养价值和应用知识
	(三) 调整食谱	1. 能对幼儿食谱进行评估和调整 2. 能对孕妇、乳母食谱进行评估和调整 3. 能对老人食谱进行评估和调整	幼儿、孕妇、乳母、老人食谱营养原则
五、食品营养评价	(一) 食品营养标签制作	能根据终产品的检验结果，核对和评价该产品是否符合相应的国家标准	1. 食品分析营养素允许误差范围 2. 产品卫生学指标
	(二) 营养评价	能评价和审核强化食品配方	1. 食品强化营养素使用范围和用量 2. 强化载体选择知识 3. 营养素加工损失和注意事项
	(三) 食品营养资料编辑	能撰写强化食品的产品资料分析报告	1. 食品资料类型和写作特点 2. 食品营养强化剂配方原则、剂量、利用率

续表

职业功能	工作内容	技能要求	相关知识
六、社区营养管理和干预	(一) 营养与健康信息收集	1. 能根据预算确定目标人群和样本量 2. 能进行信息偏倚控制	1. 抽样调查方法 2. 样本量估算公式 3. 信息偏倚和控制知识
	(二) 营养与健康档案建立和管理	1. 能建立营养与健康档案数据库 2. 能进行健康危险因素评估	1. 档案管理软件的使用 2. 疾病—膳食—遗传—环境的相关性
	(三) 营养干预方案设计和实施	1. 能进行社区需求评估 2. 能设计和实施 30 天运动和膳食结合的能量消耗或健身方案 3. 能设计和实施营养干预综合方案	1. 社区需求评估方法和内容 2. 运动干预方法和处方 3. 实施方案的相关要点
	(四) 营养干预方案效果分析和评价	1. 能比较预测结果与实际结果差异,对项目进行评价 2. 能针对评价结果提出改善建议方案 3. 能制定干预效果评价的内容、方法和步骤	1. 干预中间过程评估 2. 最终效果评估 3. 经济—效果评估
七、业务培训和管理	(一) 培训	1. 能培训公共营养师四级和公共营养师三级人员 2. 能编制专项公共营养师培训计划	1. 专项培训计划编制方法 2. 教学法的有关知识,参与式培训方法
	(二) 指导	能对公共营养师四级、公共营养师三级人员进行实习业务指导	1. 实习代教方法 2. 案例教学法

（四）公共营养师一级

职业功能	工作内容	技能要求	相关知识
一、膳食营养调查和评价	（一）食物摄入量调查	1. 能设计四种膳食调查方案 2. 能进行膳食营养调查质量控制	1. 四种膳食调查方案设计基本特点 2. 方法选择和经济效益分析 3. 质量和误差控制要点
	（二）膳食营养素摄入量计算	能对长期多次营养监测人群数据进行分析对比	1. 前后数据对比分析要点 2. 卡方、T检验等比较性统计方法的相关知识
	（三）膳食营养分析和评价	1. 能做频率法的调查总结和报告 2. 能对监测结果进行评价和建议	膳食结构与健康和疾病的相关知识
二、人体营养状况测定和评价	（一）身体测量	能进行身体测量质量控制	影响身体测量准确度的因素
	（二）实验室指标收集和判断	能选择和判断与机体营养状况相关的免疫指标	营养与免疫相关知识
	（三）营养缺乏症状和体征判别	能根据膳食调查、体格测量、实验室检查、营养状况进行综合评价分析	营养综合评价相关知识

续表

职业功能	工作内容	技能要求	相关知识
三、营养咨询和宣教	(一)食品营养与安全咨询	1. 能对特殊营养需要的人群(慢性病)进行膳食营养指导 2. 能对营养素过量危害问题进行解答 3. 能对特殊环境工作人员的膳食进行指导	1. 糖尿病、骨质疏松、痛风等相关慢性病的相关知识 2. 营养素补充过量的危害 3. 高温、低温、高原环境,接触电离辐射、化学毒物人员的食谱设计原则和营养需求 4. 食物药物交叉反应的相关知识
	(二)营养与食品安全知识宣教	1. 能设计和审定营养宣教方案 2. 能评价营养和食品卫生宣教效果	1. 营养教育计划设计方法 2. 健康教育效果评价方法
四、膳食指导和评估	(一)确定营养和食物需要量	1. 能确定高钙、高蛋白两种食谱营养素需要量 2. 能确定低能量、低胆固醇、低脂肪三种食谱营养素需要量	1. 高钙、高蛋白食物来源 2. 低能量、低胆固醇、低脂肪食物来源
	(二)编制食谱	1. 能编制高钙、高蛋白两种改善营养缺乏的食谱 2. 能编制低能量、低胆固醇、低脂肪三种调整膳食的食谱	1. 钙缺乏、蛋白质营养不良人群的膳食指导知识 2. 高胆固醇、高血脂、肥胖人群的膳食指导知识
	(三)调整食谱	1. 能修改和评价高钙、高蛋白两种改善营养缺乏的食谱 2. 能修改和评价低能量、低胆固醇、低脂肪三种调整膳食的食谱	特色食物的营养价值

续表

职业功能	工作内容	技能要求	相关知识
五、食品营养评价	(一)营养评价	能评估营养素补充剂配方	1. 常见植物化合物的相关知识 2. 营养素补充剂配方原则
	(二)食品营养资料编写	1. 能根据要求,查找和编写相关保健食品、新资源食品等所需要的文件和档案 2. 能编写和完成特定营养物质功能作用等文章综述	1. 保健食品资料文本要求 2. 新资源食品文本资料要求 3. 综述的写作规则
六、社区营养管理和干预	(一)营养与健康信息收集	能收集突发和特殊事件的信息并上报	1. 公共卫生突发事件定义和分类 2. 公共卫生突发事件应急对策
	(二)营养与健康档案建立和管理	能制定营养与健康档案管理制度	档案管理相关知识
	(三)营养干预方案设计和实施	1. 能设计随机对照(或双盲)方案 2. 能设计横断面调查和干预方案 3. 能设计回顾性调查方案	1. 随机对照(或双盲)方案应用范围和设计要点 2. 横断面调查应用范围和设计要点 3. 回顾性调查应用范围和设计要点
	(四)效果分析和评价	1. 随机对照(或双盲)干预结果分析和评价 2. 横断面结果分析和评价	1. 过程评价内容和指标 2. 效果评价内容和指标 3. 方差、相关回归统计学的相关知识
七、培训和管理	(一)培训	1. 能编制公共营养师综合培训计划 2. 能培训二级公共营养师 3. 能编写培训讲义	1. 综合培训计划编制方法 2. 培训讲义的编写方法
	(二)指导	能对二级公共营养师进行业务指导	1. 示教方法 2. 教学管理的关键环节管理办法

第六节　其他相关职业标准简介

一、孤残儿童护理员

(一)职业定义

孤残儿童护理员,是从事孤残儿童日常生活照料和护理,并协助专业人员对孤残儿童进行康复、教育、保健服务的人员,其主要工作内容是:

(1)为不同年龄和不同残疾类型的孤残儿童提供24小时的生活照料。

(2)根据孤残儿童的生理特点、病理特点实施基础护理。

(3)采取清洁、消毒和隔离措施,确保孤残儿童的身体健康。

(4)采取安全防护措施,预防孤残儿童发生意外伤害。

(5)配合康复训练师,对孤残儿童实施康复计划和康复训练。

(6)给予孤残儿童情感支持和简单的心理指导,协助教师进行早期教育。

(二)职业概况

我国孤残儿童福利事业已经走过半个多世纪的历程,在这漫长的岁月中,陪伴孤残儿童成长、承担孤残儿童照料工作的是孤残儿童护理员。他们每天面对的是遗弃儿、孤儿和有智力障碍、运动功能残疾、各种先天或后天疑难杂症的孤残儿童。他们既要负责这些儿童的基本生活照料,又要进行辅助医疗保健工作,同时还要承担康复与特殊教育的辅助工作。他们用心血和汗水抚育着这些受伤的幼苗,使孤残儿童在这里找回了快乐与幸福,为孤残儿童福利事业的发展作出了重要贡献。

据2005年的统计,我国约有孤残儿童57.3万人,而承担孤残儿童照料工作的护理员在福利机构仅有3.3万多人,远远不能满足社会对孤残儿童护理员的需求。由于孤残儿童的数量呈逐年增多之势,我国对孤残儿童护理员的需求量还会大大增加。而且孤残儿童护理员的工作日趋专业化,从以往单纯提供生活照料逐渐向满足孤残儿童的全面发展需求转变。然而,目前我国的孤残儿童护理员无论从数量上还是从业务技术水平上都难以满足这一需要。确立孤残儿童护理员这一新职业,对于改变这种状况,满足我国儿童福利事业健康、有序发展的需要具有举足轻重的作用。

二、婚姻家庭咨询师

(一)职业定义

婚姻家庭咨询师,是为在恋爱、婚姻、家庭生活中遇到各种问题的求助者提供咨询服务的人员,其主要工作内容为:

(1)对未婚或已婚者进行情感咨询。

(2)对未婚男女进行婚前咨询与辅导。

(3)提供夫妻关系调适的咨询与辅导。

(4)提供家庭人际关系调适的咨询与辅导。

(5)帮助当事人排解各种婚姻、家庭危机。

(6)提供父母自我教育及亲子教育的咨询与辅导。

(7)对离婚与再婚者提供咨询与辅导。

(8)提供家庭健康、安全方面的咨询与辅导。

(二)职业概况

在西方发达国家和我国港澳台地区,活跃着许多拥有职业认证的婚姻家庭咨询师,他们为在恋爱、婚姻、家庭生活中遇到问题的求助者提供咨询服务,有效地帮助人们解除各种婚恋困扰。一般而言,平均每300个家庭就有1名婚姻家庭咨询师,美国目前有接近20万名婚姻家庭咨询师,服务着8000万个家庭,而且咨询师的数量每年都在迅速增长。婚姻家庭咨询师是受人尊敬、社会地位高、收入高、工作时间灵活的高端职业。

长期以来,由于我国没有专业认证的婚姻家庭咨询师,婚姻家庭咨询工作不得不由各级妇联、工会、共青团组织以及计生委等机构的工作人员和其他社会工作者来承担,远远无法满足社会的巨大需求。我国有13亿人口,3.7亿个家庭,仅城市家庭数量就达到1.1亿个,而绝大多数人都要经历择偶、恋爱、结婚、建立家庭、养育子女的过程。当前,人们对生活质量、夫妻感情、家庭幸福的要求不断提升。但是,面对择偶困惑、恋爱挫折、婚姻动荡、家庭不和、青少年成长危机等现象,许多人产生了困惑,出现了种种问题。许许多多遇到婚姻家庭问题的当事人求助无门,甚至为此酿成个人生活悲剧。因此,婚姻家庭咨询拥有巨大的市场需求,仅按城市人口计算,职业缺口就在40万以上。

三、生殖健康咨询师

(一)职业定义

生殖健康咨询师,是在生殖健康领域为个人、家庭或群体提供计划生育、优生优育、母婴保健等方面信息,开展生殖健康教育,诊断生殖健康水平,帮助人们制订生殖保健促进计划并协助落实的人员,其主要工作内容是:

(1)进行人口国情和生育政策的宣传咨询。

(2)提供生殖健康咨询与服务,包括计划生育、不孕不育、优生优育、孕产妇及母婴保健、出生缺陷、性传播疾病和艾滋病预防、性心理健康和性保健等。

(3)开展社区和家庭健康教育,开展针对相关疾病的科普咨询。

(4)维护人口和生殖健康权利,落实知情选择、免费服务、奖励扶助等政策,开展有关手术并发症和病残儿鉴定的咨询。

(5)提供信息服务,收集人口和生殖健康相关信息,分析和确定服务项目,制订生殖健康促进规划,开展咨询、服务、干预的效果评估。

(二)职业概况

我国实行计划生育30年来,人口和计划生育工作形成了中央、省、地、县、乡、村六级技术服务队伍。这支队伍立足社区和家庭,面向健康与亚健康人群,落实宣传教育、技术服务、人员培训、药具发放和信息咨询等职能,实施计划生育和生殖健康促进计划,每年实施长效避孕术1000多万例,发放避孕套、避孕药1000多万人份,避免了大量的意外妊娠及手术并发症,为数以亿计的家庭提供进村入户的咨询指导和随访服务,取得了显著的社会效益。

目前,生殖健康咨询服务人员分布在人口和计划生育系统、妇幼保健系统、民政部门和妇联、共青团、残联等社会团体以及非政府组织、各类生殖健康医院、成人保健药房等机构。人口和计划生育系统有100万村级咨询服务人员,其中县乡以上咨询服务人员超过16万,妇幼保健等系统从业人员在3万左右。

从总体情况看,目前的从业人员素质参差不齐。人口和计划生育系统偏重计划生育、避孕节育、优生优育等方面的服务,而出生缺陷和生殖道感染干预、性传播疾病及艾滋病预防、性心理和性保健等方面的工作相对滞后,提供咨询服务的能力也相对有限;其他机构从业人员则缺乏人口和生殖健康咨询方面的系统培训,知识和技能水平难以满足咨询工作需要。"十一五"期间是我国人口和计划生育队伍职业化建设的重要时期,设立生殖健康咨询师这一新职业,建立相应的职业资格证书制度,对于加强生殖健康咨询师队伍建设、提高我国的人口素质、落实以人为本的科学发展观、构建社会主义和谐社会具有重要意义。

四、手语翻译员

(一)职业定义

手语翻译员是以手语、口语为交流手段,在听障人士与健听人士之间进行传译服务的人员,其主要工作内容有:

(1)为听障人士提供将口语翻译成手语的服务。

(2)为健听人士提供将手语翻译成口语的服务。

(3)直接用手语与听障人士进行交流。

(二)职业概况

手语是听障人士和健听人士之间实现有效沟通的桥梁。自20世纪80年代以来,美国、英国、加拿大、瑞典、挪威、丹麦、日本等发达国家陆续将手语作为一种独立的语言纳入国家教育体系,美国、英国、澳大利亚等国家建立了一套比较完整的关于手语翻译的培训、测试和鉴定体系,有的国家还成立了国家级手语翻译机构。据统计,目前我国听障人士至少有2057万。而我国手语行业发展缓慢,除少数师范类高等院校在特殊教育专业中开设手语课外,手语教育(包括社会培训)力量薄弱,高水平的手语翻译人员严重不足。

手语翻译人员职业的确立,对于创造无障碍交流的社会人文环境将起到积极的推动作用。2007年世界特殊奥林匹克运动会、2008年北京奥运会及2010年上海世博会等一系列重大国际活动的举行,尤其突显出手语翻译职业的重要性和广阔的发展前景。

五、灾害信息员

(一)职业定义

灾害信息员是从事灾害信息的收集、传递、整理、分析、发布等工作的人员,其主要工作内容是:

(1)及时获取并汇总分析灾害发生和发展情况。

(2)及时向上级灾害管理部门报送相关灾害信息。

(3)对有关灾害情况进行全面核定。

(4)对有关灾害情况进行处理、分析、评估,并编写有关报告。

(二)职业概况

我国是世界上自然灾害发生最为严重的少数国家之一,灾害种类多、发生频率高、分布地域广、造成的损失大。近年来,我国进入新的灾害多发期,灾害造成的损失有明显增大的趋势。因此,迫切需要尽快提高灾害信息的收集、处理和分析水平,为快速减灾救灾提供准确依据。

目前,我国各级灾害管理部门从事灾害信息管理工作的人员仅有5万人,不仅人数少,而且专业化程度较低,远远不能适应党中央国务院提出的加强国家应急体系建设的需要。按照今后在村级建立灾害信息员工作制度的要求,我国至少还需要15万名灾害信息管理人员。灾害信息员新职业的确立,对于培养一大批高水平、专业化的灾害信息管理人才,全面提高我国的灾害管理水平将提供有力支持。

社会福利行业和职业标准
SOCIAL WELFARE
service and professional standards

社会福利规范篇

第五章　社会福利资金行业规范

第一节　公益事业捐赠

公益事业捐赠是指自然人、法人或者其他组织,自愿无偿向依法成立的公益性社会团体和公益性非营利的事业单位捐赠财产用于公益事业。公益事业捐赠是社会福利资金的重要来源,也是普通公民参与社会福利事业的重要途径。1999 年 6 月 28 日,全国人大常委会通过《中华人民共和国公益事业捐赠法》,使公益事业捐赠走上规范化、法制化的道路。所谓公益事业是指非营利的下列事项:(一)救助灾害、救济贫困、扶助残疾人等帮助困难的社会群体和个人的活动;(二)教育、科学、文化、卫生、体育事业;(三)环境保护、社会公共设施建设;(四)促进社会发展和进步的其他社会公共和福利事业。

一、公益事业捐赠的原则

1. 自愿无偿原则。捐赠应当是自愿的、无偿的,禁止强行摊派或者变相摊派,不得以捐赠为名从事营利活动。

2. 尊重捐赠人愿意的原则。捐赠财产的使用应当尊重捐赠人的意愿,符合公益目的,不得将捐赠财产挪作他用。

3. 合法、公序良俗原则。捐赠应当遵守法律、法规,不得违背社会公德,不得损害公共利益和其他公民的合法权益。

4. 受赠财产不受侵犯原则。公益性社会团体受赠的财产及其增值为社会公共财产,受国家法律保护,任何单位和个人不得侵占、挪用和损毁。

5. 国家扶持原则。国家鼓励公益事业的发展,对公益性社会团体和公益性非营利的事业单位给予扶持和优待。国家鼓励自然人、法人或者其他组织对公益事业进行捐赠,对公益事业捐赠有突出贡献的自然人、法人或者其他组织,由人民政府或者有关部门予以表彰。

二、捐赠和受赠

(一)捐赠和受赠的主体

自然人、法人或者其他组织可以选择符合其捐赠意愿的公益性社会团体和公益性非营利的事业单位进行捐赠，捐赠的财产应当是其有权处分的合法财产。公益性社会团体是指依法成立的，以发展公益事业为宗旨的基金会、慈善组织等社会团体。公益性非营利的事业单位是指依法成立的，从事公益事业的不以营利为目的的教育机构、科学研究机构、医疗卫生机构、社会公共文化机构、社会公共体育机构和社会福利机构等。公益性社会团体和公益性非营利的事业单位可以依法接受捐赠。

在发生自然灾害时，或者境外捐赠人要求县级以上人民政府及其部门作为受赠人时，县级以上人民政府及其部门可以接受捐赠，并依法对捐赠财产进行管理。县级以上人民政府及其部门可以将受赠财产转交公益性社会团体或者公益性非营利的事业单位；也可以按照捐赠人的意愿，分发或者兴办公益事业，但是不得以本机关为受益对象。

（二）捐赠协议

捐赠人可以与受赠人就捐赠财产的种类、质量、数量和用途等内容订立捐赠协议。捐赠人有权决定捐赠的数量、用途和方式，其应当依法履行捐赠协议，按照捐赠协议约定的期限和方式将捐赠财产转移给受赠人。捐赠人捐赠财产兴建公益事业工程项目的，应当与受赠人订立捐赠协议，对工程项目的资金、建设、管理和使用作出约定。

（三）公益事业工程项目

捐赠的公益事业工程项目由受赠单位按照国家有关规定办理项目审批手续并组织施工，或者由受赠人和捐赠人共同组织施工，工程质量应当符合国家质量标准。捐赠的公益事业工程项目竣工后，受赠单位应当将工程建设、建设资金的使用和工程质量验收情况向捐赠人通报。

捐赠人对于捐赠的公益事业工程项目可以留名纪念。捐赠人单独捐赠的工程项目或者主要由捐赠人出资兴建的工程项目，可以由捐赠人提出工程项目的名称，报县级以上人民政府批准。

三、捐赠财产的使用和管理

受赠人接受捐赠后，应当向捐赠人出具合法、有效的收据，并将受赠财产登记造册，妥善保管。随后，公益性社会团体应当将受赠财产用于资助符合其宗旨的活动和事业。对于接受的救助灾害的捐赠财产，应当及时用于救助活动。其中，基金会每年用于资助公益事业的资金数额不得低于国家规定的比例。另外，公益性社会团体应当严格遵守国家的有关规定，按照合法、安全、有效的原则，积极实现捐赠财产的保值增值。

而公益性非营利的事业单位应当将受赠财产用于发展本单位的公益事业，不得挪作他用。对于不易储存、运输和超过实际需要的受赠财产，受赠人可以变卖,但所取得的全部收入应当用于捐赠目的。

受赠人与捐赠人订立了捐赠协议的,应当按照协议约定的用途使用捐赠财产,不得擅自改变捐赠财产的用途。如果确需改变用途的,应当征得捐赠人的同意。

受赠人应当依照国家有关规定,建立健全财务会计制度和受赠财产的使用制度,加强对受赠财产的管理。受赠人每年度应当向政府有关部门报告受赠财产的使用、管理情况,接受监督。必要时,政府有关部门可以对其财务状况进行审计。

捐赠人有权向受赠人查询捐赠财产的使用、管理情况,并提出意见和建议。对于捐赠人的查询,受赠人应当如实答复。同时,受赠人应当公开接受捐赠的情况和受赠财产的使用、管理情况,接受社会监督。公益性社会团体应当厉行节约,降低管理成本,工作人员的工资和办公费用从利息等收入中按照国家规定的标准开支。

四、优惠措施

公司和其他企业依法捐赠财产用于公益事业的,可依照法律、行政法规的规定享受企业所得税方面的优惠;自然人和个体工商户依法捐赠财产用于公益事业的,可依照法律、行政法规的规定享受个人所得税方面的优惠;境外向公益性社会团体和公益性非营利的事业单位捐赠的用于公益事业的物资,依照法律、行政法规的规定可以减征或者免征进口关税和进口环节的增值税。对于捐赠的工程项目,当地人民政府应当给予支持和优惠。

第二节　救灾捐赠管理

为了规范救灾捐赠活动,加强救灾捐赠款物的管理,保护捐赠人、救灾捐赠受赠人和灾区受益人的合法权益,根据《中华人民共和国公益事业捐赠法》,2000 年 5 月 12 日民政部发布了《救灾捐赠管理暂行办法》。

一、救灾捐赠概述

(一)捐赠人、受赠人和受益人

任何法人、自然人和其他组织都可以自愿捐赠自己有处分权的财产,成为救灾捐赠的捐赠人。而救灾捐赠受赠人指在自然灾害中受灾的自然人、法人和其他组织,包括县级以上人民政府民政部门,以及经县级以上人民政府民政部门认定的具有救灾宗旨的公益性社会团体。

（二）救灾捐赠款物的使用范围

1. 解决灾民无力克服的衣、食、住、医等生活困难。
2. 紧急抢救、转移和安置灾民。
3. 灾民倒塌房屋的恢复重建。
4. 捐赠人指定的与救灾直接相关的用途。
5. 其他直接用于救灾方面的必要开支。

（三）救灾捐赠的管理

国务院民政部门负责管理全国救灾捐赠工作，县级以上地方人民政府民政部门负责管理本行政区域内的救灾捐赠工作。在发生特大自然灾害时，国务院民政部门可组织开展跨省（自治区、直辖市）或者全国性的救灾捐赠活动，县级以上地方人民政府民政部门组织实施。在本行政区域发生较大自然灾害的情况下，经同级人民政府批准，县级以上地方人民政府民政部门组织开展本行政区域内的救灾捐赠活动，但不得跨区域开展。县级以上人民政府民政部门可统一组织救灾捐赠工作，各系统、各部门只能在本系统、本单位内组织救灾捐赠活动。

二、接受捐赠

县级以上人民政府民政部门接受救灾捐赠款物，可以根据工作需要指定专门机构或者设立临时机构组织实施。乡（镇）人民政府、城市街道办事处受县（县级市、市辖区）人民政府委托，可以组织代收本行政区域内村民、居民及在驻单位的救灾捐赠款物。救灾捐赠受赠人应当向社会公布其名称、地址、银行账号等。

自然人、法人或者其他组织可以向救灾捐赠受赠人捐赠其有权处分的合法财产。法人或者其他组织捐赠其自产或者外购商品的，应当提供相应的发票及证明物品质量的资料。捐赠人捐赠的药品、生物化学制品应当符合国家医药监督管理和卫生行政部门的有关规定。

救灾捐赠受赠人接受救灾捐赠款物时，应当确认银行票据，当面清点现金，验收物资。捐赠人所捐款物不能当场兑现的，救灾捐赠受赠人应当与捐赠人签订载明捐赠款物种类、质量、数量和兑现时间等内容的捐赠协议。救灾捐赠受赠人接受救灾捐赠款物后，应当向捐赠人出具凭证。救灾捐赠情况由县级以上人民政府民政部门向社会公布。

三、境外救灾捐赠

国务院民政部门负责对境外通报灾情，表明接受境外救灾捐赠的态度，确定受援区域。除非法律、法规另有规定，未经国务院民政部门批准，任何部门、单位和个人不得对境外通报灾情或者呼吁救灾援助。

国务院民政部门负责接受境外对中央政府的救灾捐赠。县级以上地方人民政府民政部门负责接受境外对地方政府的救灾捐赠。经认定具有救灾宗旨的公益性社会团体可以接受境外救灾捐赠,但应当报民政部门备案。

救灾捐赠受赠人接受的外汇救灾捐赠款应当全部结售给指定的外汇银行。境外救灾捐赠物资的检验、检疫、免税和进境,按照国家的有关规定办理。对免税进口的救灾捐赠物资,不得以任何形式转让、出售、出租或者移作他用。

四、救灾捐赠款物的管理和使用

救灾捐赠受赠人应当对救灾捐赠款指定账户、专项管理,对救灾捐赠物资建立分类登记表册。经认定具有救灾宗旨的公益性社会团体接受救灾捐赠款物的情况应当报民政部门,由民政部门负责统计汇总、制订分配方案。

在国务院民政部门组织开展的跨省(自治区、直辖市)或者全国性救灾捐赠活动中,县级以上地方人民政府民政部门应当将接受的救灾捐赠款逐级上划,将接受的救灾捐赠物资清单分批逐级上报,由国务院民政部门统一分配、调拨。县级以上地方人民政府民政部门组织开展救助本行政区域灾区的救灾捐赠活动时,接受的救灾捐赠款物由县级以上地方人民政府民政部门负责分配、调拨,并报上一级人民政府民政部门备案。

国务院民政部门负责调拨的救灾捐赠物资,属境外捐赠的,其运抵口岸后的运输等费用由受援地区负担;属境内捐赠的,由捐赠方负担。县级以上地方人民政府民政部门负责调拨的救灾捐赠物资,运输、临时仓储等费用由地方同级财政负担。

救灾捐赠款物由县级以上人民政府民政部门根据灾情和灾区实际需求,统筹平衡,统一调拨分配。对捐赠人指定救灾捐赠款物用途或者受援地区的,应当按照捐赠人意愿使用。在捐赠款物过于集中同一地方的情况下,经捐赠人同意,省级以上人民政府民政部门可以调剂分配。

发放救灾捐赠款物时,应当坚持民主评议、登记造册、张榜公布、公开发放等程序,做到账目清楚、手续完备、制度健全,并向社会公布。县级以上人民政府民政部门应当会同监察、审计等部门,及时对救灾捐赠款物的使用发放情况进行监督检查。捐赠人有权向救灾捐赠受赠人查询救灾捐赠财产的使用、管理情况,并提出意见和建议。对于捐赠人的查询,救灾捐赠受赠人应当如实答复。

对灾区不适用的境内救灾捐赠物资,经捐赠人书面同意,报省级人民政府民政部门批准后可以变卖。变卖救灾捐赠物资应当由省级人民政府民政部门统一组织实施,其所得款必须作为救灾捐赠款管理、使用,不得挪作他用。可重复使用的救灾捐赠物资,县级以上地方人民政府民政部门应当及时回收、妥善保管,作为地方救灾物资储备。

第三节 基金会管理

早在1988年国务院就颁布了《基金会管理办法》,但是随着社会主义市场经济体制的逐步确立,该办法已不能适应公益事业发展的需要。2004年2月11日,国务院通过《基金会管理条例》,于同年6月1日起施行。与《基金会管理办法》相比,这一条例的内容更加详实,体系更加完整,主要体现在:强调基金会的公益性质,使基金会与其他管理信托投资基金、以营利为目的的基金管理组织以及其他民间互益组织区别开来;确立了分类管理的原则,鼓励社会各方面的力量参与公益事业;适应改革开放的新形势,将涉外基金会纳入基金会法律规定的管理范围;鼓励基金会募集资金,从事公益活动,形成自身资金运行的良性循环机制;确立了公开、透明的原则,进一步完善了监督管理机制;明确税收优惠原则,加大税收监管力度。

一、基金会概述

(一)基金会及其分类

基金会是指利用自然人、法人或者其他组织捐赠的财产,以从事公益事业为目的,依法成立的非营利性法人。基金会分为面向公众募捐的基金会(公募基金会)和不得面向公众募捐的基金会(非公募基金会)。其中,公募基金会按照募捐的地域范围,分为全国性公募基金会和地方性公募基金会。基金会必须遵守法律、法规、规章和国家政策,不得危害国家安全、统一和民族团结,不得违背社会公德。基金会依照章程从事公益活动,应当遵循公开、透明的原则。

(二)基金会的登记管理

国务院民政部门和省、自治区、直辖市人民政府民政部门是基金会的登记管理机关。国务院民政部门负责下列基金会、基金会代表机构的登记管理工作:

1. 全国性公募基金会。

2. 拟由非内地居民担任法定代表人的基金会。

3. 原始基金超过2000万元,发起人向国务院民政部门提出设立申请的非公募基金会。

4. 境外基金会在中国内地设立的代表机构。

省、自治区、直辖市人民政府民政部门负责本行政区域内地方性公募基金会和不属于前款规定情况的非公募基金会的登记管理工作。

国务院有关部门或者国务院授权的组织，是国务院民政部门登记的基金会、境外基金会代表机构的业务主管单位。省、自治区、直辖市人民政府有关部门或者省、自治区、直辖市人民政府授权的组织，是省、自治区、直辖市人民政府民政部门登记的基金会的业务主管单位。

二、基金会的设立、变更和注销

(一)基金会的设立

设立基金会，应当具备下列条件：

1. 为特定的公益目的而设立。

2. 全国性公募基金会的原始基金不低于800万元人民币，地方性公募基金会的原始基金不低于400万元人民币，非公募基金会的原始基金不低于200万元人民币；原始基金必须为到账货币资金。

3. 有规范的名称、章程、组织机构以及与其开展活动相适应的专职工作人员。

4. 有固定的住所。

5. 能够独立承担民事责任。

申请设立基金会，申请人应当向登记管理机关提交下列文件：

1. 申请书。

2. 章程草案。

3. 验资证明和住所证明。

4. 理事名单、身份证明以及拟任理事长、副理事长、秘书长简历。

5. 业务主管单位同意设立的文件。

基金会章程必须明确基金会的公益性质，不得规定使特定自然人、法人或者其他组织受益的内容。

登记管理机关应当自收到本条例第九条所列全部有效文件之日起60日内，作出准予或者不予登记的决定。准予登记的，发给《基金会法人登记证书》；不予登记的，应当书面说明理由。

(二)境外基金会登记

境外基金会在中国内地设立代表机构，应当经有关业务主管单位同意后，向登记管理机关提交下列文件：

1. 申请书。

2. 基金会在境外依法登记成立的证明和基金会章程。

3. 拟设代表机构负责人身份证明及简历。

4. 住所证明。

5. 业务主管单位同意在中国内地设立代表机构的文件。

登记管理机关应当自收到前款所列全部有效文件之日起60日内，作出准予或者不予登记的决定。准予登记的，发给《境外基金会代表机构登记证书》；不予登记的，应当书面说明理由。

境外基金会代表机构应当从事符合中国公益事业性质的公益活动。境外基金会对其在中国内地代表机构的民事行为，依照中国法律承担民事责任。

（三）变更登记

基金会、基金会分支机构、基金会代表机构或境外基金会代表机构的登记事项需要变更的，应当向登记管理机关申请变更登记。基金会修改章程的，应当征得其业务主管单位的同意，并报登记管理机关核准。

（四）基金会的注销登记

基金会、境外基金会代表机构有下列情形之一的，应当向登记管理机关申请注销登记：

1. 按照章程规定终止的。

2. 无法按照章程规定的宗旨继续从事公益活动的。

3. 由于其他原因终止的。

基金会撤销其分支机构、代表机构的，应当向登记管理机关办理分支机构、代表机构的注销登记。基金会注销的，其分支机构、代表机构同时注销。基金会在办理注销登记前，应当在登记管理机关、业务主管单位的指导下成立清算组织，完成清算工作。基金会应当自清算结束之日起15日内向登记管理机关办理注销登记，其在清算期间不得开展清算以外的活动。基金会、基金会分支机构、基金会代表机构以及境外基金会代表机构的设立、变更、注销登记，由登记管理机关向社会公告。

三、组织机构

（一）理事会

基金会设理事会，理事为5～25人，理事任期由章程规定，但每届任期不得超过5年。理事任期届满，连选可以连任。用私人财产设立的非公募基金会，相互间有近亲属关系的基金会理事总数不得超过理事总人数的1/3；其他基金会，具有近亲属关系的不得同时在理事会任职。在基金会领取报酬的理事不得超过理事总人数的1/3。理事会设理事长、副理事长和秘书长，从理事中选举产生，理事长是基金会的法定代表人。

理事会是基金会的决策机构，依法行使章程规定的职权。理事会每年至少召开两次会议，会议须有2/3以上理事出席方能召开；理事会决议须经出席理事过半数通过方为有效。

下列重要事项的决议，须经出席理事表决，2/3以上通过方为有效：

1. 章程的修改。
2. 选举或者罢免理事长、副理事长、秘书长。
3. 章程规定的重大募捐、投资活动。
4. 基金会的分立、合并。

（二）监事

基金会设监事。监事任期与理事任期相同。理事、理事的近亲属和基金会财会人员不得兼任监事。监事依照章程规定的程序检查基金会财务和会计资料，监督理事会遵守法律和章程的情况。监事列席理事会会议，有权向理事会提出质询和建议，并应当向登记管理机关、业务主管单位以及税务、会计主管部门反映情况。

（三）理事会任职人员的任职条件

基金会理事长、副理事长和秘书长不得由现职国家工作人员兼任。基金会的法定代表人不得同时担任其他组织的法定代表人。公募基金会和原始基金来自中国内地的非公募基金会的法定代表人，应当由内地居民担任。

因犯罪被判处管制、拘役或者有期徒刑，刑期执行完毕之日起未逾5年的，因犯罪被判处剥夺政治权利正在执行期间或者曾经被判处剥夺政治权利的，以及曾在因违法被撤销登记的基金会担任理事长、副理事长或者秘书长且对该基金会的违法行为负有个人责任，自该基金会被撤销之日起未逾5年的，不得担任基金会的理事长、副理事长或者秘书长。

基金会理事在个人利益与基金会利益有关联时，不得参与相关事宜的决策；基金会理事、监事及其近亲属不得与其所在的基金会有任何交易行为。监事和未在基金会担任专职工作的理事不得从基金会获取报酬。

担任基金会理事长、副理事长或者秘书长的香港居民、澳门居民、台湾居民、外国人以及境外基金会代表机构的负责人，每年在中国内地居留时间不得少于3个月。

四、财产的管理和使用

基金会组织募捐、接受捐赠应当符合章程规定的宗旨和公益活动的业务范围。境外基金会代表机构不得在中国境内组织募捐、接受捐赠。公募基金会组织募捐，应当向社会公布募得资金后拟开展的公益活动和资金的详细使用计划。

基金会及其捐赠人、受益人依照法律、行政法规的规定享受税收优惠。基金会的财产及其他收入受法律保护，任何单位和个人不得私分、侵占、挪用。

基金会应当根据章程规定的宗旨和公益活动的业务范围使用其财产。捐赠协议明确了具体使用方式的捐赠，根据捐赠协议的约定使用；接受捐赠的物资无法用于符合其宗旨的用途时，基金会可以依法拍卖或者变卖，所得收入用于捐赠目的。

基金会应当按照合法、安全、有效的原则实现基金的保值、增值。公募基金会每年用于从事章程规定的公益事业支出，不得低于上一年总收入的70%；非公募基金会每年用于从事章程规定的公益事业支出，不得低于上一年基金余额的8%。基金会工作人员工资福利和行政办公支出不得超过当年总支出的10%。

基金会开展公益资助项目，应当向社会公布其开展的公益资助项目种类以及申请、评审程序。基金会可以与受助人签订协议，约定资助方式、资助数额以及资金用途和使用方式。基金会有权对资助的使用情况进行监督。受助人未按协议约定使用资助或者有其他违反协议情形的，基金会有权解除资助协议。

五、监督管理

基金会登记管理机关履行下列监督管理职责：

1. 对基金会、境外基金会代表机构实施年度检查。

2. 对基金会、境外基金会代表机构依照本条例及其章程开展活动的情况进行日常监督管理。

3. 对基金会、境外基金会代表机构违反本条例的行为依法进行处罚。

基金会业务主管单位履行下列监督管理职责：

1. 指导、监督基金会、境外基金会代表机构依据法律和章程开展公益活动。

2. 负责基金会、境外基金会代表机构年度检查的初审。

3. 配合登记管理机关、其他执法部门查处基金会、境外基金会代表机构的违法行为。

第四节　基金会年度检查和信息公布

为加强对基金会和境外基金会代表机构的管理，促进公益事业发展，根据《基金会管理条例》，民政部于2005年12月27日通过《基金会年度检查办法》和《基金会信息公布办法》，对基金会的年度检查和信息公布作了详细规定。

一、年度检查

（一）年度检查概念

基金会年度检查，是指基金会登记管理机关依法按年度对基金会、境外基金会代表机构遵守法律、法规、规章和章程开展活动的情况实施监督管理的制度。基金会、境外基金会代表机构应当于每年3月31日前向登记管理机关报送经业务主管单位审查同意的上一年度的年度工作报告，接受登记管理机关检查。

（二）年度工作报告

年度工作报告的内容应当包括：财务会计报告，注册会计师审计报告，开展募捐、接受捐赠、提供资助等活动的情况以及人员和机构的变动情况等。财务会计报告应当符合《民间非营利组织会计制度》规定的内容和要求；注册会计师审计报告，应当有注册会计师事务所统一受理并与被审计的基金会、境外基金会代表机构签订委托合同的证明；开展募捐、接受捐赠、提供资助等活动的情况应当含有基金会履行信息公布义务的情况；人员和机构变动情况应当有按照规定办理变更登记的情况以及基金会换届的会议纪要和更换法定代表人之前进行财务审计的情况等。年度检查过程中，登记管理机关可以要求基金会、境外基金会代表机构或者有关人员就年度工作报告中涉及的有关问题进行补充说明，必要时可以进行实地检查。

（三）年度检查结果

经登记管理机关审查，基金会、境外基金会代表机构在上一年度遵守法律、法规、规章和章程的情况良好，没有违法违规情形的，认定为年检合格。基金会、境外基金会代表机构有下列情形之一的，登记管理机关应当视情节轻重分别作出年检基本合格、年检不合格的结论：

1. 违反《条例》第三十九条第二款规定，不按照捐赠协议使用捐赠财产的。

2. 违反《条例》第四十条规定，擅自设立基金会分支机构、代表机构的。

3. 具有《条例》第四十二条规定的应当给予行政处罚的情形之一的。

4. 违反《条例》第四十三条第二款规定，基金会理事、监事及专职工作人员私分、侵占、挪用基金会财产的。

5. 违反《条例》关于基金会组织机构管理方面有关规定的。

登记管理机关作出基本合格或者不合格年检结论后，应当责令该基金会或者境外基金会代表机构限期整改，并视情况依法给予行政处罚。年度检查不合格的基金会、境外基金会代表机构在整改期间，登记管理机关不准予变更名称或者业务范围，不准予设立分支机构或者代表机构。登记管理机关应当提请税务机关责令其补交违法行为存续期间所享受的税收减免。对符合法定撤销条件的基金会，登记管理机关应当依法撤销登记。

（四）年度检查公告

基金会、境外基金会代表机构无正当理由不参加年检的，由登记管理机关责令其停止活动，并向社会公告。基金会、境外基金会代表机构连续两年不接受年检的，由登记管理机关依法撤销其登记。完成年度检查后，登记管理机关应当向社会公告年度检查结果，并向业务主管单位通报。基金会、境外基金会代表机构应当在通过登记管理机关的年度检查后，将年度工作报告在登记管理机关指定的媒体上公布，接受社会公众的查询、监督。

二、基金会信息公布

（一）信息公布概述

信息公布是指基金会、境外基金会代表机构按照法律、法规和主管部门的规定，将其内部信息和业务活动信息通过媒体向社会公布的活动。基金会、境外基金会代表机构是信息公布义务人。信息公布义务人公布的信息资料应当真实、准确、完整，不得有虚假记载、误导性陈述或者重大遗漏。信息公布义务人应当保证捐赠人和社会公众能够快捷、方便地查阅或者复制公布的信息资料。

（二）信息公布的内容

信息公布义务人应当向社会公布的信息包括：

1. 基金会、境外基金会代表机构的年度工作报告。
2. 公募基金会组织募捐活动的信息。
3. 基金会开展公益资助项目的信息。

信息公布义务人应当在每年 3 月 31 日前，向登记管理机关报送上一年度的年度工作报告。登记管理机关审查通过后 30 日内，信息公布义务人按照统一的格式要求，在登记管理机关指定的媒体上公布年度工作报告的全文和摘要。信息公布义务人的财务会计报告，未经审计不得对外公布。

公募基金会组织募捐活动，应当公布募得资金后拟开展的公益活动和资金的详细使用计划。在募捐活动持续期间内，应当及时公布募捐活动所取得的收入和用于开展公益活动的成本支出情况。募捐活动结束后，应当公布募捐活动取得的总收入及其使用情况。

基金会开展公益资助项目，应当公布所开展的公益项目种类以及申请、评审程序。评审结束后,应当公布评审结果并通知申请人。公益资助项目完成后,应当公布有关的资金使用情况。事后对项目进行评估的,应当同时公布评估结果。对于公共媒体上出现的对信息公布义务人造成或者可能造成不利影响的消息,信息公布义务人应当公开说明或者澄清。

(三)信息公布管理

除年度工作报告外,信息公布义务人公布信息时,可以选择报刊、广播、电视或者互联网作为公布信息的媒体。信息公布所使用的媒体应当能够覆盖信息公布义务人的活动地域。公布的信息内容中,应当注明信息公布义务人的基本情况和联系、咨询方式。

信息公布义务人应当建立健全信息公布活动的内部管理制度,并指定专人负责处理信息公布活动的有关事务。对于已经公布的信息,应当制作信息公布档案,并妥善保管。信息公布义务人公布有关活动或者项目的信息,应当持续至活动结束或者项目完成。信息一经公布,信息公布义务人不得任意修改;确需修改的,应当严格履行内部管理制度的程序,在修改后重新公布,并说明理由,声明原信息作废。信息公布义务人应当将信息公布活动的情况如实反映在年度工作报告中,接受登记管理机关监督检查。登记管理机关依法对信息公布活动进行监督管理,建立信息公布义务人的诚信记录。信息公布义务人不履行信息公布义务或者公布虚假信息的,由登记管理机关责令改正,并依法给予行政处罚。

第五节　福利彩票管理

彩票是一种为社会公益事业筹集资金的重要工具,发行彩票是汇集闲散资金、弥补国家财政不足、有效解决社会福利和社会难点问题的国际通行做法。目前全世界有120多个国家和地区发行彩票,大都制定了专门的彩票法律。1987年,经国务院批准,中国社会福利有奖募捐委员会成立,成为新中国第一个全国性的专业彩票发行机构。为了加强中国福利彩票的规范化管理,保护公民参与福利彩票活动的合法权益,更好地集资兴办社会福利事业,1994年12月,民政部发布《中国福利彩票管理办法》,就管理机构、发行与销售、资金分配、监督与处罚等内容作了规定。

一、福利彩票概述

福利彩票是指以筹集社会福利资金为目的而发行的印有号码、图形或文字,供人们自愿购买并按特定规则确定购买人获取或不获取奖金的有价凭证。该凭证必须冠以“中国福利彩票”字样,标明票面价格,印有发行单位和印制厂家名称。

福利彩票不还本金、不挂失、不能流通使用,其发行、销售及相关活动必须遵循公开、公正和公平的原则。

二、管理机构

民政部依法制定和发布福利彩票的管理制度,对全国福利彩票实施行政管理。中国社会福利有奖募捐委员会(以下简称中募委)是民政部领导的全国福利彩票的管理机构,行使下列职权:

(一)根据国务院的有关规定,决定福利彩票的类型、面值和资金分配比例。

(二)根据民政部的有关规定,决定社会福利资金的分配使用。

(三)根据中国人民银行的有关规定,决定福利彩票的发行额度和发行区域。

省、地、县三级福利有奖募捐委员会(以下简称地方募委)受当地民政部门的领导,接受上一级募委的业务指导,统一管理福利彩票在当地的发行销售,决定本级留成的社会福利资金的分配和使用。未经批准,地方募委不得独立发行任何彩票。

三、发行与销售

中募委所属中国福利彩票发行中心,负责全国福利彩票的发行、销售和资金结算,其职责是:

(一)根据国家有关规定,制定福利彩票的发行、销售、开支规则。

(二)审定福利彩票的制作方案并组织印制。

(三)向全国各地发行福利彩票,并组织、检查、监督各地的销售活动。

(四)按规定收缴各项资金。

省、地、县三级募委设立相应的发行机构。地方募委发行机构接受本级募委和上级发行的双重领导,具体实施福利彩票在当地的分销、零售、开奖及资金回收等工作。具有法人资格、资信良好并能提供担保的企业、事业单位和社会团体,经当地募委发行机构审查批准,可取得福利彩票代销权,从事福利彩票零售业务。

福利彩票坚持上市销售、自愿购买的原则,不得摊派或变相摊派。福利彩票必须按面值销售,任何单位和个人不得擅自改变面值。福利彩票由中国人民银行总行核准的彩票印制厂统一印制,任何单位和个人不得擅自印制。

福利彩票上市销售时,当地募委发行机构必须同时公布设奖方案、开奖和兑奖办法。开奖活动必须公开进行,并有公证人员现场公证,严格遵守开奖规则,杜绝一切舞弊行为。开奖之后,当地募委发行机构应及时通过新闻媒体将中奖情况在销售区域公告,并组织兑奖。福利彩票各级发行、销售机构的从业人员,以及直接参与福利彩票设计的人员,不得购买福利彩票和领取奖金。

四、彩票资金

福利彩票销售总额为彩票资金。彩票资金分解为奖金、管理资金和社会福利资金,其中:奖金不得低于彩票资金的50%,管理资金不得高于彩票资金的20%,社会福利资金不得低于彩票资金的30%。彩票资金依法纳税。

奖金用于奖励取得中奖资格的购票者,其兑付须遵守下列规定:

(一)奖金应在该种福利彩票规则规定的有效兑奖期之内兑付,过期视为中奖者自动弃奖。弃奖者没有领取的奖金,转入该种福利彩票下期奖金统一使用。

(二)奖金用人民币现金或等价的实物兑付,不得用其他有价证券或抵押凭证充抵。凡以实物作为奖品的,该实物必须是质量良好、市场畅销的名优产品,其计价不得高于当地市场零售中间价。

(三)十万元以上的大奖,奖金分期兑付,具体办法由该种福利彩票的规则规定。

(四)未成年人取得一千元以上奖金的,由其法定监护人兑取。

(五)中奖人死亡,由其法定继承人兑取。

(六)兑奖机构有权查验中奖人的中奖凭证及有效身份证件,兑奖者应配合。

管理资金主要用于彩票的设计制作、仓储运输、发行销售、开奖公证、风险担保、广告宣传以及相关设施设备的购置、租赁和维修等。管理资金由各级发行机构分级使用,其比例由中募委发行中心具体规定。管理资金的节余为各级发行机构的收入,主要用于改善印制、发行和销售条件,引进和研制专用技术设备以及有利于福利彩票发展的投资。

社会福利资金为福利彩票销售总额减去奖金和管理资金的净收入。筹集社会福利资金是发行福利彩票的目的。社会福利资金取之于民、用之于民,不得冲抵国家和地方财政预算安排的社会福利事业费支出。社会福利资金实行国家和地方分级留成使用的原则以及使用与销售挂钩的原则。

五、监督与处罚

中募委和地方募委各级发行机构的经营活动,应依法接受国家金融、财政、审计机关的监督。福利彩票每个发行年度结束后三个月内，各级募委应通过新闻媒体，发布福利彩票销售和社会福利资金使用公告，接受社会监督。对违反规定的单位和个人，由当地福利彩票发行机构报送政府有关部门或司法机关调查处理。福利彩票的各级管理、发行、销售机构及其从业人员，如有利用职务便利营私舞弊者，依法从重处罚。

第六节　社会福利基金使用管理

一、社会福利基金

社会福利基金，是指根据国家有关规定发行的中国福利彩票筹集的专项用于发展社会福利事业的预算外资金。社会福利基金收入包括：销售中的福利彩票总额扣除兑奖和管理费用后的净收入；彩票销售中不设奖池的弃奖收入；社会福利基金的银行存款利息。社会福利基金属于预算外资金，要纳入财政专户管理，实行收支两条线。据此，财政部、民政部共同研究制定了《社会福利基金使用管理暂行办法》，各级民政部门按规定管理和支配的社会福利基金适用该办法。

二、基金管理

社会福利基金实行按比例分级留成使用的原则。中央级留成比例为彩票销售总额的5%；省、地两级的留成比例不得超过彩票销售总额的5%；县级留成比例不得低于彩票销售总额的20%。社会福利基金必须全额纳入预算外资金财政专户管理，实行收支两条线。各级民政部门经同级财政部门批准，可在指定银行开设预算外资金收入过渡账户和支出账户。本着社会福利基金筹集与管理分开的原则，收入过渡账户和支出账户应归口民政财务部门管理。

各级彩票发行机构在彩票销售结算时，应按规定的留成比例计提社会福利基金，并在一个月内从结算账户转入本级预算外资金收入过渡账户。民政部门应按财政部门规定，及时将收入过渡户中的社会福利基金缴入同级财政专户，不得截留、挪用。存款利息、弃奖收入直接转入本级预算外资金收入过渡账户，不参与分成和上交。彩票代销单位必须将售票收入中计提的社会福利基金全额上交当地彩票发行机构，不得坐支、截留。

民政部门年初要按规定编制社会福利基金收支计划，报送同级财政部门。年终要编制社会福利基金收支决算，报同级财政部门审批。民政部门要按照财政部门规定的时间，将社会福利基金收入全额缴入同级财政部门在银行开设的预算外资金专户。支出时，由同级财政部门根据年度收支计划和民政部门的用款要求,及时办理社会福利基金的拨付。

三、基金使用

社会福利基金的使用必须严格执行国家有关法律、法规和财务规章制度,坚持勤俭节约和量入为出的原则。各级民政部门必须按照社会福利基金收支计划安排使用社会福利基金,不得超计划使用。社会福利基金当年投放率一般不低于70%,结余部分结转财政专户下年专项使用。

社会福利基金的使用范围:

(一)用于资助为老年人、残疾人、孤儿、革命伤残军人等特殊群体服务的社会福利事业,帮助有特殊困难的人,支持社区服务、社会福利企业和其他社会公益、慈善事业的发展。

(二)对老化、陈旧的社会福利设施和社会福利事业单位的维修和更新改造予以适当资助。

(三)对公众关注、有利于弘扬社会主义精神文明、能体现扶弱济困宗旨的其他社会公益事业给予适当资助,但全年资助总量应控制在本级留成社会福利基金的10%之内。

(四)同等条件下,社会福利基金要优先资助老、少、边、穷和灾区的社会福利事业。

按规定投放的社会福利基金,必须专款专用,任何单位和个人不得以任何形式挤占和挪用。资助数额较大的项目,应按项目的工程进度分期拨款。社会福利基金不得用于投资办企业(社会福利企业除外),不得拆借和委托放贷,不得参与股票和期货交易,也不得为任何单位的任何经济合同提供担保。

社会福利基金资助建设的社会福利设施,必须建立永久性标志,标明资助单位、资助金额、竣工时间等内容;社会福利基金资助购买的设备、器材也应标明捐赠字样。社会福利基金资助建设的社会福利设施因故变卖、转让,并因此改变服务性质的,其变价收入中与原社会福利基金资助数额相等的部分应归还社会福利基金。

四、审批程序

社会福利基金的分配与投放,由各级社会福利基金项目评审委员会(以下简称评委会)集体研究、民主决策、审查批准。申请社会福利基金资助的项目必须向评委会提供可行性研究报告、资金来源及落实情况、政府有关部门批件。其中属基本建设类的项目,必须具备完整的基建审批手续,列入当地基建计划,工程竣工后要向提供资助的工作机构报送竣工验收报告,并附有关资料。各级民政部门应将上述资料长期妥善保管。向上一级民政部门申请资助的项目,须先由本级评委会审议通过,并提交本级评委会的评审意见及申请报告。上级民政部门接到申请后,应进行考察初审、形成建议,再由评委会进行审议。对决定资助的项目,要下达批复通知并安排拨款。

五、监督检查

民政部门要定期向同级财政部门报送社会福利基金的收支、管理情况,接受财政、计划(物价)、金融、审计、监察等部门的监督检查。社会福利基金的管理、使用情况,要定期向社会公布,接受社会各界的监督。上级评委会对下级评委会要定期进行业务指导和监督检查。各级民政部门对受资助项目的社会福利基金使用情况,要定期进行监督检查,对违反使用规定的,可缓拨、停拨社会福利基金,直至收回已拨资金;对建成后改变基本功能转作非社会福利用途的,要责成有关部门严肃查处和纠正。

第六章　社区服务行业规范

第一节　社区服务示范城区标准

社区服务是在改革开放中发展起来的新兴社会服务业。1987 年，民政部开始倡导社区服务，并在部分城市开展社区服务试点工作。1993 年，民政部等 14 部委联合发布《关于加快发展社区服务业的意见》(民福发[1993]11 号)，极大地推动了社区服务业的发展。为加强对全国社区服务工作的宏观指导，探索新时期社区服务业改革与发展的基本模式，推动社区服务向高标准、规范化方向发展，民政部于 1995 年 12 月制定了《全国社区服务示范城区标准》。

一、示范城区的含义及总体要求

社区服务示范城区是指在城市社区服务工作中成绩优异，社会效益、经济效益显著，对全国社区服务发展具有典型示范作用的城区。社区服务示范城区标准适用于全国行政地级以上城市(含地级)的市辖区。

社区服务示范城区的总体要求：

(一)认真贯彻中央关于“积极发展社区服务，充实社会服务设施，方便人民生活”的精神，以建立健全社会保障制度和社会化服务体系、提高人民群众生活质量为目的。

(二)坚持社会福利属性，开创老有所养、幼有所托、孤有所抚、残有所助、贫有所济、难有所帮的福利服务新局面。

(三)走社会化道路，坚持国家、集体、个人一起兴办社区服务业，积极鼓励港澳台同胞、海外侨胞以及国外友好团体与个人在国内投资兴办社区服务业。

(四)在区政府的统一领导和民政部门的直接管理下，依托街道办事处(以下简称街道)、居民委员会(以下简称居委会)等组织，建立起与当地经济、社会发展相适应，且社会互助广泛开展、群众参与率较高、服务设施和项目齐全、服务质量和管理水平较高、服务效益较好的城市社会福利服务网络，满足社区居民的多种服务需求。

二、组织管理标准

区、街道分别建立政府领导、民政主管、各有关部门及辖区内企事业单位的代表参与的社区服务领导或协调机构，在民政部门建立办事机构，形成各相关部门齐抓共管、各负其责的管理体制。区、街道分别建立社区服务行业管理组织或社区服务指导中心，对不同运营性质的社区服务单位实行不同的管理方式，并有一套科学、合理的统计指标体系。

区制定社区服务发展规划，并纳入政府国民经济和社会发展规划或计划，街道制定年度工作计划，社区服务列入区政府和街道工作目标管理序列。区制定社区服务管理办法或实施细则，对社区服务单位实行认证制度，发放统一的社区服务单位证书，并实行年度检查。

区、街道和社区服务中心分别配备一定数量的行政或事业编制的专职社区服务人员，具体负责社区服务的组织管理工作。要重视社区服务的理论研究，开展经常性的舆论宣传。区每半年、街道每季度至少开展一次集中的社区服务宣传教育活动。

三、政策扶持和资金筹集标准

根据国务院十四部委《关于加快发展社区服务业的意见》的要求，对社区服务业发展的计划立项、财政补贴、设施建设规划、土地划拨、房屋租购、减免税费以及用工、分配制度等方面，全面落实了国家有关的扶持保护政策，结合本地实际制定了具体的规范性措施，并认真贯彻执行。

市政府积极资助社区服务，区、街道对社区服务业投入资金的平均年增长速度不低于区财政收入和街道收入的增长速度。区、街道福利基金利息收入的50%以上，居委会所办经济年产值的2%以上用于发展社区服务业。区、街道、居委会所属的社区服务单位年产值的6%以上投入自身社区服务业的再发展。当地社会福利有奖募捐对社区服务业的投入不断增加，区有奖募捐自留福利资金的60%以上用于发展社区服务。

鼓励社会企事业单位、个人以及港澳台同胞、海外侨胞和国外人士、团体等以各种形式投资兴办社区服务设施，评审周期内社会集资占全部社区服务发展资金的比例不少于20%。区、街道按每千人不低于400元的比例，分别建立社区服务发展基金。资金来源合法，使用合理，并实现有偿使用，滚动增值。

四、服务内容标准

社区服务项目的设置从社区居民的需求出发，确保福利服务首先满足老年人、残疾人、优抚对象、少年儿童等特殊、困难群体的特殊需要，同时合理安排经营服务项目，服务于社区全体居民。区、街道的福利服务形成托老养老、助残康复、拥军优属、扶贫济困、婚姻殡葬、少儿教育、治安防范等服务系列。区、街道的便民、利民服务形成生活服务、劳务介绍、文体娱乐等服务系列。区、街道、居委会开展社会互助活动广泛、经常，注重实效，并形成制度，分别做到每季度集中活动一次以上。

五、设施建设标准

区至少具有一所建筑面积1000平方米以上的具有指导、示范、辐射、培训等多功能的社区服务中心，其福利性、公益性服务项目达到8个以上。各街道至少有一所多功能的社区服务中心或具有养老、助残、康复医疗、青少年活动和托幼等5所针对单项特殊群体的服务设施。各街道社区服务中心具有福利性、公益性服务项目6个以上；每千人建筑面积达到10平方米以上；养老服务设施每千名老年人拥有床位2张以上；助残服务设施容纳20个名额以上；青少年活动站容纳30个名额以上；托幼园所容纳50个名额以上。每个居委会有一个场所固定、面积30平方米以上的社区服务站。街道、居委会兴办的便民、利民服务网点，每千人至少拥有两个以上。动员机关、团体、企事业单位内部福利设施向社区开放，对外开放的比例达到单位内部福利服务资源的20%以上。社区服务设施不出租、转让或随意改变用途。

六、服务队伍标准

拥有一批稳定的、具有实践经验的专职服务人员，其中，专职管理人员不超过80%，文化程度达到高中以上；具有各种服务专业特长的技术服务人员的比例达到10%以上。拥有一批社区服务兼职服务人员，兼职服务人员占全部服务人员的5%以上。区、街道、居委会分别建立社区服务志愿者组织，并有章程、有计划、有活动。社区服务志愿者登记注册的人数达到本社区居民的1%以上，80%以上的志愿者每月义务服务不少于两次。辖区内80%以上的机关、团体、企事业单位参与社区服务。搞好社区服务人员的专业技能培训和上岗培训，每年培训的人数占专职服务人员的20%以上。

七、效益标准

社区服务要覆盖整个城区。社区居民对社区服务的参与率达到10%以上；社区单位对社区服务的参与率达到80%以上；经常接受服务的居民达到全体居民的80%以上；经常接受福利服务的特殊对象达到特殊困难对象的95%以上；社区服务设施的使用率达到95%以上；设施完好率达到90%以上。区、街道、居委会社区服务业产值的年增长率达到13.6%以上,利润的年增长率达到8%以上。社区服务项目为特殊困难群体提供优先、优惠、优质服务。社区居民对社区服务的满意率达到60%以上,特殊困难对象对社区福利服务的满意率达到90%以上。

第二节 社会化养老服务

一、社区老年服务星光计划

为了贯彻落实《中共中央、国务院关于加强老龄工作的决定》的精神,迎接人口老龄化的挑战,民政部决定从2001年起用2~3年的时间,以福利金资助为手段,积极争取政府投入,广泛动员社会力量参与,在街道、社区居委会和乡镇建设一大批老年人福利服务设施和活动场所,建立和完善社区老年福利服务网络,为居家养老提供支持,为社区照料提供载体,为老年人活动提供场所。由于这项计划立足社区、面向老人、方便实用、小型分散、星罗棋布、形成网络,故命名为"星光计划"。

(一)总体要求

实施"星光计划"的总体要求是:立足我国社会主义初级阶段的基本国情,以"三个代表"重要思想为指导,以满足社区老年人的需求为出发点,以福利金的资助为手段,充分依靠区、县政府的组织领导,广泛动员社会参与,大力挖掘社区资源,建立和完善社区老年福利服务网络,为居家养老提供支持,为社区照料提供载体,为老年人活动提供场所。

在城市,以社区居委会为重点,新建和改扩建一大批社区老年人福利服务设施和活动场所,逐步形成社区居委会有站点、街道有服务中心的社区老年人福利服务设施网络。社区居委会的老年人福利服务站、点要突出实用性特点,以活动场所为主,因地制宜,力求方便实用、灵活多样,不搞小而全。新建和改扩建的街道级社区老年人福利服务设施要突出综合性特点,从当地老年人急需的服务项目入手,逐步具备多种功能。

在农村,以乡镇敬老院为重点,新建和改扩建一批乡镇老年人福利服务设施和活动场地,逐步形成县(市)有中心、乡镇有敬老院的老年人福利服务设施网络。农村新建、改扩建的敬老院要逐步具备住养、入户服务、日间照料、文体活动等功能,并向综合性、多功能的社会福利服务中心发展。

在确有需要的地方,有控制地建设少量示范性、综合性的老年人社会福利机构。同时,对原有的一些设施条件很差的老年人社会福利机构进行必要的改造。

（二）实施原则

1. 方便适用。社区老年人福利服务设施应当位于交通便利、环境良好、方便社区老人就地或就近享受服务的地方，让广大老年人看得见、摸得着、用得上。

2. 小型多样。建设社区老年人福利服务设施必须坚持从本地经济社会发展状况及老年人实际需求出发，因地制宜、因陋就简、形式多样、小型分散地发展适应当地特点的服务项目。

3. 功能配套。社区老年人福利服务设施应当从满足社区老年人的急需入手，逐步拓展项目、扩大服务内容。社区居委会的站、点和街道的中心要相辅相成，互成网络，服务内容要逐步覆盖住养、入户服务、紧急援助、日间照料、保健康复、文体娱乐等多种项目。入户服务的内容要逐步覆盖家务整理、生活照料、送餐服务、陪护服务等方面，并通过入户服务为老年人建立福利服务档案，为有需求的老年人提供方便快捷的服务。同时，适当兼顾面向残疾人和孤残儿童的服务功能。

（三）实施办法

1. 统筹规划，突出重点。首先要侧重于大中城市，根据区、县政府的积极性和具体安排，两三年内，在主要城市的所有街道办事处建设一所功能完善的老年人服务中心，在所有社区居委会建设一处老年人服务站，并形成网络。要积极推进中小城市的老年人社区福利服务设施和活动场所建设，同时要兼顾农村乡镇敬老院建设，着力在综合性、多功能上下功夫。

2. 典型引路，以点带面。各级民政部门要把实施“星光计划”与开展社区建设示范区活动紧密结合起来，把“星光计划”的总体要求作为社区建设示范区的一项重要内容。同时，要在实施“星光计划”的过程中，及时发现涌现出来的不同类型的典型，总结先进经验，以点带面，促进“星光计划”的顺利实施。

3. 明确责任，狠抓落实。在“星光计划”的实施过程中，民政部主要负责宏观指导、组织协调、督促落实和检查监督等工作。各省、自治区、直辖市民政厅（局）具体负责当地“星光计划”资助项目的组织实施。要在认真统计本省、自治区、直辖市的老年人福利服务机构、设施建设基本情况的基础上，根据区、县政府的安排，拟定老年人社区福利服务设施和活动场所建设三年发展规划、分年度资助实施计划和资助办法，并通过地市、区、县民政部门层层抓落实。区、县民政部门要积极争取当地政府的重视，把这项工作纳入当地的国民经济与社会发展规划。“星光计划”由区、县政府出面组织实施，民政部门则对所有项目的规模布局、建筑设计、工程进度及管理机制等各个方面的情况进行跟踪和监督，并将整个工程的进展情况逐级上报。

4. 落实资金，保证投入。要充分发挥福利金的资助、引导作用。在部、省两级核算福利金的前提下，必须保证民政部和省级民政部门掌握的福利金的绝大部分即80%集中使用于“星光计划”；这要作为一条纪律，不能保证这一比例的省、自治区、直辖市，部里将不予资助。部本级福利金的使用，主要用于资助贫困、欠发达地区，同时支持彩票发行业绩突出地方的重点项目建设。在具体操作方法上，部本级福利金将根据各地社会福利事业的发展规划、社区福利设施建设资助计划、经济社会发展水平和福利彩票发行情况，切块分配给各省、自治区、直辖市；部里的切块资金与省级的福利金要捆绑使用，由省级民政部门协调运作并落实到具体项目。“星光计划”的项目，在地方政府和社会力量投入为主的基础上，福利金按适当比例予以资助。同时，要认真贯彻国务院办公厅转发的民政部等11部门《关于加快实现社会福利社会化的意见》和全国社会福利社会化工作会议精神，坚持社会福利社会化的基本思路，通过贯彻落实各项扶持保护政策，充分动员一切社会力量积极参与“星光计划”。

（四）组织领导

1. 要高度重视。实施“星光计划”，是贯彻“三个代表”重要思想的实际行动，是应对老龄化挑战和做好老龄工作的重大举措，是推进社会福利社会化的有效形式，是促进社区建设的配套措施，是促进福利彩票发行和福利金使用双向互动的重要手段。各级民政部门一定要统一思想、提高认识，把这项利国利民的好事办好。

2. 要转变观念。“星光计划”是一项社会工程，充分体现了发行福利彩票筹集的福利金取之于民、用之于民的根本宗旨。各级民政部门一定要从大局出发，解放思想、转变观念，从直接举办、直接管理福利机构的旧观念中彻底解脱出来，认真履行自身职责，真心诚意地支持、配合地方政府建设社区老年人福利服务设施和活动场所，为广大老年人造福。

3. 要加强领导。“星光计划”的实施是一项重大而艰巨的任务，涉及面广，要争取各级政府的重视和支持。为了加强对“星光计划”的组织领导，确保工程的顺利实施，各省、自治区、直辖市民政厅（局）的主要负责人要亲自抓，同时要成立一个由分管社会福利工作的厅（局）长负责、以社会福利部门为主、抽调得力人员组成的强有力的工作班子，负责“星光计划”的组织实施。各地、市以及区、县要组成强有力的工作班子，使所有的“星光计划”项目落到实处，发挥作用。

4. 加大宣传力度。各级民政部门要抓住实施“星光计划”的有利时机，广泛利用各种新闻媒体，强化宣传，创造性地做好宣传工作，使“星光计划”家喻户晓。同时，结合活动的开展，进一步加强对福利金使用情况和使用效果的宣传，并于项目建成后在显著位置设置全国统一的“星光计划——中国福利彩票资助”的标志，充分发挥福利金使用与福利彩票发行双向互动、相互促进的作用。尤其在工程开始时，要通过召开新闻发布会等方式，造成一定的宣传声势，形成广泛的社会影响。

5. 落实政策法规。各地在建设社区老年福利服务设施的过程中，要贯彻落实国家在建设用地、税收、信贷、电信、用水、用电等方面的优惠政策，并根据当地实际，及时出台配套政策。要严格执行项目法人负责制，严格按基建程序办事，保证《社会福利机构管理暂行办法》、《老年人建筑设计规范》和《老年人社会福利机构基本规范》等一系列法规和行业标准的贯彻落实。要坚持社会福利社会化的基本思路，着力在投资主体多元化、建立市场化运行机制和新型管理体制上狠下功夫，新建和改扩建之后的社区老年人福利服务设施要保质保量，不浪费、不流失，服务机构能生存、能发展。

二、城市养老服务社会化示范活动

2005 年 3 月，民政部发布《关于开展养老服务社会化示范活动的通知》，通知要求在全国城市开展养老服务社会化示范活动。示范活动的基本方式是开展养老服务社会化示范活动，要在各级政府的统一领导下，采取两种基本方式：一是以城市市辖区和县级市为单位，先试点，后推广；二是以大中城市举办的各类养老机构为单位，开展示范活动。民政部制定示范活动的基本标准，各地结合自身实际情况制定具体标准。要通过示范活动，争先创优，树立具有榜样和示范作用的先进典型，探索建立养老服务社会化体系的思路和途径，充分发挥典型引路、以点带面的作用，全面推进社会福利社会化进程。

（一）示范活动的基本标准

1. 政府高度重视。地方政府制订老年福利服务事业发展规划，纳入当地经济和社会发展计划；《关于加快实现社会福利社会化的意见》（国办发[2000]19 号）得到很好的贯彻落实，制定出台促进老年社会福利事业发展的优惠政策；把养老服务尤其是针对“三无对象”和低保对象的养老服务提到工作议事日程。

2. 养老服务保障。“三无对象”和低保对象老年人的基本生活和养老服务得到较好的保障；将发展老年福利服务的资金列入财政预算，并对社会力量兴办的老年福利服务机构给予政策和资金的扶持。

3. 养老形式多样。建立以国家、集体投入为主导，以社会力量投入为新的增长点，以居家养老为基础，以社区老年福利服务为依托，以老年福利服务机构为骨干的老年福利服务体系，为老年人提供生活照料服务。

4. 服务网络健全。街道和社区建有一大批小型分散、方便适用的老年福利服务设施，“星光老年之家”的作用得到有效发挥，建立社区养老服务网络，为广大老年人提供生活照料、文化娱乐、康复医疗、体育健身等多方面的服务，使老年人的满意率在90%以上。

5. 社会力量支持。企事业单位、社会团体、个人等社会力量积极兴办老年福利服务事业；辖区现有老年服务设施和卫生、体育、文化等设施向社会开放，为老年人提供优惠服务；培育和发展社会服务团体和社会性中介组织，积极发挥其为老年人服务的作用，形成关注和支持养老服务社会化的良好氛围。

6. 群众广泛参与。大力提倡社会互助，发展和壮大志愿者服务队伍，实现志愿者服务活动的经常化、制度化；老年人协会等群众性组织开展形式多样的活动，使精神文化生活丰富多彩。

7. 服务队伍爱岗敬业。建立一支具有奉献精神和专业化水平较高的养老服务队伍；要按照《养老护理员国家职业标准》的要求，有针对性地开展专业技能培训，做到持证上岗，不断加强养老服务队伍的知识化和专业化建设，并引进专业的社会工作者。

8. 养老机构优质高效。养老机构建筑设计符合国家标准，设施设备完善，管理规范、服务优质，实现由福利型向福利经营型、封闭型向开放型、供养型向供养康复型的转变，维护和保障服务对象的合法权益。职工对领导班子的满意率为90%以上，入住老年人的满意率为95%以上。

（二）示范活动的基本要求

1. 高度重视，加强领导。被确定为试点单位的地方政府要高度重视，切实加强领导，统筹规划，周密部署，扎实有效地开展养老服务社会化示范活动。

2. 积极指导，精心组织。各级民政部门要加强指导，认真组织试点和示范活动的实施，切实做好养老服务社会化示范活动的组织协调工作，确保示范活动有声有色地开展。民政部将对工作出色、开展示范活动成效显著的单位给予表彰和奖励。

3. 确定试点，启动示范。开展养老服务社会化示范活动，2005年的重点是确定试点单位，启动示范活动。要选择领导重视且工作基础较好的不同类型的城市市辖区和县级市以及大中城市的养老机构开展试点和示范。民政部要在全国选择若干单位开展试点和示范活动；省级民政部门也要有计划地确定一批单位开展试点和示范活动，并将名单于2005年5月底前报民政部社会福利和社会事务司。

4. 总结经验，以点带面。要认真总结开展养老服务社会化示范活动的试点经验，由点到面，逐步推开。省级民政部门要在试点的基础上树立典型，命名一批养老服务社会化示范区（市）和养老机构示范单位；民政部将在适当时机命名全国养老服务社会化示范区（市）和养老机构示范单位，以进一步深化示范活动，推进社会福利社会化。

三、居家养老服务

随着我国人口老龄化进程加快，家庭养老功能日益弱化，老年人养老服务已经成为重大的社会问题。但目前我国居家养老服务供给不足、比重偏低、质量不高，不能满足老年人日益增长的服务需求。为全面推进居家养老服务工作，提高老年人的生命、生活质量，2008 年 1 月，全国老龄委办公室等 10 部门发布《关于全面推进居家养老服务工作的意见》，提出居家养老的基本任务和保障措施。

（一）居家养老服务及其内容

居家养老服务是指政府和社会力量依托社区，为居家的老年人提供生活照料、家政服务、康复护理和精神慰藉等方面服务的一种服务形式。它是对传统家庭养老模式的补充与更新，是我国发展社区服务、建立养老服务体系的一项重要内容。居家养老服务的形式主要有两种：由经过专业培训的服务人员上门为老年人开展照料服务；在社区创办老年人日间服务中心，为老年人提供日托服务。所有老年人的需求都应成为其内容，具体说有几类：首先是物质生活方面的需求，如衣、食、住、行、用；第二是精神文化需求，如文化娱乐、保健、医疗卫生等；第三是情感和心理慰藉方面的需求，比如说心灵沟通；老人也有为社会发挥余热以实现自身价值的要求，这也是心理慰藉的一种方式。

（二）发展居家养老服务的原则

1. 坚持以人为本。从老年人的实际需求出发，为老年人提供方便、快捷、高质量、人性化的服务。

2. 坚持依托社区。在社区层面普遍建立居家养老服务机构、场所和服务队伍，整合社会资源，调动各方面的积极性，共同营造老年人居家养老服务的社会环境。

3. 坚持因地制宜。紧密结合当地实际，与本地经济社会发展水平相适应，与社区人文环境和老年人的需求相适应，循序渐进，稳步推展。

4. 坚持社会化方向。采取多种形式，充分调动社会各方面力量参与和支持居家养老服务。

（三）居家养老服务的形式

服务作为一种商品应该是有偿的，但是居家养老服务从本质上又应该属于公共服务或者说是福利性服务的范畴。因此,即使它是有偿的,但在服务老人的过程中,如果有一些老人的收入或家庭子女给他的赡养费用还不足以支付他应该享受的服务费用,政府应给予相应的补贴。从价值补偿这一点上讲,政府应该在公共服务中发挥主导作用,应该承担一部分责任,只有政府支付才会不影响居家养老服务的正常运作。

对贫困老人而言,现在全国很多地方开展居家养老的过程中有明确的补贴办法和标准。例如,老人需要居家服务,根据评估确定其需要哪些服务,对身体情况、收入情况等作出评估,所需要的服务价格是多少,老人自己能够支付多少,如果支付不了全部,差多少政府就给予相应的补贴。目前北京、上海、深圳、南京、大连等地都有这样的补贴办法和标准,只是各地标准不完全一致。国家相关部门也是要求各地根据实际情况制定相应的补贴办法。

服务形式主要有两种:一是把老人"请出来"动员那些能自理的、身体比较好的老年人尽量从家里走出来,到社区机构网点接受服务,参加社区组织的一些活动,这样对老年人的精神文化情感方面大有裨益,也可以让老人更好地了解社会、融入社区。服务可以通过固定的阵地服务,也叫机构设施的服务,这样老人能够得到比较好的满足。二是对身体不能自理、走不出来的那些老人,要培养训练一批居家养老的护理人员走上门去,到老人家里实行上门包户的服务,这样老人的需求在家里也能得到满足。这样的服务队伍由两个部分组成:一部分是专业化的养老护理员,不仅要经过培训,还要取得相应资质;另一种要发动社会力量,扩大广大志愿者的队伍,发动社区、单位、学校利用自己的技能知识,利用节假日、休息日给老人提供相应的、力所能及的服务。

(四)居家养老服务的基本任务

发展居家养老服务,要以科学发展观为统领,以构建社会主义和谐社会为目标,坚持政府主导和社会参与,不断加大工作力度,积极推动居家养老服务在城市社区普遍展开,同时积极向农村社区推进。力争"十一五"期间,全国城市社区基本建立起多种形式、广泛覆盖的居家养老服务网络,使社区居家养老服务设施不断充实、服务内容和形式不断丰富、专业化和志愿者相结合的队伍不断壮大,居家养老服务的组织管理体制和监督评估机制逐步建立、健全和完善。农村社区依托乡镇敬老院、村级组织活动场所等现有设施资源,力争80%左右的乡镇拥有一处集院舍住养和社区照料、居家养老等多种服务功能于一体的综合性老年福利服务中心,1/3左右的村委会和自然村拥有一所老年人文化活动和服务的站点。

(五)发展居家养老服务的保障措施

1. 制订居家养老服务发展规划。各级政府应紧密结合本地实际,科学地研究制定本地城乡社区发展居家养老服务规划，并把它纳入当地经济社会发展总体规划和社区建设总体规划中，统筹安排，推动居家养老服务快速健康发展。

2. 加大政府投入力度，合理配置资源。各级政府应转变职能，随着经济发展和社会进步，逐步加大投入，研究制定“民办公助”的政策措施，鼓励和支持社会力量参与、兴办居家养老服务业。各级政府要统筹考虑居家养老服务设施建设、队伍建设和运营管理等问题，合理配置资源。有条件的地区可针对性地设立专项资金，开设资助项目，探索适应当地特点的居家养老服务模式。

3. 贯彻落实支持居家养老服务的优惠政策。贯彻落实国家现行关于养老服务机构的税收优惠政策，对养老院类的养老服务机构提供的养老服务免征营业税，对各类非营利性养老服务机构免征自用房产、土地的房产税、城镇土地使用税等。

4. 整合资源，建立和完善社区居家养老服务网络。要按照当地社区建设规划和老年人的实际需要，协同各个部门，整合资源，在城市社区和大部分农村乡镇建设综合性居家养老服务中心、居家养老服务站点等基础性服务设施，大力推动专业化的老年医疗卫生、康复护理、文体娱乐、信息咨询、老年教育等服务项目的开展，构建社区为老服务网络，为老年人提供就近就便的多种服务。吸引生活自理的老人走出家门，到社区为老服务设施接受服务和参加活动；对生活不能自理的老人则采取派专人上门服务，满足老年人生活照料、医疗护理、文化娱乐、心理慰藉等多种需求。依托城市社区信息平台，在社区普遍建立为老服务热线、紧急救援系统、数字网络系统等多种求助和服务形式，建设便捷有效的为老服务信息系统。

5. 加强专业化与志愿者相结合的居家养老服务队伍建设。要鼓励各类职业培训机构对居家养老服务人员开展职业技能培训，考试合格后发给相应的职业资格证书。认真实施专业社会工作者职业水平评价制度，科学界定居家养老服务中职业社会工作者的岗位和职责，加强对社工专业人才的吸纳与培养。同时，加强居家养老服务人员的职业道德教育，改善和提高服务队伍的整体素质。

要大力发展社区居家养老服务志愿者组织，鼓励和支持社区居民和社区单位等为居家的老年人提供多种形式的养老服务。

要逐步改善和提高居家养老服务从业人员的地位和待遇。紧密结合社会工作者职业水平评价制度的实行，为居家养老服务的专业人员落实相应的物质待遇；对符合条件的从事居家养老服务的人员，要按规定享受相应的就业再就业扶持政策。

6. 积极培育和发展居家养老服务组织。按照政府职能转变以及与企业、事业、社团分离的原则,对于居家养老服务中能够与政府剥离的服务职能,要尽可能交给社会组织和非营利机构去办,交给市场和企业去办。各级政府应积极培育、规范管理各类居家养老服务机构,鼓励居家养老服务机构发展连片辐射、连锁经营、统一管理的服务模式。

7. 建立居家养老服务管理体制。各地政府应加强对居家养老服务工作的管理和监督,建立相应的工作机制。在区、街道(乡镇)和社区(村)建立居家养老服务中心、站点,其受政府委托负责本辖区居家养老服务的实施和管理,主要职责是:建立老年人信息库,发布老年人服务需求信息和社会服务供给信息,对享受政府补贴的居家老人进行资格评估;对居家养老服务人员的相关资格进行审查,接受服务对象的服务信息反馈,检查监督服务质量。承担政府委托的其他养老服务事项。

8. 切实加强对居家养老服务工作的领导。各级政府应充分认识新形势下发展居家养老服务的重要性,把它列入政府工作议程,并根据本意见的精神,抓紧制定符合当地实际的政策措施。各有关部门要加强配合,积极支持居家养老服务的发展。各级老龄工作委员会办公室要认真履行综合协调职能,配合相关部门,积极推动居家养老服务工作的开展。

第三节　农村养老服务

一、农村五保供养服务

五保供养是合作化时期针对农村“三无”人员建立的集体福利制度,1994 年 1 月,国务院发布的《农村五保供养工作条例》继续将其定位为农村集体福利事业。五保供养所需经费和实物从村提留或者乡统筹中列支。税费改革后,村提留和乡统筹被取消,旧的五保供养制度不能适应改革的需要。2006 年 1 月,国务院发布新的《农村五保供养工作条例》,对五保供养的内容和形式作了新的规定。

(一)五保供养概述

农村五保供养是指依照《农村五保供养工作条例》规定,在吃、穿、住、医、葬方面给予村民的生活照顾和物质帮助。国务院民政部门主管全国的农村五保供养工作,县级以上地方各级人民政府民政部门主管本行政区域内的农村五保供养工作,乡、民族乡、镇人民政府管理本行政区域内的农村五保供养工作。村民委员会协助乡、民族乡、镇人民政府开展农村五保供养工作。

(二)供养对象和申请程序

老年、残疾或者未满16周岁的村民,无劳动能力、无生活来源又无法定赡养、抚养、扶养义务人,或者其法定赡养、抚养、扶养义务人无赡养、抚养、扶养能力的,享受五保供养待遇。

享受农村五保供养待遇,应当由村民本人向村民委员会提出申请;因年幼或者智力残疾无法表达意愿的,由村民小组或者其他村民代为提出申请。经村民委员会民主评议,对符合本条例第六条规定条件的,在本村范围内公告;无重大异议的,由村民委员会将评议意见和有关材料报送乡、民族乡、镇人民政府审核。

乡、民族乡、镇人民政府应当自收到评议意见之日起20日内提出审核意见,并将审核意见和有关材料报送县级人民政府民政部门审批。县级人民政府民政部门应当自收到审核意见和有关材料之日起20日内作出审批决定。对批准给予农村五保供养待遇的,发给《农村五保供养证书》;对不符合条件不予批准的,应当书面说明理由。

乡、民族乡、镇人民政府应当对申请人的家庭状况和经济条件进行调查核实;必要时,县级人民政府民政部门可以进行复核。申请人、有关组织或者个人应当配合、接受调查,如实提供有关情况。

农村五保供养对象不再符合本条例第六条规定条件的,村民委员会或者敬老院等农村五保供养服务机构(以下简称农村五保供养服务机构)应当向乡、民族乡、镇人民政府报告,由乡、民族乡、镇人民政府审核并报县级人民政府民政部门核准后,核销其《农村五保供养证书》。

农村五保供养对象死亡的,丧葬事宜办理完毕后,村民委员会或者农村五保供养服务机构应当向乡、民族乡、镇人民政府报告,由乡、民族乡、镇人民政府报县级人民政府民政部门核准后,核销其《农村五保供养证书》。

(三)供养内容

农村五保供养包括下列供养内容:

1. 供给粮油、副食品和生活用燃料。

2. 供给服装、被褥等生活用品和零用钱。

3. 提供符合基本居住条件的住房。

4. 提供疾病治疗,并对生活不能自理者给予照料。

5. 办理丧葬事宜。

农村五保供养对象未满16周岁或者已满16周岁仍在接受义务教育的,应当保障他们依法接受义务教育的所需费用。农村五保供养对象的疾病治疗,应当与当地农村合作医疗和农村医疗救助制度相衔接。农村五保供养标准不得低于当地村民的平均生活水平,并根据当地村民平均生活水平的提高适时调整。农村五保供养标准,可以由省、自治区、直辖市人民政府制定,在本行政区域内公布执行;也可以由设区的市级或者县级人民政府制定,报所在的省、自治区、直辖市人民政府备案后公布执行。

农村五保供养资金,在地方人民政府财政预算中安排。有农村集体经营等收入的地方,可以从农村集体经营等收入中安排资金,用于补助和改善农村五保供养对象的生活。农村五保供养对象将承包土地交由他人代耕的,其收益归该农村五保供养对象所有。具体办法由省、自治区、直辖市人民政府规定。中央财政对财政困难地区的农村五保供养,在资金上给予适当补助。

(四)供养形式

农村五保供养对象可以在当地的农村五保供养服务机构中集中供养,也可以在家分散供养,农村五保供养对象可以自行选择供养形式。集中供养的农村五保供养对象,由农村五保供养服务机构提供供养服务;分散供养的农村五保供养对象,可以由村民委员会提供照料,也可以由农村五保供养服务机构提供有关供养服务。

各级人民政府应当把农村五保供养服务机构建设纳入经济社会发展规划。县级人民政府和乡、民族乡、镇人民政府应当为农村五保供养服务机构提供必要的设备、管理资金,并配备必要的工作人员。农村五保供养服务机构应当建立健全内部民主管理和服务管理制度,其工作人员应当经过必要的培训。

农村五保供养服务机构可以开展以改善农村五保供养对象生活条件为目的的农副业生产,地方各级人民政府及其有关部门应当对其给予必要的扶持。乡、民族乡、镇人民政府应当与村民委员会或者农村五保供养服务机构签订供养服务协议,保证农村五保供养对象享受符合要求的供养。村民委员会可以委托村民对分散供养的农村五保供养对象提供照料。

(五)监督管理

县级以上人民政府应当依法加强对农村五保供养工作的监督管理。县级以上地方各级人民政府民政部门和乡、民族乡、镇人民政府应当制定农村五保供养工作的管理制度,并负责督促实施。财政部门应当按时足额拨付农村五保供养资金,确保资金到位,并加强对资金使用情况的监督管理。审计机关应当依法加强对农村五保供养资金使用情况的审计。农村五保供养待遇的申请条件、程序、民主评议情况以及农村五保供养的标准和资金使用情况等,应当向社会公告,接受社会监督。农村五保供养服务机构应当遵守治安、消防、卫生、财务会计等方面的法律、法规和国家有关规定,向农村五保供养对象提供符合要求的供养服务,并接受地方人民政府及有关部门的监督管理。

二、农村五保供养服务机构建设

根据农村的经济发展水平和实际情况，民政部发布《关于农村五保供养服务机构建设的指导意见》（民发[2006]107号），指导和规范全国农村五保供养服务机构的建设工作。

（一）总体思路

以邓小平理论和“三个代表”重要思想为指导，全面落实科学发展观，抓住建设社会主义新农村的历史性机遇，以加强五保供养服务机构基础建设和提高供养服务水平为重点，到“十一五”期末，在我国农村基本建成以县、乡人民政府兴办的五保供养服务机构为骨干，社会力量举办的五保供养服务机构为补充，布局合理、设施配套、功能完善、管理规范的五保供养服务机构网络，初步满足农村五保供养对象的供养需要，并逐步开展对农村其他老年人、残疾人和未成年人的供养服务。

（二）基本原则

1. 依法管理，规范建设。严格按照《农村五保供养工作条例》、《老年人建筑设计规范》、《老年人社会福利机构基本规范》等法规文件的规定，在选址布局、建筑设计、设施设备等方面，规范规划设计，统一技术标准，认真组织实施，加强工程管理，保证机构建设的科学化、标准化、规范化。

2. 因地制宜，讲求实效。立足当地农村五保供养对象数量和年龄结构及其变动情况，根据当地农村经济社会发展水平，兼顾需求和可行性，科学确定机构建设的区域布局、筹资机制、床位规模和配套设施，合理整合、充分利用乡村闲置基础设施资源，坚持改建、扩建、新建并举，充分发挥建设资金的最大效益。

3. 整体规划，分步实施。将农村五保供养服务机构建设作为一项长期的系统工程，着眼长远，统筹规划，有重点、有选择、分步骤组织实施，不仅要建设机构的基础设施，还要建立保障机构运转的长效机制；不仅要服务农村五保供养对象，还要逐步服务当地农村特殊困难群体以及老年人、残疾人、未成年人等弱势群体。

4. 政府主导，社会参与。各级政府应逐年增加对五保服务机构建设的投入，增加福利彩票公益金的投入，重点用在支持县、乡政府兴建五保供养服务机构上，建立政府扶持农村五保供养服务机构建设和发展的长效机制；鼓励农村集体经济组织、社会团体等社会力量捐助或兴办五保供养服务机构，逐步形成与社会主义市场经济体制相协调、多种所有制形式和经营模式共同发展的格局。

（三）建设标准

1. 布局。原则上一个乡（镇）应建立一所规模适中、基本满足当地实际需要的五保供养服务机构；也可以根据当地实际，由县级人民政府兴办服务全县或部分乡（镇）的服务机构。具体地点原则上应临近乡（镇）人民政府驻地或集中居住区，交通便利，环境安全、卫生，并尽量靠近医疗卫生、体育健身、文化娱乐、商业服务等公共服务设施。

2. 建筑。五保供养服务机构的各类建筑应当根据老年人、残疾人和未成年人生活需要进行设计，宜为砖混结构的平房院落或三层以下楼房，室内地面应选用平整、防滑材料，台阶、楼梯、扶手等设计要考虑供养对象生活安全的需要，并且不得采用易燃、易碎、化纤及散发有毒有害气味的建筑、装饰材料。

3. 规模。每所五保供养服务机构的床位数原则上不低于40，具有开展日常工作所必需的居住用房和辅助用房。居住用房使用面积每间不宜小于10平方米，每床位使用面积不应小于5平方米。辅助用房要设置办公室、厨房、餐厅、储藏室、活动室、医疗室、浴室和公厕等，有条件的地区还可以建设用于康体保健、文体娱乐等方面的功能室，配备必要的农副业生产基地。

4. 设备。五保供养服务机构要做到"四通"，即通电、通水、通路、通电话，配备必要的膳食制作、文体娱乐、医疗卫生、洗浴、消防及办公管理等设备，严寒和寒冷地区应当配供暖设备，炎热地区应当配降温设备。居住用房要配备床、桌、椅、柜、被褥等生活必备用品。

（四）建设要求

1. 规划计划。五保供养服务机构建设应采取统一规划、逐步推进、分工负责、县乡实施的管理体制，各级政府应将五保供养机构建设纳入当地经济社会发展规划，结合当地实际编制专项建设规划或方案，明确"十一五"时期机构建设的目标任务与总体思路。县级以上各级民政部门要会同发展改革、财政、建设等部门，制订年度建设计划和实施方案，明确工作任务，强化工作措施，加强对县、乡人民政府项目建设单位的指导督促，稳步推进机构建设工作。

2. 项目实施。原则上实行项目管理，县、乡人民政府项目建设单位的法定代表人对项目申报、实施、质量、资金管理负责。投资在100万元以上或建筑面积在1000平方米以上的大型建设项目应当遵循国家基本建设程序实施，小型项目可以根据实际需要适当简化。基本建设程序包括提出项目建议书、编制可行性研究报告、进行初步设计、施工准备、建设实施、竣工验收、后评价等阶段。

3. 资金管理。各级政府安排、筹集的农村五保供养服务机构建设资金，包括中央预算内基本建设资金、中央预算外专项资金、福利彩票公益金，以及地方人民政府和建设单位投入或筹集的项目建设资金，必须专款专用，任何单位、组织和个人不得挤占、挪用、截留。

4. 质量监督。五保供养服务机构建筑质量严格按照国家有关规定执行，建设单位对建设项目的勘察、设计、施工、监理、材料采购都要依法订立合同，明确质量要求、履约担保和违约责任，加强对施工各环节的质量监控，确保工程建设质量。投资在100万元以上或建筑面积在1000平方米以上的大型建设项目，要按照规定通过招标确定施工单位，委托监理单位进行施工监理，建立健全设备材料质量检查制度，督促施工单位和监理机构履行职责。

（五）机构管理

1. 单位性质。五保供养服务机构作为主要服务农村五保供养对象的公益性非营利组织，适应社会主义市场经济体制的要求，应当具有法人资格，依法承担独立的法律责任。县、乡人民政府利用国有资产举办的五保供养服务机构，应当根据我国事业单位登记管理的有关规定，办理事业单位法人登记；其他社会组织和个人利用非国有资产举办的五保供养服务机构，应当根据我国民办非企业单位登记管理的有关规定，办理民办非企业单位法人登记。

2. 基本功能。五保供养服务机构应在优先供养生活不能自理的五保供养对象的基础上，吸纳其他有需求的五保供养对象，向他们提供吃、穿、住、医、葬方面的生活照顾和物质帮助。同时，对分散供养的五保供养对象提供必要的供养服务，并逐步开展面向农村老年人、残疾人和未成年人的各项生活服务。

3. 命名原则。根据《农村五保供养工作条例》有关要求和五保供养服务机构服务功能拓展的需要，五保供养服务机构名称原则上由“县（市）名＋乡（镇）名＋农村五保供养服务中心”组成，也可以保留“敬老院”等传统名称。

4. 人员配备。五保供养服务机构工作岗位设置应当因事设岗、按需设岗，岗位主要由院长、护理服务、炊事、医疗、会计、出纳、保管等组成，工作人员与机构供养对象比例原则上不低于1∶10。主要管理人员由县、乡人民政府配备；其他服务人员可以面向社会公开招考、招聘，实行合同聘任制管理。县、乡人民政府及农村五保供养服务机构应当严格执行最低工资政策，落实并不断提高工作人员待遇，维护其劳动权益。

三、农村五保供养服务设施建设霞光计划

为贯彻落实《农村五保供养工作条例》、《中华人民共和国国民经济与社

会发展第十一个五年规划纲要》和《民政事业发展第十一个五年规划》关于加强农村五保供养服务设施建设的要求，解决各地农村五保供养设施滞后的问题，民政部决定，在“十一五”时期利用发行福利彩票筹集的彩票公益金，开展“农村五保供养服务设施建设霞光计划”(以下简称霞光计划)。其主要内容为，2006～2010年，从中央到地方，各级民政部门要从本级留用的彩票公益金中划拨一部分资金资助农村五保供养服务设施建设，同时积极争取地方政府加大投入，总投入力争达到50亿元左右。其中，部本级每年安排资金不少于1亿元。

(一)目标任务

实施霞光计划以满足农村五保供养对象的实际需要为出发点，以彩票公益金资助为手段，坚持政府主导、社会参与，新建、改建、扩建并举，有重点、有步骤地建设一批农村五保供养服务设施，改善农村五保分散供养对象居住条件，解决农村五保供养对象的住房问题，提高供养服务水平。

1. 基本满足农村五保供养对象的集中供养需求。建设一批农村乡(镇)五保供养服务机构，基本形成布局合理、设施配套、功能完善、管理规范的农村五保供养服务机构网络，保证愿意集中供养的农村五保供养对象能够集中供养。

2. 全面改善农村五保分散供养对象的居住条件。建设一批位于村庄、靠近群众、规模可大可小的农村五保分散供养对象集中居住点，保证每户分散供养对象拥有一间达到当地一般居住条件的住房，并由村民委员会提供必要的管理和服务。

(二)资助范围

优先支持没有农村五保供养服务机构的贫困地区建设供养服务机构。重点支持城区、县城以外的农村地区，特别是贫困地区、革命老区、边远地区建设农村五保供养服务机构或者农村五保分散供养对象集中居住点。对集中供养率未达到50%的地区，部本级资金只资助新建和利用乡镇其他资源改建的农村五保供养服务机构，不用于对现有农村五保供养服务机构的修缮或者改造。

农村五保供养服务机构的资助额度：东中部地区原则上每所不超过20万元，西部地区原则上每所不超过25万元。农村五保分散供养对象集中居住点的资助额度：东中部地区原则上每个不超过8万元，西部地区原则上每个不超过10万元。

(三)实施办法

1. 编制规划。各地民政部门在当地政府的统一领导下，会同有关部门，科学编制当地霞光计划实施方案，明确“十一五”期间农村五保供养服务机构与农村五保分散供养对象集中居住点建设的目标、任务与措施，制订年度建设计划，合理确定农村五保供养服务机构和农村五保分散供养对象集中居住点的区域布局和建设规模，并落实到具体建设项目上，明确施工进度要求。

2. 资金筹集。坚持政府主导、社会参与原则，以地方为主筹集建设资金，中央给予适当补助。在争取地方政府投入的基础上，各地民政部门要从本级留用的彩票公益金中筹集霞光计划建设资金，并确保资金投向符合本方案的要求。各地民政部门的筹资额度及比例由省、自治区、直辖市民政部门规定。部本级彩票公益金主要用于资助财政困难地区农村五保供养服务机构和农村五保分散供养对象集中居住点建设。部对各省、自治区、直辖市的资助额度根据当地经济社会发展水平、农村五保供养工作情况以及项目筹备情况等因素确定。

3. 项目申请。霞光计划资助项目的申请，由县（市）民政部门组织项目建设单位填报项目申请表，对项目建设的必要性、建设地点、建设规模、建筑标准、资金筹措、工程进度等作出说明。项目举办单位原则上为组织兴建农村五保分散供养对象集中居住点和农村五保供养服务机构的乡（镇）人民政府。根据各地实际情况，农村五保供养对象居住点项目的举办单位也可以是村民委员会，区域性农村五保供养服务机构项目的举办单位也可以是县（市）民政部门。

4. 项目审批。霞光计划实行分级管理，根据彩票公益金来源，由国务院和省（自治区、直辖市）民政部门以及市（地）、县（市）民政部门分级审批，并在项目申请表上填写审批意见，形成各级民政部门分工负责、上下协作、共抓落实的格局。民政部负责霞光计划的总体设计、宏观指导以及所有项目的备案审查；各地民政部门负责制订本省份建设规划、审批本级资助项目，并负责审核申请上级资助的项目。省（自治区、直辖市）民政部门申报申请民政部资助的项目，应当按照民政部确定给予该省（自治区、直辖市）的资助额度，根据方案确定的资助范围，区分轻重缓急，审核、确定申请资助项目，统一报民政部审批。

5. 项目实施。霞光计划项目由项目举办单位组织实施，单位法定代表人对项目建设负总责。农村五保供养服务机构建设项目要按照《民政部关于农村五保供养服务机构建设的指导意见》、《社会福利机构管理暂行办法》、《老年人建筑设计规范》和《老年人社会福利机构基本规范》以及国家建设工程方面的规定组织设计、实施。农村五保分散供养对象集中居住点项目要结合村庄改造，根据国家关于村庄集镇规划建设管理的要求，按照因地制宜、形式多样的原则组织建设。

6. 项目验收。项目竣工后，由项目举办单位按照有关规定组织项目验收。县(市)民政部门要参与项目验收，并对验收合格、投入使用的项目发放"社会福利彩票资助——霞光计划项目"标识，建立项目档案，组织项目举办单位填写项目竣工登记表，并逐级上报民政部。

(四)保障措施

1. 组织领导。实施霞光计划是践行"三个代表"重要思想、落实科学发展观的实际行动，是建设社会主义新农村、构建社会主义和谐社会的具体步骤，也是贯彻《农村五保供养工作条例》、实施国家"十一五"规划纲要的必然要求，对于保障农村五保供养对象切身利益、加快农村老龄事业发展、完善农村社会救助体系具有重要意义。各地民政部门要加强领导，精心组织，并争取政府领导的高度重视和有关部门的大力支持，做好霞光计划的组织实施。

2. 监督管理。霞光计划实行严格的项目管理，各个项目都要建立项目申报、实施、验收、登记等制度，建立完整的项目建设档案，项目建设要按照国家的有关规定进行。加强资产管理，确保项目建成后用于农村五保供养，设施不浪费、不流失，机构能生存、能发展。地方各级民政部门要认真督促霞光计划实施，并联合有关部门对工程建设进度与质量情况、资金拨付与使用情况等进行跟踪检查。民政部将结合《农村五保供养工作条例》，采取随机抽查、组织各地互查等方式，对各地组织实施霞光计划的情况进行检查，并通报检查结果。对发现存在突出问题的地方和单位，予以通报批评，并酌情扣减下一年度的资助额度。

3. 舆论宣传。各级民政部门要加大宣传工作力度，利用各种新闻媒介，通过召开新闻发布会、成果展示会等各种方式，宣传霞光计划的进展与成效。对在霞光计划实施过程中涌现出来的先进集体和个人，要及时总结推广，大力表彰，形成广泛的社会影响，树立霞光计划关爱民生的良好社会形象，促进中国福利彩票发行和彩票福利金使用的双向互动，为农村五保供养事业发展营造良好的社会氛围。

第四节 儿童家庭寄养服务

一、家庭寄养概述

儿童家庭寄养，是指经过规定的程序，将民政部门监护的儿童委托在家庭中养育的照料模式。家庭寄养应当有利于被寄养儿童的抚育、成长，保障被寄养儿童的合法权益不受侵犯。

被寄养儿童，是指监护权在县级以上地方人民政府民政部门，被民政部门或者民政部门批准的家庭寄养服务机构委托在符合条件的家庭中养育的、不满十八周岁的孤儿、查找不到生父母的弃婴和儿童。

对于残疾的被寄养儿童，应当在具备医疗、特殊教育、康复训练条件的社区中为其选择寄养家庭。需要长期依靠技术性照料的重度残疾儿童，不宜安排家庭寄养。寄养年满十周岁以上儿童的，应当征得被寄养儿童的同意。安置在每个寄养家庭的被寄养儿童不能超过三名。

二、寄养家庭

寄养家庭，是指经过规定的程序，受县级以上地方人民政府民政部门或者民政部门批准的家庭寄养服务机构委托，寄养不满十八周岁的孤儿、查找不到生父母的弃婴和儿童的家庭。

寄养家庭应当同时具备以下条件：

（一）有寄养服务机构所在地的常住户口和固定住所。被寄养儿童入住后，人均居住面积不低于当地人均居住水平。

（二）有稳定的经济收入，家庭成员人均收入水平在当地人均收入中处于中等水平以上。

（三）家庭成员未患有传染病或者精神疾病，以及其他不利于被寄养儿童成长的疾病。

（四）家庭成员无犯罪记录，无不良生活嗜好，关系和睦，与邻里关系融洽。

（五）主要照料人的年龄在 30 ~ 65 岁之间，身体健康，具有照料儿童的能力、经验，初中（或相当于）以上文化程度。

寄养家庭在寄养期间必须履行下列义务：

（一）保障被寄养儿童的人身安全。

（二）对被寄养儿童提供生活照料，帮助其提高生活自理能力。

（三）培育被寄养儿童树立良好的思想道德观念。

（四）按国家规定安排被寄养儿童接受学龄前教育和义务教育。负责与学校沟通，配合学校做好被寄养儿童的教育工作。

（五）为残疾的被寄养儿童提供矫治、肢体功能康复训练、聋儿语言康复训练和弱智教育等方面的服务。

（六）定期向家庭寄养服务机构反映被寄养儿童的成长情况。

（七）其他应当保障被寄养儿童权益的义务。

三、家庭寄养服务机构

家庭寄养服务机构，是指经过县级以上地方人民政府民政部门批准成立的，从事家庭寄养工作的社会福利机构，分儿童福利机构和专门从事家庭寄养服务的机构两类。

家庭寄养服务机构主要承担以下工作：

（一）制订本行政区域内家庭寄养工作计划并组织实施。

（二）建立本地区家庭寄养工作网络并指导其运行。

（三）培训寄养家庭中的主要照料人，组织寄养工作经验交流活动。

（四）为寄养家庭养育被寄养儿童提供技术性服务。

（五）定期探访被寄养儿童，及时解决存在的问题。

（六）监督、评估寄养家庭的养育工作。

（七）建立健全被寄养儿童和寄养家庭的文档资料。

（八）向上级民政部门反映家庭寄养工作情况并提出建议。

家庭寄养服务机构必须聘用具备社会工作、心理学、医疗康复等专业知识的专职工作人员。家庭寄养服务机构工作人员与被寄养儿童的比例不得低于1:25。

四、寄养协议的履行

县级以上地方人民政府民政部门应当与寄养家庭签订寄养协议，也可以授权家庭寄养服务机构与寄养家庭签订寄养协议，明确寄养期限、双方的权利与义务、寄养家庭中的主要照料人等。寄养协议必须约定对被寄养儿童安排试寄养，实施试寄养的时间最长不得超过90日。寄养家庭有协议约定的事由在短期不能照料被寄养儿童的，家庭寄养服务机构必须对被寄养儿童提供短期养育服务。短期养育服务的时间一般不超过30日。寄养协议中约定的主要照料人不得随意变更，确需变更的，经家庭寄养服务机构同意后在家庭寄养协议主要照料人一栏中变更。

社会福利机构拟送养被寄养儿童时，应当在报送被送养人材料的同时通知寄养家庭。收养登记办理完毕后，寄养协议自然解除。寄养家庭因家庭条件发生变化不能继续寄养被寄养儿童的，应当与家庭寄养服务机构协商解除寄养协议。寄养协议解除后，被寄养儿童由家庭寄养服务机构另行安置。

五、监督管理

县级以上地方人民政府民政部门对家庭寄养工作负有以下监督管理职责：

（一）指导检查本地区家庭寄养工作。

（二）负责寄养协议的备案审查，监督寄养协议的履行。

（三）监督、评估家庭寄养服务机构的工作。

（四）协调解决家庭寄养服务机构与寄养家庭之间的争议。

（五）与有关部门协商，及时解决家庭寄养工作中存在的困难和问题。

异地家庭寄养必须经两地县级以上地方人民政府民政部门同意。被寄养儿童的监护责任仍由被寄养儿童户口所在地县级人民政府民政部门承担，双方另有协议约定的除外。

家庭寄养经费，包括被寄养儿童的生活、医疗和教育费用，寄养家庭的劳务费用，家庭寄养服务机构的工作费用等，由县级以上地方人民政府民政部门在民政事业经费中列支。家庭寄养经费必须专款专用，不得截留、挪作他用。

家庭寄养服务机构可以通过与国（境）内外社会组织合作、接受社会捐赠获得资助。与国（境）外社会组织或者个人开展同家庭寄养有关的合作项目时，应当按照有关规定办理手续。

第五节　基层低保规范化建设评估标准

最低生活保障制度的全面实施，对保障城乡困难群众的基本生活发挥了重要作用。为进一步规范城乡低保工作，不断提高管理服务水平，民政部发布了《关于开展基层低保工作规范化建设活动的通知》（民函［2007］177号），决定用一年时间在全国开展以“规范管理、优质服务”为主题的基层低保工作规范化建设活动。

一、全国基层低保规范化建设暂行评估标准（社区、村委会）

类别	评估目标	序号	评估内容
工作保障	主要考察社区、村委会低保能力建设情况	1	每个城市社区至少配备1名低保专职工作人员，每个村委会至少配备1名专责低保协管人员
		2	有明确的低保办理场所
		3	低保工作经费不低于每1名低保对象15元（含上级补助）
		4	有固定的低保公示栏
业务素质	主要考察低保工作人员业务能力情况	5	低保工作人员能够熟练掌握低保政策
		6	低保工作人员参加过业务知识培训

续表

类别	评估目标	序号	评估内容
低保初审	主要考察接受委托初步审核低保申请的情况	7	接受并及时向街道办事处或者乡镇人民政府转达低保申请
		8	指导申请人准确填写各种申请表格及材料
		9	及时组织对低保申请人的入户调查
		10	组织入户调查时至少有 2 名工作人员同行
		11	家庭收入核实细致,无明显疏漏
		12	及时组织民主评议,记录规范
		13	低保金计算准确、合理,符合政策规定
		14	及时公示民主评议结果以及拟上报的低保申请人名单
		15	低保初步审核时限符合有关规定
		16	低保初步审核结果及时上报街道办事处或乡镇人民政府
日常管理	主要考察对低保对象的日常服务管理情况	17	对低保对象家庭收入状况发生变化的,及时提出审核意见
		18	组织就业年龄内有劳动能力但尚未就业且有劳动条件的城市低保对象参加公益劳动
		19	定期走访低保家庭,帮助解决有关问题
		20	各类低保材料按期整理,并及时归档
		21	通过固定公开栏或其他方式向群众宣传低保政策
监督检查	主要考察低保工作人员是否遵循有关政策规定	22	未发现低保工作人员违规违纪问题

二、全国基层低保规范化建设暂行评估标准(街道、乡镇)

类别	评估目标	序号	评估内容
工作保障	主要考察街道、乡镇低保能力建设情况	1	将低保工作纳入街道办事处或乡镇人民政府责任目标考核
		2	街道办事处或乡镇人民政府有低保专职工作人员
		3	街道办事处或乡镇人民政府有低保办公场所
		4	低保工作经费不低于每1名低保对象10元(含上级补助)
		5	有可用于低保工作的计算机,且具备数据传输条件
业务素质	主要考察低保工作人员业务能力情况	6	低保工作人员熟练掌握低保政策法规
		7	低保工作人员参加过业务知识培训
低保受理	主要考察低保申请受理情况	8	及时受理低保申请
		9	家庭收入核实细致,无明显疏漏
		10	低保金计算准确、合理,符合政策规定
		11	通过社区或村委会及时张榜公示审核结果,对群众有异议的,再次核实并予以说明
		12	按规定时限办结低保审核手续
日常管理	主要考察对低保对象的日常服务管理情况	13	定期走访低保家庭,帮助解决有关问题
		14	对低保对象家庭收入状况发生变化的及时提出审核意见
		15	各类低保材料按期整理,并及时归档
		16	通过固定公开栏或其他方式向群众宣传低保政策
		17	及时办理群众的投诉、上访
监督检查	主要考察低保工作是否遵循有关法规政策	18	未发现低保工作人员违规违纪问题
		19	未发现低保政策落实不到位等问题

三、全国基层低保规范化建设暂行评估标准(县、市、区)

类别	名称	评估目标	序号	评估内容
基础保障类	制度保障	主要考察基层低保各项制度建设情况,是否做到有章可循,内容是否具体,程序是否清楚	1	县(区、市)政府制定的实施低保制度的办法、细则或规程(也可执行省级或市级人民政府的相关规定)
			2	低保资金管理办法(也可执行省级或市级人民政府的相关规定)
			3	有家庭收入核查的具体办法或措施(也可执行省级或市级人民政府的相关规定)
			4	建立低保标准动态调整机制(也可执行省级或市级人民政府的相关规定)
			5	分类施保方面的政策规定(也可执行省级或市级人民政府的相关规定)
			6	低保档案管理办法(也可执行省级或市级人民政府的相关规定)
			7	有低保工作监督检查的具体措施
			8	有低保工作方面的开拓创新举措
	工作保障	主要考察基层低保能力建设情况	9	有专门的低保工作机构
			10	有专门的低保办公场所
			11	每2000名城市低保对象或每5000名农村低保对象至少配备1名专职低保工作人员
			12	本级低保工作经费不低于每1名低保对象20元
			13	低保工作机构配备独立使用的计算机,并具备上网条件
	资金保障	主要考察低保资金安排情况	14	本级财政有低保资金投入
			15	资金拨付及时
			16	专户(专项)管理、专款专用

续表

类别	名称	评估目标	序号	评估内容
基础保障类	领导重视	主要考察当地政府对低保的重视程度	17	将低保工作纳入县（区、市）政府责任目标考核内容
			18	建立低保方面的跨部门协调机构，并定期召开会议
组织管理类	业务素质	主要考察低保工作人员的业务能力情况	19	低保工作人员定期参加业务培训
			20	低保工作人员熟练掌握低保法规政策
			21	及时组织街道、乡镇及社区低保工作人员开展业务培训
	政务公开	主要考察低保政策宣传情况	22	通过公开栏或网络、电台等媒体及时公布低保政策和低保工作情况
			23	免费提供低保政策宣传材料
			24	设立咨询投诉电话，及时办理群众投诉、上访事宜
	信息化建设	主要考察低保信息化建设情况	25	有符合要求的低保专用软件
			26	有人员负责信息化工作，能够熟练使用计算机
			27	低保数据完整，能够通过网络上报上一级民政部门
	档案管理	主要考察低保档案的管理情况	28	有人员负责档案管理工作
			29	各类低保材料按期整理，并及时归档
			30	低保档案存放集中、安全

续表

类别	名称	评估目标	序号	评估内容
操作规范类	低保标准	主要考察低保标准制定及调整情况	31	低保标准的制定科学合理
			32	根据低保标准动态调整机制适时调整低保标准
			33	低保金计算准确、合理,符合政策规定
	低保审批	主要考察低保审批的办理情况	34	低保申请审批材料样式统一
			35	指导基层工作人员及时上报低保申请材料
			36	对上报的低保申请进行抽查,抽查数量:城市不少于1/3,农村不少于1/10
			37	按规定时限办结低保审批手续
			38	对不符合低保条件的低保申请人及时予以书面告知
			39	对批准的低保家庭通过社区或村委会予以公示
	资金发放	主要考察低保金发放情况	40	城市低保金按月足额发放,农村低保金按月或按季度足额发放
			41	低保金通过金融机构发放
	应保尽保	主要考察是否做到应保尽保	42	未出现因低保政策落实不到位引发的集体上访、越级上访等事件
			43	未出现经查实的错保、漏保现象
	动态管理	主要考察对低保对象的动态管理情况	44	对城市低保家庭每半年至少核查一次,对农村低保家庭每一年至少核查一次
			45	一年内低保对象的动态率(累计全年进出低保总人次除全年月平均低保对象数):城市不低于10%,农村不低于5%
			46	根据定期核查情况及时办理低保金的停发、减发或增发手续

续表

类别	名称	评估目标	序号	评估内容
操作规范类	分类施保	主要考察分类施保政策实施情况	47	对特殊困难低保对象有规范的分类标准
			48	对特殊困难低保对象按规定增发低保金
			49	对特殊困难低保对象有专门记录
	统计报表	主要考察低保统计工作是否规范	50	低保台账记录完整
			51	统计报表规范,上报及时,数据准确
			52	低保业务数据与财务统计数据一致
监督检查类	规范监督	主要考察低保工作是否遵循法规政策的有关规定	53	建立责任追究机制
			54	未发现低保工作人员违规、违纪问题
			55	低保资金管理、使用无违规、违纪现象

第七章　志愿服务行业规范

改革开放以来,志愿服务在我国取得了长足的发展。特别是北京奥运会期间,许多人参与奥运志愿服务,用自己的实际行动弘扬了志愿服务精神,展示了中华民族团结友善、包容开放的时代风采,感动了中国,也感动了世界。志愿服务是现代社会文明程度的重要标志,其地位和作用不言而喻。至2009年3月,我国有22个省市颁布了志愿服务条例,促进了志愿服务的规范化发展。但是从总体上看,我国志愿服务的规范化和法制化程度还不高,志愿服务的标准还很不完善。本章主要介绍共青团中央等有关部门颁布的志愿服务管理规范。

第一节　注册志愿者管理

为引导、鼓励广大青年和社会公众参与志愿服务,为和谐社会建设贡献力量,共青团中央于2002年颁布了《中国青年志愿者注册管理办法(试行)》。经过几年的试行,共青团中央于2006年11月颁布了《中国注册志愿者管理办法》,以适应志愿服务事业的新形势。

一、志愿者和注册志愿者

(一)志愿者(Volunteer),也称志愿人员、义工、志工,是指不以物质报酬为目的,利用自己的时间、技能等资源,自愿为社会和他人提供服务和帮助的人。

(二)注册志愿者(China Registered Volunteer),是指按照规定的程序,在共青团组织、志愿者组织注册登记、参加服务活动的志愿者。

二、注册

(一)注册的基本条件

1. 年满18周岁或16~18周岁,以自己的劳动收入为主要生活来源者。14~18周岁者,须经其法定代理人同意。

2. 具备参加志愿服务的相应的基本能力和身体素质。

3. 遵守国家法律法规和注册机构的相关规定。

(二)注册机构

市(地、州、盟)、县(市、区、旗)、乡(镇、街道)以及大中专院校团组织、志愿者组织为志愿者注册机构。社区和机关团体、企事业单位、中学的团组织、志愿者组织(含志愿者服务站、服务队、服务团队等),经所在地注册机构同意,可以开展志愿者注册工作。

(三)注册程序

1. 申请人直接到开展志愿者注册工作的团组织、志愿者组织提出申请或通过网络、电话等方式提出申请,填写《志愿者注册登记表》。

2. 注册机构对申请人进行审核。

3. 审核合格,注册机构向申请人颁发"中国注册志愿者证"、"中国志愿者"胸章。注册证上标注全国统一的注册号(即注册志愿者的身份证号);注册机构可根据实际需要,为注册志愿者编制本地管理服务号码。

三、权利和义务

(一)权利

1. 参加志愿服务活动。
2. 接受相关的志愿服务培训。
3. 要求获得从事志愿服务的必需条件和必要保障。
4. 优先获得志愿者组织和其他志愿者提供的服务。
5. 对志愿服务工作提出意见和建议。
6. 相关法律、法规、政策赋予的权利。
7. 可申请取消注册志愿者身份。

(二)义务

1. 遵守国家法律法规及团组织、志愿者组织的相关规定。
2. 每名注册志愿者每年参加志愿服务的时间累计不少于20小时。
3. 履行志愿服务承诺,传播志愿服务理念。
4. 自觉维护团组织、志愿者组织和志愿者的形象。
5. 自觉维护服务对象的合法权益。
6. 自觉抵制任何以志愿者身份从事的营利活动或其他违背社会公德的活动(行为)。
7. 履行相关法律法规及团组织、志愿者组织规定的其他义务。

四、志愿服务

1. 志愿服务是指志愿者组织、志愿者服务社会公众生产生活和促进社会发展进步的行为。

2. 志愿服务范围主要包括:扶贫开发、社区建设、环境保护、大型赛会、应急救助、海外服务等。

3. 团组织、志愿者组织根据服务对象的需求,向注册志愿者发布服务信息、提供服务岗位,志愿者按照相关要求开展志愿服务。注册志愿者也可按照相关规定自行开展志愿服务。提倡具有相同服务意向和志趣爱好的注册志愿者在团组织、志愿者组织指导下结成志愿服务团队,开展服务。

4. 注册志愿者参加志愿服务,应通过与志愿者组织或服务对象签订服务协议书等形式,明确服务内容、时间和有关的权利、义务。未满 18 周岁的注册志愿者可参加与其年龄、智力相适应的志愿服务。

5. 各级团组织、志愿者组织可依托服务需求相对集中的社会公益机构,通过签订协议、命名挂牌等形式创建志愿服务基地,探索建立志愿者经常性、就近就便开展志愿服务的有效机制。

五、组织与管理

(一)组织机构

1. 共青团中央青年志愿者工作部、中国青年志愿者协会秘书处负责全国注册志愿者工作的规划、协调和指导。

2. 省级团委、志愿者协会根据本地区、本系统的实际,制定相应的实施细则,广泛推行志愿者注册制度。根据实际需要,也可直接开展志愿者注册工作。

3. 市、县两级团委应普遍建立志愿者专门工作机构和志愿者协会,安排专人负责志愿者注册和管理工作。

4. 县级以下基层团组织应通过建立志愿者协会、创建志愿者服务站、培育志愿服务伙伴、发展志愿者服务队和服务团队等形式,广泛开展志愿者注册工作,实现志愿者注册和服务的便利化。

5. 注册机构及其下属的团组织、志愿者组织负责志愿者的管理服务,建立健全宣传动员、注册登记、管理培训、考核评价、激励表彰等制度。

(二)日常管理

1. 注册志愿者参加志愿服务后,由服务对象或组织者提供志愿者的服务时间、服务内容等证明,注册机构及其下属团组织、志愿者组织予以认定。服务时间为实际服务时间(不含往返时间),以小时为单位计量。

2. 注册机构应建立健全注册志愿者档案管理系统,逐步实现网上注册和管理,促进管理工作的科学化、制度化、规范化。

3. 注册志愿者使用全国统一的标志。开展志愿服务活动时,注册志愿者应佩带以全国统一标志为主体图案的标志。志愿者旗帜和服装以红、蓝、白为基本色调。

4. 注册机构可在重大活动时或定期组织志愿者进行宣誓。志愿者誓词为:“我愿意成为一名光荣的志愿者。我承诺:尽己所能,不计报酬,帮助他人,服务社会,践行志愿精神,传播先进文化,为构建和谐社会贡献力量!”

5. 注册志愿者培训工作主要由注册机构及其下属的团组织、志愿者组织负责,对注册志愿者申请人进行志愿服务基本理念培训,定期向注册志愿者提供志愿服务相关技能等方面的培训,向志愿者骨干提供专门的培训,提高志愿者的服务能力和综合素质。

6. 团组织、志愿者组织应落实和保障注册志愿者的权益。探索和完善注册志愿者服务时间储蓄制度,使注册志愿者在本人需要帮助时,优先得到志愿者组织和其他志愿者的服务。

7. 对拒不履行义务的,注册机构可取消其注册志愿者身份。

8. 注册志愿者在志愿者组织安排的志愿服务过程中对服务对象造成损害的,由志愿者组织承担责任;志愿者组织承担责任后,有权向有故意或者有重大过失的注册志愿者追偿。

9. 如服务对象在接受服务过程中对注册志愿者造成损害,志愿者组织应当支持受损害的注册志愿者向有关服务对象追偿损失,并提供必要的帮助。

10. 注册志愿者可在团组织、志愿者组织指导下参加管理工作,成为管理型志愿者。发挥管理型志愿者和志愿者骨干的能动性,探索志愿者自我管理的有效途径。

六、激励和表彰

(一)团组织、志愿者组织依据已认定的注册志愿者服务时间,实行星级认证制度和奖章授予制度,结合注册志愿者服务业绩,推荐其参加评选表彰活动。

(二)星级认证制度

注册机构根据志愿者注册后参加志愿服务的时间累计,认定其为一至五星志愿者。星级志愿者佩戴相应标志。

1. 志愿者注册后,参加志愿服务时间累计达到30小时的,认定为“一星志愿者”。

2. 志愿者注册后,参加志愿服务时间累计达到60小时的,认定为“二星志愿者”。

3. 志愿者注册后,参加志愿服务时间累计达到100小时的,认定为“三星志愿者”。

4. 志愿者注册后，参加志愿服务时间累计达到200小时的，认定为“四星志愿者”。

5. 志愿者注册后，参加志愿服务时间累计达到300小时的，认定为“五星志愿者”。

注册机构对星级志愿者认定后，在其注册证及相关标志上进行标注。

（三）奖章授予制度

团组织、志愿者组织根据志愿者注册后参加志愿服务的时间累计，授予不同级别的志愿服务奖章。

1. 注册志愿者自获得“五星志愿者”后，参加志愿服务时间累计达到500小时的，由地（市）级团委、志愿者协会授予奖章。

2. 注册志愿者自获得地（市）级奖章后，参加志愿服务时间累计达到800小时的，由省级团委、志愿者协会授予奖章。

3. 注册志愿者自获得省级奖章后，参加志愿服务时间累计达到1000小时的，由共青团中央、中国青年志愿者协会授予奖章。

4. 注册志愿者连续专门从事志愿服务超过6个月的，可视情况直接授予地（市）级及以上级别奖章。

奖章获得者名单应及时报上级团组织、志愿者组织备案。奖章授予可视实际情况定期举行。

第二节　社区志愿服务团队管理

组建社区志愿服务团队是志愿服务可持续发展的重要途径，也是实现社区志愿服务经常化、有形化、项目化，保证志愿服务队伍相对稳定的重要方式。为加强对社区志愿服务团队的管理，规范和促进社区志愿服务工作，共青团中央于2006年10月发布《社区志愿服务团队管理办法（试行）》。

一、定义

社区志愿服务团队，是指拥有3名以上志愿者，履行申请手续，经街道团（工）委备案后，有计划、有步骤地开展工作的各类社区志愿服务组织。

二、职责

1. 组织开展各类社区公益活动，为社区建设、发展及需要帮助的社区青少年和群众提供非营利性志愿服务。

2. 建立健全开展社区志愿服务活动的各项措施和制度。

3. 负责本团队志愿者的招募、培训、管理和考核。

4. 制订社区志愿服务计划，并组织实施。

5. 筹集、使用和管理社区志愿服务活动的资金、物资。

6. 为志愿者提供必要的帮助，维护志愿者的合法权益。

7. 组织开展社区志愿服务的宣传、合作和交流活动。

8. 作为青年中心的主要社团，承接青年中心的相关工作。

9. 规模较大的社区志愿服务团队可作为志愿者协会分支机构，承担相应职能。

三、成立

（一）成立条件

1. 遵守法律、法规和国家政策，坚持确定的基本原则，维护国家的统一、安全和民族团结，维护国家利益、社会公共利益及其他组织和公民的合法权益，维护社会道德风尚。

2. 一般要求有三名以上按照《中国注册志愿者管理办法》相关规定进行注册的志愿者（注册志愿者）。

3. 有规范的名称和相应的组织机构，名称应当与其服务范围、志愿者规模、活动地域等相一致，准确反映其特征。

4. 有相对固定或已形成规模的社区志愿服务项目。

5. 团队成员具备与所参加的志愿服务项目及活动相适应的基本素质。

6. 能够发挥管理型志愿者和志愿者骨干的核心作用，带动其他成员开展工作，提升团队的整体水平。

7. 其他应具备的相关条件。

（二）成立程序

社区志愿服务团队的成立，应经街道团（工）委审核并办理相应备案登记。

1. 申请

（1）如实填写《社区志愿服务团队登记申请表》，上报街道团（工）委。

（2）街道团（工）委对申请单位进行审核。审核内容为：了解志愿服务必需的人员、技能等基本条件和服务内容及服务工作计划。

2. 审核

（1）街道团（工）委收到《社区志愿服务团队登记申请表》之日起 7 日内，作出同意备案或者不同意备案的决定；不同意备案的，应当向申请人说明理由。

(2)有下列情形之一的,街道团(工)委可不同意备案:

①有根据证明申请备案的社区志愿服务团队的宗旨、志愿者规模、服务项目、服务范围等不符合相关规定。

②有法律、法规禁止的情形。

3. 备案

(1)备案组织

街道团(工)委是社区志愿服务团队备案事项的主管单位。

(2)备案登记应准备和提交的材料

①填写好的《社区志愿服务团队登记申请表》。

②年度工作计划。

4. 公告

由街道团(工)委通过一定途径向社会进行公告。

四、工作开展

(一)招募。通过适当的方式,公布志愿者招募热线或志愿服务项目,自行或联合招募志愿者,并接受志愿者的报名。

(二)注册。社区志愿服务团队的志愿者按照《中国注册志愿者管理办法》的有关程序进行注册,领取"中国注册志愿者证"、"中国志愿者胸章",获得全国统一使用的注册号。

(三)管理。社区志愿服务团队按照《中国注册志愿者管理办法》的有关规定,负责建立注册志愿者档案和服务需求档案,并应把志愿者分别编入各项目组进行分类管理。

(四)培训。根据志愿服务项目要求和志愿者报名情况,对志愿者及时进行志愿服务基本理念和专业服务知识、技能等方面的培训。

(五)项目实施

1. 确定内容。各社区志愿服务团队应根据社区实际,积极开展形式多样的志愿服务活动,向志愿者提供志愿服务岗位。

2. 项目备案。各社区志愿服务团队对参加人数达10人以上的志愿服务活动,应在活动开展前10日向备案组织进行活动申报备案,内容包括具体时间、地点、服务项目、服务者和服务对象等,并在活动结束后5日内向备案组织汇报工作情况。

3. 项目开展。根据项目计划和社区实际,组织开展形式和内容多样的社区志愿服务活动。在活动中,要广泛吸纳符合条件但未注册的志愿者参加。

4. 交流总结。应定期组织志愿者交流,分享工作体会,总结经验。

5. 成果确认。社区志愿服务团队要对志愿者的服务时间进行确认,同时做好活动的档案管理工作。

6. 督导考核

(1)年度计划:社区志愿服务团队应在年初将一年的工作安排和计划报街道团(工)委备案。

(2)检查考核:街道团(工)委和青年中心对下属社区志愿服务团队的工作要进行定期、不定期检查,每年十二月要进行年度考核。

(3)表彰激励:街道团(工)委根据下属社区志愿服务团队开展志愿服务活动的实际情况,对社区志愿服务团队、志愿者、工作人员进行表彰和激励。

(4)处分处理:对违反相关规定的社区志愿服务团队,视实际情况给予通报批评、限期整改或予以注销处理。

7. 组织机构。街道团(工)委是社区志愿服务团队的主管单位。

五、经费

1. 经费来源。经费主要来源于社会捐赠,有条件的地方,主管单位可以以政府购买服务的形式提供社区志愿服务活动所需的经费。

2. 使用原则。社区志愿服务团队必须执行国家规定的财务管理制度,任何单位和个人不得侵占、私分或者挪用社区志愿服务团队的资产。社区志愿服务团队的经费,必须专项用于志愿服务活动。社区志愿服务团队接受社会捐赠、资助,应当符合其规定的宗旨和服务范围,并根据与捐赠人、资助人约定的合法方式使用。

3. 接受监督。工作经费的筹集、使用和管理应当公开,并依法接受有关部门和捐赠、资助者及志愿者的监督。

六、备案撤销

社区志愿服务团队出现下列情况之一者,当地街道团(工)委可撤销备案:

1. 社区志愿服务团队在成立、备案时弄虚作假,骗取备案。
2. 利用社区志愿服务团队和志愿者的名义从事非法活动。
3. 以社区志愿服务为名,开展营利性活动,背离志愿服务宗旨。
4. 志愿者人数不足。
5. 连续一年未进行正常活动。

第三节 汉语老师志愿者工作管理

随着我国综合实力和国际地位的逐步提高,汉语在国际政治、经济交流中的作用已经显现。为缓解海外汉语师资严重不足的问题,近年来我国逐步向海外派出更多的汉语教师志愿者。为了加强志愿者教师派出和派出后管理工作,使对外派遣汉语教师志愿者工作持续、健康地发展,保障志愿者教师在国外教学和人身安全,国家汉语国际推广领导小组办公室于2006年12月颁布了《汉语教师志愿者工作管理办法(试行)》。

一、志愿者和志愿者中心

1. 汉语教师志愿者,是指派到国外从事汉语教学志愿服务的中国志愿者。

2. 国家汉语国际推广领导小组办公室(简称"国家汉办")设立"国际汉语教师中国志愿者中心"(简称"志愿者中心"),负责汉语教师志愿者工作的统筹规划和组织实施。

二、需求编制与分配

1. 国家汉办根据汉语教师志愿者(简称"志愿者")派出五年规划,编制志愿者年度派出计划。

2. 根据志愿者年度派出计划和海外对汉语教师志愿者的需求,国家汉办负责制订国别派出方案。

3. 派出方案经国家汉办审批同意后,向有关省、自治区、直辖市教育厅(教委)和教育部直属院校(以下简称"直属院校")分配志愿者招募、培训和派出任务,由有关省、自治区、直辖市教育厅(教委)和直属院校负责组织实施。

三、招募和遴选

1. 省、自治区、直辖市教育厅(教委)和直属院校接到国家汉办下达的派出志愿者任务后,根据派出志愿者的具体要求可组织有关高校或相关教育机构进行招募和遴选。

2. 志愿者的招募、遴选按照《"国际汉语教师中国志愿者计划"实施办法》进行。如个别国家对志愿者有特殊要求,按国家汉办下发的招募通知进行遴选。

3. 对志愿者候选人需组织面试和心理测试，有关省、自治区、直辖市教育厅（教委）和直属院校要对候选人进行初审，并在政治素质上严格把关。初审合格的志愿者候选人需填写《国际汉语教师中国志愿者综合素质审核表》。

四、培训

1. 对初审合格的志愿者教师候选人，有关省、自治区、直辖市教育厅（教委）或直属院校按照国家汉办制定的《国际汉语教师中国志愿者教师培训大纲》进行培训，培训人数与实际派出人数的比例为1.2∶1，培训教材由国家汉办负责组织编写或推荐。

2. 培训结束后，志愿者须参加由国家汉办统一组织的结业考试，考试合格者由国家汉办颁发《国际汉语教师中国志愿者资格证书》并纳入志愿者人才库。

五、派出

1. 国家汉办将对有关省、自治区、直辖市教育厅（教委）或直属院校推荐的志愿者候选人进行审核，并组织国外聘用方和中方专家建立评审组，确定最终人选。

2. 志愿者人选确定后，国家汉办向被录取志愿者发出《国际汉语教师中国志愿者录取通知书》。

3. 出国手续（如护照、签证、体检等）原则上由志愿者本人自行办理，有关省、自治区、直辖市教育厅（教委）或直属院校提供必要的协助，国家汉办提供一定的补贴。

4. 志愿者的赴任日期由国家汉办与国外聘用方协商确定。省、自治区、直辖市教育厅（教委）或直属院校负责为志愿者预定国际机票。国家汉办负担由志愿者出发地到赴任城市的往返经济舱或火车硬卧车票。机（车）票费可由派出单位或志愿者垫付，再统一向国家汉办结算。

5. 志愿者的任期一般为一年，如国外聘用方和志愿者本人同意，并报国家汉办批准后，可视情况适当延长 志愿者在一个国家的任期原则上不超过三年。

六、津贴及其他经费

1. 原则上，志愿者赴任国际旅费、任教期间的生活津贴与人身意外伤害保险由国家汉办负担，志愿者在国外任教期间的食宿与医疗保险由国外聘用方负担。如国外聘用方与国家汉办签订志愿者派出协议，志愿者赴外任教的有关费用分担按协议规定执行。

2. 志愿者获得赴任国签证即将派出时,国家汉办与志愿者签署《汉语教师志愿者出国任教协议书》,根据《国际汉语教师中国志愿者待遇暂行规定》分期向志愿者发放生活津贴。志愿者可先预领3个月津贴,剩余部分或由国家汉办按期汇入个人外汇账户(所需手续费由国家汉办负担),或由志愿者凭有效证件到国家汉办国外委托机构领取,或由志愿者归国后与国家汉办结算。

3. 志愿者在外教学服务结束后,对因故不能在赴任国休假、教学服务超过7个月不满11个月的,加发一个月生活津贴费。

七、志愿者派出后的管理

1. 各省、自治区、直辖市教育厅(教委)和直属院校对汉语教师志愿者派出后的管理工作要予以高度重视。有志愿者教师派出的省、自治区、直辖市教育厅(教委)和直属院校要派专人管理(或兼管)志愿者教师派出后的工作;派出志愿者教师人数在30人以上的省、自治区、直辖市教育厅(教委)和直属院校要成立"汉语教师志愿者工作小组",负责辖区或本校汉语教师志愿者的招募、遴选、培训、派遣和派出后的协调工作。

2. 对成批派出汉语教师志愿者的省、自治区、直辖市教育厅(教委)和直属院校,每派出30人要派出1名"志愿者管理教师"(以下简称"管理教师")。管理教师的主要职责是:(1)负责指导派出志愿者教师的教学;(2)协调志愿者教师与国外聘用方的关系;(3)帮助志愿者教师提高生存和外事能力;(4)组织志愿者教师在外的交流活动;(5)保障志愿者教师的人身安全和行为举止的规范。

3. 管理教师要求政治素质高、业务精,且有较强的组织能力和对外协调能力。所派人选由省、自治区、直辖市教育厅(教委)和直属院校推荐,报国家汉办审批同意后派出。管理教师在外工作期间的待遇和管理参照国家公派教师标准执行。管理教师在督导志愿者工作中所发生的住宿、交通、通信费、交际费,由我驻外国使领馆教育(文化)处(组)垫付并根据相关标准予以核销,年底由国家汉办一并拨划给使馆。

4. 国家汉办每年分批组织有关省、自治区、直辖市教育厅(教委)和直属院校志愿者专家工作小组的相关人员组成志愿者工作督导团,对派出汉语教师志愿者比较集中(50人以上)的国家进行工作巡查督导,主要任务有:(1)对志愿者教师的教学和对外交流工作等进行调研;(2)向国外聘用方和教育行政机构征求对志愿者教师工作的意见,并与国外聘用方协商解决督查中发现的相关问题;(3)向国家汉办提出对志愿者派出和管理等的建议。

5. 对于志愿者人数较少、分布较广的国家，国家汉办可委托我驻外使领馆教育（文化）处（组）派专人定期对志愿者教师进行督导、巡查。在督查志愿者教师工作中所发生的住宿和交通费先由使馆垫付，年底由国家汉办拨付。

6. 国家汉办要切实加强派遣志愿者教师的调研工作，不但要对派遣国家的师资需求、教学体系，而且要对其文化习俗、宗教信仰、生活和工作环境进行实地调研和考察，以便完善我国志愿者教师的招募、培训、派遣和管理工作。

八、回国

1. 服务期满回国后，志愿者到国家汉办办理费用结算等未尽手续；有关省、自治区、直辖市教育厅（教委）和直属院校组织召开志愿者总结表彰大会，国家汉办为志愿者颁发《国际汉语教师中国志愿者荣誉证书》，并给予适当奖励。

2. 志愿者回国后的工作原则上自行解决，各省、自治区、直辖市和有关部门可为回国志愿者提供适当优惠政策。国家汉办根据《国际汉语教师中国志愿者待遇暂行规定》为继续投身于汉语国际推广事业的志愿者教师提供一定的优惠政策。

九、志愿者工作管理经费

1. 国家汉办向有关省、自治区、直辖市教育厅（教委）和直属院校适当拨付志愿者管理经费，用于购置管理工作办公设备以及支付通信、宣传、出国督导等开支。标准另行规定。

2. 志愿者教师的选拔工作经费按每个候选人500元标准进行补贴；志愿者教师的培训和派遣由各省、自治区、直辖市教育厅（教委）和直属院校作出预算，报国家汉办核拨。

十、奖励与惩罚

1. 对不认真履行协议，违反当地有关规定，对外造成严重后果的志愿者，国家汉办有权终止其在外的志愿服务工作，并责令其立即回国，回国机票自理。对在国外表现突出、受到国外聘用方广泛好评的志愿者，回国后要予以通报表扬并给予适当形式的奖励。

2. 对志愿者工作认真负责，并保持该项工作科学、健康发展的有关省、自治区、直辖市教育厅（教委）和直属院校，国家汉办要给予适当表彰和奖励。对由于管理不到位造成所派志愿者在国外发生严重问题，对外造成严重影响的有关省、自治区、直辖市教育厅（教委）和直属院校要予以通报批评，并停止其对外派出志愿者的工作，对在外造成严重后果的要追究主要领导的责任。

第四节　援外青年志愿者管理

一、援外青年志愿服务概述

（一）援外青年志愿者是指利用国家对外援助资金，由专门机构选派到发展中国家，直接为发展中国家当地人民服务的青年志愿人员。

（二）援外青年志愿者主要被派往对中国友好的发展中国家从事教育、医疗卫生和其他有益于发展中国家公益事业发展的服务。

（三）援外青年志愿者是国家援外人员的组成部分，以志愿人员身份到发展中国家工作。

二、援外青年志愿者应符合的条件

（一）具有中华人民共和国国籍。

（二）年龄一般在 20～35 岁之间；确属援外青年志愿服务工作必需的，年龄可适当放宽。

（三）身体健康。

（四）一般具有大学本科以上学历。

（五）品行端正，无犯罪、记过处分记录。

（六）忠于祖国，乐于奉献，热爱志愿服务事业，志愿到发展中国家从事志愿服务工作。

三、招募与培训

（一）商务部是援外青年志愿者援外服务的主管部门。受商务部委托，中国青年志愿者协会负责援外青年志愿者的选派和具体管理工作。

（二）商务部负责制订派遣援外青年志愿者的年度计划，包括派遣国别、人数、服务岗位、服务时间以及资金预算等内容；负责与受援方有关部门商谈、签署合作协议。

（三）中国青年志愿者协会根据合作协议负责组织招募、选定、培训和派遣援外青年志愿者。

（四）中国驻外使领馆经济商务参赞处（室）负责援外青年志愿者在国外工作期间的管理工作。

（五）中国青年志愿者协会可以通过商务部网站、中国志愿服务网、新闻媒体等发布招募启事，面向社会公开招募援外青年志愿者，也可以根据需要有针对性地面向具体地区或单位进行定向招募。

（六）中国青年志愿者协会根据公开、公正、公平的原则，按照集中考试、公布成绩和录取等步骤选拔录用援外青年志愿者。援外青年志愿者名单报商务部备案。

（七）中国青年志愿者协会应根据国家关于援外青年志愿者的有关规定，与援外青年志愿者签订志愿服务合同。

（八）援外青年志愿者赴国外服务前，中国青年志愿者协会应对援外青年志愿者进行集中培训；组织培训前应编制培训方案，报商务部批准后实施。

（九）中国青年志愿者协会根据国家关于援外人员派遣的有关规定，负责办理援外青年志愿者的出国手续。

（十）援外青年志愿者国外服务期限为 6 个月至 2 年，一般应在 1 年以上。

四、考核与奖励

（一）援外青年志愿者应遵守派遣援外青年志愿者的有关规定，遵守援外人员的有关规定，接受中国驻外使领馆的管理；遵守受援方的法律、法规，尊重受援方的风俗习惯及服务单位的各项规章制度。

（二）中国青年志愿者协会应对援外青年志愿者在受援方服务期间的表现进行考核，考核应征求中国驻外使领馆经济商务参赞处（室）的意见；考核结束后应将考核结果上报商务部，并通知推荐单位或原工作单位。圆满完成服务任务的援外青年志愿者将获得援外青年志愿者荣誉证书，表现优秀的援外青年志愿者可以被推荐到中国驻外使领馆经济商务参赞处（室）或援外专家组工作。

第五节　“3·15”志愿者规范

根据《中华人民共和国消费者权益保护法》中“保护消费者的合法权益是全社会的共同责任”的法律原则，中国消费者协会于 2000 年 3 月 15 日发布《中国“3·15”志愿者规范》。

一、“3·15”志愿者概述

1. 中国“3·15”志愿者（以下简称志愿者），是指在我国境内出于社会责任、道义和良知，自愿协助消费者协会工作，参与消费者权益保护事业的社会各界人士，其行为具有自愿、无偿、为他人和非职业的特点。

2. 中国“3·15”志愿者维权活动遵循奉献、互助、公益、进步的原则。

二、志愿者的条件

1. 热爱消费者权益保护工作，自愿、无偿地为消费者服务。

2. 自觉接受消费者协会的指导，并积极参与消费者协会开展的维护消费者合法权益的工作。

3. 熟悉并能正确理解和运用《中华人民共和国消费者权益保护法》及其相关法律、法规。

4. 具备较高的政治素质、思想修养、文化水平、消费知识和社会活动能力。

三、志愿者的义务

1. 协助消费者协会依法维护消费者的合法权益，促进社会主义市场经济的发展。

2. 宣传《中华人民共和国消费者权益保护法》及其他相关法律、法规，推动消费者依法维权意识和经营者守法经营意识的提高。

3. 依法对生活消费市场的商品和服务进行监督，并向消费者协会和行政主管部门反映情况。

4. 接受消费者协会的委托，对损害消费者权益的事件进行调查、调解、诉讼。

5. 运用个人专业知识、技术特长为消费者提供消费信息和咨询服务。

6. 应用自己的调研成果或实验论证，参与消费者协会的消费警示发布工作。

7. 接受消费者协会的委托，参与保护消费者合法权益的其他工作。

四、志愿者的权利

1. 依法行使法律、法规赋予的权力，以及消费者协会委托行使的职责。

2. 有权对消费者协会的工作提出批评、建议。

3. 有权提出不再担当志愿者。

五、志愿者的聘任、解聘

1. 志愿者的聘任

(1)志愿者的聘任由县级以上消费者协会负责。

(2)各消费者协会可根据工作需要选聘专家志愿者、法律工作志愿者、新闻工作志愿者、市场监督志愿者、消费纠纷调解志愿者、大学生志愿者及其他志愿者。

(3)志愿人员向住所所在地县消费者协会提出口头或书面申请,并填写《"3·15"志愿者》登记表。

(4)志愿者资格在消费者协会审定后,发给志愿者证书及工作证。

(5)志愿者聘期为两年,可以连任。

2. 志愿者的解聘

(1)志愿者的解聘由颁证消费者协会负责。

(2)因健康、工作、居住地变动等原因,主动提出不再担任志愿者的,应交回志愿者证书及工作证。

(3)志愿者凡有下列情况之一的,取消志愿者资格并收回志愿者证书及工作证明:

①未履行志愿者职责的。

②工作中违法、违纪、失职、以权谋私,有损消费者协会形象或损害了消费者合法权益的。

六、志愿者的组织管理

1. 志愿者的各项活动应在消费者协会的委托或指导下进行。

2. 消费者协会每年向社会公布受聘志愿者名单。

3. 消费者协会对志愿者的工作作出计划安排,并定期进行考核评定,必要时组织培训。

4. 志愿者到政府行政主管部门或企事业单位咨询、调查、取证时,应持有消费者协会出具的函件。

5. 消费者协会对在保护消费者权益工作中成绩显著的志愿者予以表彰和物质奖励。

6. 志愿者名单及活动情况交上级消费者协会备案,并由省级消费者协会统一掌握存档。

社会福利行业和职业标准

SOCIAL WELFARE

service and professional standards

境外社会福利篇

第八章　境外社会工作者职业标准

第一节　台湾地区社会工作者职业标准

台湾地区的社会工作者职业标准，从20世纪90年代末开始主要依据其制定的"社会工作师法"加以明确。第一部"社会工作师法"在1998年颁布实施，对社会工作者的职业特征和相关的职业标准作了比较全面的规定，初步建立了社会工作专业服务体系，通过法规的形式明确了社会工作师的权利和义务，提升了社会工作师的专业地位，也确保了服务对象的权益。这项法案在实施的超过十年的时间里，对于规范社会工作的职业标准起到了重要的导向性作用。同时，随着台湾地区政治、经济环境的快速发展，社会结构与相应的社会问题和1998年之前相比，产生了一些新的变化，并形成了一些新的挑战。"社会工作师法"的修订在2006年被提上了政策议程，并在2009年年初得到了初步完成。

一、职业定义

依据"社会工作师法"，社会工作师是指通过社会工作的专业知识与技术，协助个人、家庭、团体或者小区，促进、发展或恢复它们的社会功能，为它们谋求福利的专业工作者。社会工作师的主要工作使命是促进人民和社会的福祉，协助人民满足他们的基本人性需求，关注弱势族群，实现社会正义。

社会工作者职业水平评价分为社会工作师和专职社会工作师两个级别。除了领有社会工作师证书的人，其他人不可以使用社会工作师的职业名称。同时，除了领有专职社会工作师证书的人，其他人不可以使用专职社会工作师的名称。申请领取社会工作师或专职社会工作师证书，应当具有申请书和相关的资格证明文件，并上交台湾地区的主管机关，由这些机构进行审议，并在同意的情况下派发。

二、社会工作者职业水平考试

要获得社会工作师的资格，需要符合以下条件：参加社会工作师考试及格，并依据台湾地区社会工作师有关规定领有社会工作师证书。按照这项规定,相关人员要获得社会工作师的资格,首先需要参加社会工作师职业考试。在这个方面,台湾地区制定了相应的"专门职业及技术人员高等考试社会工作师考试规则"。依据2006年更新的"专门职业及技术人员高等考试社会工作师考试规则",台湾地区的民众要参加社会工作师职业考试,至少需要具有下列资格当中的一项:(1)在公立或者合法注册的私立的专科层次或以上的学校的社会工作科、系、组、所毕业,并获得毕业证书;或者是在台湾地区教育部门承认的境外专科层次以上的学校的社会工作科、系、组、所毕业,并获得毕业证书;(2)在上述学校的科、系、组、所毕业,并获得毕业证书,并曾经学习社会工作(概论)或社会工作(福利)理论、人类行为(发展)与社会环境、社会个案工作、社会团体工作、小区组织与(小区)发展或小区工作、社会(工作)研究方法或社会及行为研究法或社会调查与研究等学科当中的至少7科,合计20学分以上,每个学科最多3学分,其中必须包括社会工作(福利)实习或实践工作,并具有相应的证明文件;(3)在2001年7月31日之前,在上述学校的社会政策与社会工作、青少年儿童福利、儿童福利、社会学、社会教育、社会福利、医学社会学等科、系、组、所毕业,并领有毕业证书;(4)在2000年12月31日之前,具有台湾地区社会工作师规定第5条第2款所规定的资格,并领有台湾地区主管机关审查合格的证明文件;(5)在2006年7月31日之前,具有台湾地区社会工作师规定第5条第3款的资格,并领有台湾地区主管机关审查合格的证明文件。

社会工作师考试的应试科目一般划分为普通科目和专业科目两大类,普通科目是语文(作文与测验),而专业科目则包括社会工作(包括社会工作伦理、社会工作哲理与社会工作理论)、人类行为与社会环境、社会工作直接服务(包括个案工作、团体工作与小区工作)、社会工作研究方法、社会工作管理和社会政策与社会立法。

除了对考试资格和考试科目的规定外,"专门职业及技术人员高等考试社会工作师考试规则"还规定了某些具有特定资格的应试者可以在考试前申请部分科目的免试。依据这些规定,可以申请部分科目免试的人员包括:(1)具有台湾地区社会工作师规定第5条第1款或第2款的资格,并在台湾地区参加社会工作实务5年以上,领有台湾主管机关审查合格的证明文件的工作者;(2)具有台湾地区社会工作师规定第5条第1款或第2款的资格,拥有境外社会工作师证书,并在台湾地区参加社会工作实务1年以上,领有台湾地区主管机关审查合格的证明文件的工作者;(3)具有台湾地区社会工作师规定第5条第1款或第2款的资格,并曾任公立或合法注册的私立专科以上学校的讲师3年以上、助理教授或副教授2年以上、教授1年以上,讲授台湾地区社会工作师规定第5条第2款的学科当中的至少2科,并在台湾地区参加社会工作实务1年以上，领有台湾地区主管机关审查合格的证明文件的工作者。对于申请并经核定准予部分科目免试的应试者，应试的科目包括社会工作、社会工作直接服务、社会工作管理和社会政策与社会立法。

三、专职社会工作师

在参加考试并成功获得社会工作师证书的基础上，社会工作师可以通过进一步完成专职社会工作师训练，并参加台湾地区主管机关的评审，在甄审合格的情况下申请专职社会工作师证书。领有社会工作师证书，并完成相关专职社会工作师训练的工作者，都可以参加该专职社会工作师的评审。

专职社会工作师的分科及评审办法，由主管机关规定。依据"专职社会工作师分科及甄审办法"草案的规定，社会工作师参加专职社会工作师评审，应具有下列证明文件：(1)在专职社会工作的相关领域连续工作5年以上；(2)由主管机关认定的专职社会工作师训练组织出具的证明文件，证明其本人在那里接受过连续6个月或于6个月至2年内的累计时数达150小时的专职社会工作督导训练；(3)接受主管机关认可的继续教育课程时数达100小时以上。上述的第2款所提及的在连续6个月至2年内接受累计时数达150小时的专职社会工作的督导训练，如果社会工作师的执业单位未聘请专职社会工作师担任督导者，可以向外聘请专职社会工作师定期到该单位督导。专职社会工作师的评审以笔试方式为主，并可以通过口试的形式。笔试及口试成绩每科目均以60分为及格。如果根据规定采取了口试形式，笔试及口试均及格者为合格；笔试不及格者不可以参加口试；口试不及格的应试者，笔试成绩可以保留1次。笔试成绩保留期间，依本办法规定参加口试仍未及格者，应当重新参加专职社会工作师评审。笔试采取申论式试题，中文命题（专有名词部分可以用英文），时间为3小时，具体的考核内容范围包括专职社会工作通论和各专职领域的高阶社会工作实务。

四、证书获取、取消和服务提供

依据台湾地区社会工作师有关规定，有下列各种情形之一的人，不可以充任社会工作师；已经充任的人，其社会工作师证书应当被撤销或废止：(1)原来持有的社会工作师证书已经依据本法规定被撤消或者废除；(2)罹患精神疾病或身心状况出现异常，经过主管机关所委托的相关专科医师认定不能执行社会工作的实务工作；(3)被裁定犯有贪污罪、家庭暴力罪、性骚扰罪、妨害性自主罪；(4)被裁定犯有其他与社会工作实务有关的故意犯罪行为。前项第2款的原因去除之后，即相关人员的身心状况重新恢复正常后，相关人员仍可依本法规定申领社会工作师证书。

社会工作师要开始开展实务工作,应向所在地直辖市或县(市)主管机关递交社会工作师证书,申请登记。在获得这些主管机关所发给的执业执照之后,才可以开展实务工作。有下列各款事情之一者,不得发给执业执照,或者必须得取消执业执照:(1)原来持有的社会工作师证书已经依据本法规定被撤消或者废除;(2)被取消社会工作师执业执照之后未满1年;(3)罹患精神疾病或身心状况出现异常,经主管机关委托的相关专科医师认定不能执行业务;(4)被裁定犯有贪污罪、家庭暴力罪、性骚扰罪、妨害性自主罪;(5)被裁定犯有其他与社会工作实务有关的故意犯罪行为。前项第3款的原因去除之后,即相关人员的身心状况重新恢复正常后,相关人员仍可依本法规定申请执业执照。

社会工作师执行下列业务:(1)行为、社会关系、婚姻、家庭、社会适应等问题的社会以及心理评估与处置;(2)各相关社会福利法规规定的保护性服务;(3)个人、家庭、团体、小区的预防性及支持性服务;(4)社会福利服务资源的发掘、整合、运用与转介;(5)社会福利机构、团体或在卫生、就业、教育、司法、国防等领域执行的社会福利方案的设计、管理、研究发展、督导、评鉴与教育训练等;(6)人民社会福利权的倡导;(7)其他经主管机关独自认定或相关事业主管机关共同认定的领域或业务。

社会工作师停业、歇业、复业或变更执业区域时,应当在事实发生之日起的30日内,报请原发执业执照机关备案。前项变更执业区域时,应依第九条的规定申请执业执照。出于各种原因死亡的社会工作师,由原发执业执照机关注销其执业执照。社会工作师执业以一处为限,但机关(构)、团体间的相互支持如果事先作了申请,可以不受这个限制。

同时,社会工作师受主管机关或司法警察机关询问时,不得为虚伪的陈述或报告。社会工作师及社会工作师执业处所的人员,对于因业务而知悉或持有的他人秘密,不得无故泄露。社会工作师执行业务时,应撰制社会工作纪录。这项纪录应由执业的机关(构)、团体、事务所保存,保存年限不得少于7年。社会工作师的行为必须遵守社会工作伦理守则的规定。这些伦理守则由台湾地区社会工作师公会联合会制定,提交会员(会员代表)大会通过后,递交给主管机关备案。社会工作师依法开展服务,如果在身体或精神上受到不法侵害,可以请求警察机关提供必要的协助。如果涉及到诉讼,所属机关(构)需要提供必要的法律协助。

五、职业资格延续

社会工作师及专职社会工作师在执业之后,应接受继续教育,并每6年提交自己完成继续教育的证明文件,由此办理执业执照的更新。社会工作师和专职社会工作师接受继续教育的课程内容、积分、实施方式、完成继续教育证明文件、执业执照换发及其他事项，由台湾地区的主管机关通过明确的文件加以规定。“社会工作师及专职社会工作师教育及执业执照更新办法”草案的重点内容如下：社会工作师办理执业执照更新，新发的执业执照自原发执业执照届满第6年的翌日生效。社会工作师执业，应每6年接受下列继续教育的课程，课程积分达到180分以上：专业课程；专业相关法规；专业伦理；专业质量。

同样，专职社会工作师证书有效期限为6年，期满后每次可以延续的期限为6年。要申请证书的续期，专职社会工作师需要在专职社会工作师证书有效期限的6年内，实际从事专职社会工作师的工作2年以上，并参加各种继续教育课程，获得合计达240分以上。继续教育课程的种类包括专业课程、专业相关法规、专业伦理和专业质量。前项第3款、第4款继续教育课程积分，合计至少应达24分，超过24分者以24分计。

社会工作师继续教育的实施方式与积分如下：

(1)参加大学校院、学会、公会、协会、社会福利机构、团体、教学医院或主管机关举办的继续教育课程，每小时1分，授课者每小时3分。

(2)参加有公开征求论文及审查机制的社会工作学术研讨会或国际学术研讨会，每小时积分2分；发表论文或者墙报论文的人，每篇论文的第一作者积分每次3分，其他作者积分1分；担任特别演讲或教育演讲的人，每次积分10分；担任主持人、引言人、评论人的，每次2分。如果参加的是国际会议，相应的积分可以以2倍计算。

(3)网络继续教育每次1分；专业杂志通信课程每次2分，超过10分以10分计。

(4)在大学院校讲授专业课程内容者，每小时积分2分，每学年至多12分。

(5)国内外专业杂志发表有关专业原著论文者，每篇第一作者积分15分，第二作者积分5分，其他作者积分2分；发表其他类别的论文者，积分减半；发表有关专业的书摘、文献翻译、回应作者及书评等，积分2分。

(6)在大学或研究所进修社会工作专业相关课程者，每学分积分5分，进修相关专业课程者，每学分积分减半。

申请认可办理前两条完成继续教育积分认定及继续教育积分采认的专业团体应符合下列规定：(1)台湾地区的社会工作协会、学会或公会；(2)设立的时间已经达到或者超过5年；(3)会员中应有台湾地区社会工作师执业人数的20%以上。

六、社会工作服务标准

社会工作服务的具体标准,在不同的服务领域有不同的规定。依据2008年的“身心障碍福利服务机构设施及人员配置标准修正草案”,在身心障碍福利服务机构提供服务的社会工作人员应符合下列资格之一:(1)社会工作师考试及格者;(2)大专院校社会工作相关科系(所)毕业者;(3)具有专门职业及技术人员高等考试社会工作师考试应考资格者;(4)高等考试、普通考试或相当于高等考试及普通考试的特种考试社会行政职系考试及格,曾接受政府机关主办或委办之相关专业培训160小时,并具有1年以上的社会工作实务方面的相关工作经验。

这项草案对身心障碍福利机构的房舍也作了详细的规定,这些规定从侧面反映出社会工作服务的标准。规定的一些条款如下:(1)必须有固定的地址;(2)住宿机构楼地板面积以服务人数计算,平均每人不得少于16.5平方米;(3)日间服务机构楼地板面积以服务人数计算,平均每人不得少于6.6平方米;(4)福利服务中心有提供住宿、日间服务的,每层楼的地板面积以服务人数计算,平均每人不得少于16.5平方米。

同时,机构应设设施符合下列规定的寝室:(1)每个寝室至多设四床;(2)每床应该带有橱柜或者床头柜;(3)两人或多人床位的寝室,应设有可以隔离视线的屏障物;(4)每个寝室应配置紧急呼叫设施,建立救援机制;(5)不得设于地下楼层。另外,专门照顾植物人、重瘫或长期卧床者的机构,每个寝室至多设6床。寝室楼地板面积平均每位身心障碍者应有7平方米,小型住宿机构应有5平方米。寝室楼地板面积的规定,浴厕面积不计算在内。

为了保证服务的质量,上述草案也对服务提供人员配置作出了明确规定。依据这个草案为身心障碍者提供住宿生活的福利机构应配置行政人员和社会工作人员,每个工作人员的服务人数不得超过35人。小型机构的社会工作人员可以兼任其他一些工作,但每人的服务人数同样不得超过35人。

第二节　香港社会工作者职业标准

一、社会工作者注册资格

根据1979年6月6日生效的《社会工作者注册条例》,社会工作者的注册由社会工作者注册局进行。要注册为第1类的注册社会工作者,申请者需要具有下列资格之一:(1)持有获注册局为施行本款而认可的社会工作学位或文凭;(2)证明他在1982年3月31日或该日之前已担任任何的社会工作职位,或者在该日期之后已担任一个或多于一个的社会工作职位至少10年,不论是否连续地担任该职位或该等职位。对于第2类注册社会工作者，申请者需要证明：(1)他现在正在担任任何的社会工作职位或他已经获得担任该职位的工作机会；(2)如果他希望通过这样的方式注册，那么他需要在所有的情况下属合理的时间内获取注册局认可的社会工作学位或文凭。另外，申请人申请注册时需要符合以下条件：(1)通常居于香港；(2)符合注册的规定；(3)不受禁止他获得注册的法律制裁命令的限制。

一般情况下，对于任何曾在香港或其他地方被裁定犯任何可令社会工作者专业的声誉受损以及可判处监禁（不论该人有否被判处监禁）的罪行的人，注册局可以拒绝注册他们为注册社会工作者。对于那些曾在香港被裁定犯任何属特定的任何类别的范围的罪行的人，以及曾在其他地方被裁定犯任何罪行的人，而构成该罪行的作为或不作为是在香港作出的，便会构成条例所提述的罪行，注册局必须拒绝提供注册。同时，如果注册局当时的所有成员在考虑有关个案的所有情况后议决某人可以注册为社会工作者，则在而且只要在这种情况下，即使该人曾被裁定犯条例所规定的罪行，仍可注册为社会工作者。

二、注册期满及续期

成功注册为注册社会工作者的人，注册的有效期为12个月。这12个月的有效期从他获得注册当日开始计算，在期满之后需要申请续期。申请注册续期的注册社会工作者，必须通过规定的表格向注册主任提出申请，并在不早于现有注册期满日期前3个月而不迟于该日期前28天的时间内提出申请。如果注册社会工作者不依期将其注册续期，但该注册社会工作者已向注册局就注册续期提出申请，注册局可延展注册续期的时间。如注册社会工作者的注册已期满，注册局可要求他重新申请注册而不是将其注册续期。

三、社会工作学历的认可

香港社会工作注册局专门编制了一份为注册局所认可的美国、英国、加拿大、澳大利亚及新加坡的社会工作学历名单，以及所认可的台湾地区社会工作学历的准则。一般而言，在完成上述国家或者地区（除新加坡与台湾地区外）的评核机构认可的社会工作课程而获颁授的学历，注册局在原则上也会认可。但无论如何，当任何人士报读上述国家院校的社会工作课程前，首先需要获取当地评审机构确认，确保在完成该课程后所获颁的学历仍为该机构所认可。

在考虑是否认可某项在海外颁授的社会工作学历作为注册资格时，注册局一般会参考在当地获授权的认可机构是否已认可有关学历。假如颁授院校所属的国家已建立了一套健全的认可机制，而注册局又认同该认可机制，则该国的认可机构所认可的社会工作学历或其所认可的社会工作课程的相关学历，原则上亦会获得注册局认可用以注册。根据注册局的这个机制，由海外院校颁授的社会工作学历，即使其相关课程是由其在香港的伙伴院校合办，而学生又在本地上课，海外的颁授院校仍必须首先得到从当地的认可机构取得的与认可有关的学历，而不是由本地的合办院校向注册局申请认可。由本地院校为其在香港以外举办的社会工作课程所颁授的学历，无论是自行举办或是与其他院校合办，注册局不会自动认可该社会工作学历作为注册资格，即使有关院校因在本地举办的同名课程而颁授的同名学历已为注册局认可用以注册。因此，海外院校必须为其在香港以外独办或与其他院校合办的课程所颁授的学历，向注册局申请资格认可，从而可以让有关的毕业生能够具备基本的注册资格。注册局收到有关学历认可资格申请之后，将进行学历认可评审，由此决定是否认可这些境外课程而颁授的学历作为注册资格。

四、社会工作者注册所认可的课程

对于海外的社会工作学历颁授院校，香港社会工作者注册局委员会也制定了明确的资格教育认可准则和标准。这些标准依据下列原则而制定：(1)海外的社会工作学历颁授院校的权利、义务和办学的自主性应该得到尊重；(2)各种社会工作培训项目的独特性和差异性应当得到兼容，制定出符合职业资格认可和质量保证的最低标准；(3)注册局委员会应当采取合作的工作取向，重视和海外的社会工作学历颁授院校的交流和相互尊重；(4)职业标准及其与国际标准的兼容性应当得到推动，委员会应该和海外的社会工作学历颁授院校共同促进社会工作的职业资格教育。同时，委员会强调这些准则和标准提出的只是最基本的要求。具体而言，社会工作的职业教育认可课程应当使课程的毕业生具备足够的能力，在本地环境内开展社会工作实务，并能够迎合社会和社会服务使用者的不断变化的要求。据此，委员会对教育课程的具体内容和结构作出了要求。

(一)社会工作核心课程

(1)社会工作实务

必修课程	基本内容
社会工作理论与实务	(i)与个人、团体、家庭、组织和社区相关的理论与实务 (ii)整合社会工作实务 (iii)社会工作技能培训 (iv)与实务相关的知识
社会福利制度与社会政策	(i)社会福利的视角与概念 (ii)社会福利制度,譬如香港的社会福利制度、中国内地的社会福利制度以及国际社会的社会福利制度 (iii)社会政策与社会服务
价值与伦理	(i)个人与职业发展 (ii)不同环境脉络下的社会工作价值与伦理 (iii)伦理守则

(2)其他课程

必修课程	基本内容
人类行为与社会环境	(i)人类生命周期发展 (ii)人类行为与多元化 (iii)人类行为与社会环境
社会行政与管理	(i)社会计划与发展 (ii)机构管理:模式与过程 (iii)项目的计划、管理与评估

(二)非核心课程

必修课程	基本内容
社会科学与人文知识	(i)社会学 (ii)心理学 (iii)其他学科,如经济学、政治学、哲学和历史学等
社会研究与社会调查	(i)社会研究与社会调查的基本知识与方法 (ii)研究方法的实践应用
法律知识	与社会工作实务相关的基本法律知识与视角
沟通技巧	(i)自我理解与人际沟通 (ii)社会工作实务语言的应用 (iii)信息科技的应用

(三)机构实习

(1)实习时间

非学位课程的机构实习应当包括不少于700小时的直接服务实践以及100小时的实习职位培训,学位课程的机构实习应当包括不少于800小时的直接服务实践以及100小时的实习职位培训。

(2)督导时间

每个星期至少应当有一个半小时以上的督导时间。

(3)督导模式

在所需要的督导时间当中,至少应当有50%以上是以督导者与被督导者单独会谈的方式进行。

(4)本地实践

一般而言,至少应当有一项社会工作实务工作在本地区域内开展。

五、社会工作者注册的注销

注册局如果知道任何注册社会工作者有以下情况,可在注册纪录册内将他的姓名注销:(1)已去世;(2)已申请终止其注册;(3)注册局认为他已不再通常在香港居住;(4)没有将其注册续期;(5)在注册时无权获得注册;(6)没有依照《社会工作者注册条例》第16条第3款规定,将更改的详情通知注册局;(7)没有依照《社会工作者注册条例》第24条规定送达通知。任何注册社会工作者如果在两年或更长的期间已没有在香港居住,那么注册局不得认为他是通常在香港居住。同时,如果注册局的官员接获由注册局或上诉法庭作出的命令,指示在注册纪录册内将某姓名注销,便必须在注册纪录册内将该姓名注销。

如果注册局准备根据上述中的第(3)、(4)、(5)、(6)或(7)情况将在注册纪录册内任何注册社会工作者的姓名注销,则必须以预付邮资的挂号邮件将关于他的意向的通知及该意向的理由寄往该社会工作者的注册地址,在寄出该通知后的28天届满时,注册局才可以将该社会工作者的姓名注销。如果注册的社会工作者及时采取必要的回应,则注册局不得因根据第(4)款发出的通知所列出的理由在注册纪录册内将该社会工作者的姓名注销。这些回应依据情况的不同而有所区别,具体包括:(1)注册局认为该社会工作者不是通常在香港居住,而在注册局开始在注册纪录册内将他的姓名注销之前,他让注册局信纳他是通常在香港居住;(2)该社会工作者并没有申请将其注册续期,而在注册局开始在注册纪录册内将他的姓名注销之前,他妥当地申请将其注册续期;(3)该社会工作者在注册时无权获得注册,而在注册局开始在注册纪录册内将他的姓名注销之前,他令注册局信纳他有权获得注册;(4)该社会工作者没有依照第 16 条第 3 款规定将详情的更改通知注册局,而在注册局开始在注册纪录册内将他的姓名注销之前,他采取会纠正注册纪录册内的欠妥善之处的行动;(5)该社会工作者没有依照第 24 条规定送达通知,而在注册局开始在注册纪录册内将他的姓名注销之前,他将该通知送达注册局。如果注册社会工作者的姓名在注册纪录册内被注销,他的注册即被取消,而他须在注册局通知他上述事宜之后的 14 天内,将就其注册发出的任何证明书交回。

六、社会工作工作守则

根据《社会工作者注册条例》第五零五章第十条,“为了就注册社会工作者的专业操守(包括关乎该等操守的道德事宜)提供实务指引”,社会工作者注册局在 1998 年批准及发布了《注册社会工作者工作守则》。

制定工作守则的主要目的是保障服务对象及社会人士。为加强社会人士对社会工作专业的信任和信心,制定工作守则实属必要,它是注册社会工作者(以下简称社会工作者)日常操守的指引。根据社会工作者注册条例第十一条,当社会工作者被指控其操守违反文件内所列明的专业标准时,将以此守则作为裁决的依据。这份文件列明,社会工作者与其服务对象、同事、所属机构及社会建立专业关系时的道德行为标准,其应用范围包括社会工作者以社会工作者身份所从事的一切有关活动。社会工作者必须协力推行这些守则,并遵从依据这些守则作出的所有纪律判决。社会工作者应采取足够的措施或行动去预防、劝阻、纠正或揭发同事违反守则的行为。社会工作者应采取合理及适当的措施,协助他所督导的员工以及他提供服务的人员(包括义工),不会因抵触这些工作守则而引致服务对象的利益受损。

(一)基本价值观及信念

(1) 社会工作者的首要使命是协助有需要的社会成员,并致力于社会问题的处理。

(2)社会工作者尊重每一个人的独特价值和尊严,并不因任何人的家庭背景、种族、国籍、性别、性倾向、年龄、家庭岗位、信仰、政治观念、智能、体能、社会及经济地位或对社会的贡献不同而有所分别。

(3)社会工作者相信每一个人都有发展的潜质,因而有责任鼓励及协助个人在顾及他人权益的情况下实现自我。

(4)社会工作者有责任维护人权及促进社会公义。

(5)社会工作者相信任何社会都应为其公民谋取最大的福祉。

(6)社会工作者有责任运用本身的专业知识和技能去推动个人和社会的进步,务求每一个人都能尽量发挥自己的所能。

(7)社会工作者认同人际关系的重要性,会尽力加强人际关系,务求维持、促进及提高个人、家庭、社团、机构、社群的福祉,帮助社会大众预防及减少困境与痛苦。

(二)具体工作守则

1. 有关服务对象

(1)社会工作者首要的责任是对服务对象负责。

(2)社会工作者有责任让服务对象知悉本身的权利及协助他们获得适宜的服务,且应尽量使服务对象明白接受服务所要作出的承担与可能产生的后果。

(3)社会工作者应尽可能协助服务对象知晓在某些情况下,保密原则会受到规限,并使他们清楚收集数据的目的和用途。在公开个案数据时,社会工作者应采取必要及负责任的措施,删除一切可以识别个案中人士身份的数据,并尽可能事先取得服务对象及社会工作服务机构的同意。

(4)社会工作者不得滥用与服务对象的关系,借以谋取私人的利益。

(5)社会工作者不应与服务对象有性接触。

(6)如果所提供的服务需要收费,社会工作者应尽量使服务对象不会因经济能力而不能及时获取所需要的服务。

2. 有关同事

(1)社会工作者应尊重其他社会工作者、专业人士及义务工作者不同的意见及工作方法,任何建议、批评及冲突都应以负责任的态度表达和解决。

(2)社会工作者应尽量与其他社会工作者合作,提高服务的成效。

(3)社会工作者应向有关团体报告任何有违反专业工作守则而危害接受社会工作服务对象利益的行为的个人,并在有需要时维护那些受到不公正指控的社会工作者。

(4)社会工作者尊重服务对象的选择权,并不应在不尊重其他机构和其他社会工作者的情况下夺取其他社会工作者的服务对象。

(5)社会工作者与其他社会工作者之间所做的保密沟通,在未获得资料来源者明确同意的情况下,不可向服务对象透露有关的个人数据以外的沟通内容。

3. 有关机构

(1)社会工作者应向其雇用机构负责,提供具有效率及效能的专业服务。

(2)社会工作者应作出建设性及负责任的行动,以影响并改善雇用机构的政策、程序及工作方式,务求令机构的服务水平不断提升,使社会工作者不会因执行机构的政策而抵触这份守则。

(3)社会工作者在发表任何公开言论或进行公开活动时,应表明自己是以个人身份、代表团体或者机构名义行事。

(4)社会工作者不应在未经其服务机构同意的情况下,利用机构与外界的联系,为个人的私人业务招揽服务对象。

4. 有关专业

(1)社会工作者从事其专业工作时,应秉持诚实、诚信及尽责的态度。

(2)社会工作者应持守专业的价值观和操守,提升专业的知识。

(3)社会工作者对专业提出评论时,应持着负责任和有建设性的态度。

(4)社会工作者不可就其专业资格、服务性质、服务方法及预计成效提供有误导性或者不真实的数据。

(5)社会工作者有责任不断增进本身的专业知识和技能。

(6)社会工作者有责任协助新加入社会工作专业的人员建立、增强与发展他们的操守、价值观及专业上的技能与知识。

5. 有关社会

(1)当政府、社团或机构的政策、程序或活动导致或构成任何社会成员陷入困境和痛苦,又或是妨碍困境和痛苦的解除时,社会工作者认同有需要唤起决策者或公众人士对这些情况的关注。

(2)社会工作者认同有需要倡导修订政策及法律,以改善有关的社会情况,促进社会的公义与福祉。社会工作者也认同有需要致力推动社会福利政策的实施。社会工作者不可运用个人的知识、技能或经验助长不公平的政策或不人道的活动。

(3)社会工作者认同有需要致力防止及消除歧视,让社会资源分配更加合理,使所有人有均等机会获取所需的资源和服务。

(4)社会工作者认同有需要推动大众尊重社会的不同文化。

(5)社会工作者认同有需要鼓励社会大众在知情的情况下参与制定和改善社会政策和制度。

第三节　英国社会工作者职业标准

一、职业资格

目前在英国,所有的社会工作者都必须到综合社会服务委员会进行注册。要注册成为社会工作者,现行的学历要求是不少于3年的本科课程或者是2年的研究生课程。这些课程都需要设有不少于200天的实习时间。社会工作者的职业资格适用于所有社会工作的实务领域(居家服务、外展服务、日间服务、健康照料和教育等)和工作机构(政府机构、志愿组织和私立机构等)。社会工作的学位课程向所有年龄段的人开放,一般需要申请者具有高中学历。一些大学可能会更加倾向于接纳具有实务经验的申请者。在英格兰,现在一共有超过80间大学提供多方面的社会工作课程,包括面向在职者的在职就读课程,以及面向全职学生的课程。如果没有注册而作为社会工作者提供服务,或者没有参加社会工作课程而冒充社会工作专业的学生提供服务,在目前的法律规定下是违法行为。

从1975年到1991年,英国社会工作者的主要职业资格是社会工作资格证书(Certificate of Qualification in Social Work,CQSW)。随后是社会工作文凭(Diploma in Social Work)。这种文凭资格直至2009年正式停用,作为替代的是从2003年9月开始使用的学士学位(BA,BSc或BSW)和硕士学位(MA,MSc或MSW),这两种学位现在是社会工作者的职业资格在学历方面的主要要求。

要进入社会工作的职业领域,可以通过多种途径,这些途径可以按照进入者的年龄和此前的工作经验作出分类。具有相关工作经验并能够达到最低学历要求的申请者,可以申请进入地区性的培训项目。这些申请者将会受雇于本地的政府部门,并逐步获得相关的学位。

二、海外学历认可

在学历资格方面,当中的一种比较特殊的情况是:希望进入社会工作职业领域的申请者是在其他国家获得社会工作者的相关资格的。在这种情况下,这些申请者必须接受相应的评估,并达到英国本土所设定的社会工作者职业资格、健康状况和个性品格等方面的多个具体标准。这个过程一般被称为等效化程序。首先,这意味着要在英国注册成为社会工作者,申请者必须具有一个等同于英国社会工作职业标准的社会工作职业资历。从2008年10月1日开始,这些申请者必须拥有一个社会工作方面的专业学位,并在有导师督导的情况下完成至少130天的社会工作实务工作。这些实务工作可以在学位修读过程中完成,也可以在获得学位之后完成。如果申请者所完成的社会工作实务工作时间少于130天(6个小时等同于1天),他必须证明他在相关的职位上面参加过足够时间的实务工作。这些工作时间可以弥补在社会工作实务领域工作时间的不足。除了上面的情况外,综合社会服务委员会还对下列在国外取得社会工作职业资历的情况作出了明确的规定:(1)申请者的资历条件没有在评估指引中列出;(2)申请者在一个国家参加社会工作教育培训,而在另外一个国家参加社会工作实务工作;(3)申请者完成社会工作职业资历的国家,并不在英国所承认的国家目录当中。

三、社会工作专业课程设置

对于社会工作专业的本科和研究生课程，英国的质量监督局公布有比较明确的规定。依据这些规定，要获得社会工作专业的学位，社会工作专业的学生需要修读完特定的核心课程。这些核心课程具体包括社会工作服务与服务使用者、社会服务的传送体系、价值与伦理、社会工作理论以及基础社会工作实务。同时，社会工作专业的学生应当学会以下核心技能：问题解决技能、沟通技巧、合作技能、个人与职业发展技能。另外，所有的社会工作者都需要了解相关的法规、团体式工作、实务过程（评估、计划、介入、回顾）、个人成长与发展知识、精神健康以及残疾方面的知识。

四、社会工作职业资格延续与再培训

成功注册之后，社会工作者必须每3年更新注册一次。要成功更新注册，社会工作者必须在过去3年的注册工作期内参加不少于50天的职业培训。这些规定通过对社会工作者专业行为的约束，不但对社会上的弱势群体提供了保护，而且也促进了社会工作者本身的发展。依据相关的规定，社会工作者在成功注册之后，需要接受进一步的职业培训。在这方面，综合社会服务委员会设定有专门的“注册社会工作者职业培训项目”。在2007年之前，这个项目设置了四项专门的课程：(1)高阶实务课程，聚焦高阶的社会工作实务与管理；(2)儿童照料课程，专门面向在儿童和青少年社会工作实务领域工作的社会工作者；(3)实务教学课程，专门面向在实务工作中主要是作为社会工作专业学生的导师、督导者或协助者的注册社会工作者；(4)认可心理咨询师课程，专门面向在心理健康领域工作的社会工作者。在2007年之后，综合社会服务委员会在英格兰实施了一个新的项目，将这些课程统一到一个更为简单的结构中。这个新的课程结构将注册社会工作者的课程分为初级专家、中级专家和高级专家三个级别，这三个级别的培训课程分别面向本科毕业的注册社会工作者、具有研究生文凭的注册社会工作者以及拥有硕士学位及以上的注册社会工作者。

近年来，苏格兰、威尔士和北爱尔兰也对社会工作者注册后的培训课程项目进行评估。在威尔士，一项新的模块式课程设置方案也已经在2007年出台。同时，英国收养与照料协会已经发展和设定了英国第一项家庭照料领域的专业课程，为在该领域从事实务工作的注册社会工作者的再培训所用。

五、儿童保护服务领域的职业标准

儿童是社会中的一种较为特殊的弱势群体，相关的保护服务工作一般设有相当严格的职业标准。这个社会工作实务领域的职业标准,是具有相当高的代表性的。在英国,儿童保护服务工作设定有系统和详尽的职业标准。这些标准主要提供给下列人员使用:(1)英国的健康、社会服务与公众安全部的负责项目委托的官员,用作规划、委托、服务质量保障和服务质量审查;(2)组织、专家和其他为儿童服务规划提供支持的人,用作规划、监控和服务评估、信息提供、个体服务的提供和评估、弱势儿童保护;(3)儿童、青少年和他们的家人以及相关人群,用作了解他们可以从相关的服务机构中获得的儿童保护服务;(4)服务人员,用作明确他们在服务规划、服务提供和评估中所应当达到的要求,并了解他们从所属机构中应该获得的支持;(5)监管部门、专业部门和培训机构,用作他们的检查和管理评估,以及确保他们能够向从事实务工作的服务人员提供足够的各种培训服务,使这些服务人员能够有效地提供儿童保护服务;(6)公众,用作他们了解儿童保护服务如何保护儿童,并了解他们在儿童保护方面能够做的重要贡献。

从大类来划分,儿童保护服务工作的职业标准包括8个基本类别:(1)服务的规划、委托输送、质量监督与评估;(2)服务目的和服务途径;(3)评估、个案规划、个案管理和记录留存;(4)在特定的情境中保护儿童;(5)儿童保护专项委员会和儿童保护基金小组的建立和运作;(6)个案管理回顾;(7)儿童保护工作的跨部门协助;(8)平等与人类权利。在这8项主题下,分别设有详细的职业标准,明确规定相关的服务工作应当达到的绩效标准。

以第一类的"规划、委托、输送、质量监督与评估"为例,其包括以下主要内容:

(一)规划与委托

1. 在规划和委托方面建立有明确的跨学科、跨机构和跨社区的制度安排。

2. 儿童保护方面的服务委托,应当确保这些服务可以迎合儿童及其家庭的需要,确保这些服务不会对儿童及其家庭产生负面影响,确保服务得到高效率的提供。

3. 在健康与社会照料基金委员会和其他机构之间,应该在规划、委托和服务提供方面建立有合作的协议。这些协议应当涉及服务提供的计划书、指引和服务提供的具体程序。

(二)服务的输送

1. 无论服务具体是以合作还是委托的方式提供,都应当达到服务级别协议所明确规定的要求。

2. 在儿童的需求方面应该建立有明确的评估机制,对整个儿童服务提供过程进行必要的检测,用以促进服务的规划、资源分配以及服务提供。

3. 服务委托方、服务提供方和其他相关机构在儿童保护方面应设有明确的员工安排和使用计划。

（三）质量监督与评估

1. 服务机构应建立有明确的组织机制，并对服务的管理、协作、监管和审查的相关职能和责任有明确的界定。

2. 服务机构建立有合适的机制，对员工的工作进行有效的管理。

3. 应当建立有步骤明确的审查过程，对儿童保护服务进行审查和评估，促进服务的发展和提升。

第四节　美国社会工作者职业标准

一、职业资格

当前，美国的社会工作职业资格制度主要是依托各州的地方法规而建立。具体而言，各个州的州政府通过立法建立的社会工作者职业资格，任何进入社会工作领域的人员必须具备这一资格。社会工作者必须在所在地通过考试或其他相应的方式，在相关部门成功注册，才可以开始开展实务的社会工作。这个职业资格注册制度通过规定社会工作者的职业资格，来保证社会工作者提供的服务能够达到一定的标准。一般而言，要注册成为社会工作者，申请者需要具有社会工作专业的博士学位（Ph. D 或 DSW）、硕士学位（MSW）或者学士学位（BSW 或 BASW），而且这些学位是由社会工作教育协会认可的教育机构那里获得的。但同时，在一些特定的实务领域，非社会工作专业毕业的申请者也可以注册成为社会工作者。具有社会工作学士学位的注册社会工作者一般被视作为“一般社会工作者”，具有硕士学位的注册社会工作者被视为“高阶社会工作者”，而拥有博士学位的注册社会工作者则一般在高等教育机构从事社会工作领域的研究、教学和政策分析等相关工作。

本科程度的大学课程，各个大学在具体课程设置方面可以有各自的安排，并对特定的专业实务领域有所侧重，但一般都需要开设有社会工作理论、心理学、人类发展、社会学、社会政策、社会研究方法、社会规则和社会行政等课程。

二、社会工作者资格层次

美国目前的社会工作者职业资格设有四个级别：（1）初级社会工作员，包括社会福利服务助理和社会福利服务技术员，这需要完成基本的社会工作学士课程，并参加过一定时间的实务工作；（2）中级社会工作者，需要完成社会工作专业研究生阶段的学习，并具有一定的实务经验，然后获得所在州的执业许可；(3)临床社会工作者，需要完成硕士学习，同时在特定的专业领域(主要是直接临床服务领域)具备有丰富的实务经验，并通过州级临床社会工作者考试；(4)通过资格审查、专业考试、获得全美社会工作者协会的专项证书的持证社会工作者。

三、社会工作者证书制度

1960 年，美国的社会工作者证书制度(Academy of Certified Social Worker，简称 ACSW)由美国社会工作者代表大会通过后颁布实施。目前这个协会一共制定了 5 个社会工作者证书制度，即社会工作者证书制度(ACSW)、合格临床社工制度(Qualified Clinical Social Worker)、临床社工证书制度(Diplomat Social Worker)、持证本科社会工作者制度(Academy of Certified Baccalaureate Social Worker)和学校社会工作专家制度(School Social Work Specialist)。这些类别证书的申请资质和要求都比基本的社会工作者入门资格更高，证书也具有较高的专业权威性。这项制度将持证资深的社会工作者与初级的社会工作者明确区分开来，一方面促进了社会工作者对自身的严格要求和不断发展，同时也使得社会工作作为一项职业本身能够在社会中获得更高的认可。

四、社会工作伦理准则

美国社会工作教育协会强调社会工作的基本伦理准则，包括：(1)社会工作者应该促进社会的一般福利，致力于歧视的防止和消除，确保社会成员可以公平地获得自身所需要的资源、服务和机会，倡导社会总体状况的改善；(2)社会工作者应该致力于协助案主找到所需的资源，倡导社会制度向人性化的方向发展，从而可以更好地回应人类的需求；(3)社会工作者应该接纳和尊重不同的民族和群体，尊重个人和团体的差异；(4)社会工作者即使在实务工作中遇到挫折，也应当坚持维护案主的利益，并以此作为工作的基本出发点；(5)社会工作者应当坚持社会正义，为所有社会成员的经济、物质和心理幸福而努力。

在一般性的社会工作伦理准则基础上，一些具体的实务领域还设有自身的工作伦理准则，譬如在学校社会工作服务领域，制定有专门的服务准则。在 1978 年，美国社会工作人员协会(NASW)举行了第一次的全国社会工作会议，其间提出了 33 点学校社会工作服务准则(NASW Standards for School Social Work Services)，这些服务准则在类别上可以划分为能力与专业实务部分、专业培养与发展部分以及行政组织与支援部分。

（一）能力与专业实务部分（Standard of Competence and Professional Practice）

（1）学校社会工作员应奉行社会工作的专业价值与伦理，并以 NASW 的专业准则及道德规约，作为职业道德抉择的判断依据。

（2）学校社会工作员不论是专业团队的成员还是领导者，都应协调、动员地方教育主管机关以及社区资源，以满足儿童及其家人的需求。

（3）学校社会工作员应针对学校的目标与使命，规划并提供相关的训练与教育课程。

（4）学校社会工作员应恪尽职责，在时间、精力及工作量上做适宜的安排，并依优先顺序完成工作。

（5）学校社会工作员应保存好工作规划、服务方案和评估报告等相关资料，并处理评估的相关资料。

（6）学校社会工作员应与地方教育主管机关、社区代表、儿童及其家人共同进行有计划的分析，通过需求评估等调查方法掌握个别儿童及儿童群体的需求。

（7）学校社会工作员应在方案报告中，使用客观的测量方法及评估技术。

（8）学校社会工作员应当持续评估相关的介入计划，如无法给予最适当的干预，则应以替代计划提升儿童在教育中获益的能力。

（9）学校社会工作员应关注被地方教育主管机关和社区忽视的服务领域，并着手策划所需的服务项目，完善整体的服务系统。

（10）学校社会工作员应向地方教育主管机关、学校董事及社区代表提供咨询服务，以促进相互了解并加强学校社会工作服务的有效性。

（11）学校社会工作员应确保儿童及其家人得到应有的信息，尊重其多元文化，提供相应的服务，并提升家庭对儿童学习的支持。

（12）学校社会工作员所提供的服务，应能加强儿童的自主能力，并规划行动方案指导其学习，尽量让儿童有学习和参与的机会。

（13）学校社会工作员应使儿童及其家庭取得社区的资源（包括有形及无形的），并能获得充分运用这些资源的能力。

（14）学校社会工作员对案主的隐私应予以保密。

（15）学校社会工作员应接受调解和平息冲突的训练，并将其运用于儿童教育问题的解决。

（16）学校社会工作员应支持各种情况下的儿童及其家人的福祉。

（二）专业培养与发展部分（Standards of Professional Preparation and Development）

(17)学校社会工作员需要对社会工作者的基本知识、地方教育主管机关、教育过程、相关法令及正当程序等方面的知识有所了解。

(18)学校社会工作员应提升技巧,为儿童、家庭、地方教育主管机关和社区等人员提供有效的服务。

(19)学校社会工作员应遵循 NASW 及政府制定的实务准则。

(20)学校社会工作员应为本身的专业发展负责。

(21)学校社会工作员应教导、监督社会工作实习生,以协助该专业的发展。

(三)行政组织与支援部分(Standard of Administrative Structure and Support)

(22)学校社会工作服务是整体儿童服务的一部分,应由学校聘请合格的学校社会工作员开展。

(23)学校的社会工作员应称之为"学校社会工作员"。

(24)对于学校社会工作的权利和义务,地方教育主管部门应当有明确的规定。

(25)地方教育主管机关应对学校社会工作员提供适当的督导。

(26)地方教育主管机关在聘用学校社会工作员时,应选择具有最高资格的应聘者。

(27)地方教育主管机关应就学校社会工作员的教育程度、经验与职务,提供适当的职级与薪金。他们的职级与薪金的认定方式,应与机构中其他具有类似资格的专业人员一致。

(28)地方教育主管机关应为学校社会工作员提供有效发挥能力的工作环境。

(29)地方教育主管机关应为学校社会工作员提供参与在职训练及成长的机会。

(30)学校社会工作方案的目标、方针和工作内容,应与地方教育主管机关的任务、教育程序及学生的教育机会有清楚而直接的关联。

(31)所有的学校社会工作方案都应做持续性的评估,以评鉴这些方案的适宜性、服务效果和效率。

(32)教育当局应雇用合格、具有硕士学位以上的资深学校社会工作员为学校社会工作顾问。

(33)地方教育主管机关应拟定学校社会工作员与学生人口的比例,以确保合理的工作量。

第九章　欧洲社会服务管理的趋同化

第一节　欧洲国家的趋同化发展

一、欧洲社会服务管理的趋同化压力

社会服务的管理体系,长期以来一直是欧洲发达国家的社会政策体系的重要组成部分。在社会政策趋同化视角中,尽管不同的欧洲国家具有不同的结构化制度设置,但在外界的经济和社会压力的推动之下,这些国家各自的社会政策制度安排将会在一定程度上朝着同样的方向发展,一步一步地形成一定范围内的趋同化。

外界的经济和社会压力,在经济衰退期间表现得最为显著。经济方面的压力比较容易明确,通常是与政府用于社会服务的财政开支紧密相连。作为一种具有一定周期性的现象,经济衰退会使社会民众的消费力降低,而消费的减少会进一步加剧经济的恶化。这种负面的发展趋势将会迫使政府为了刺激消费而降低多种税率,如个人所得税和消费税。税率的降低将会使政府的税收减少,进而降低政府可以用于社会服务的财政预算,形成缩减社会服务开支的压力。在社会服务的需求不变的情况下,这种开支的缩减会导致政府可以直接或者间接提供的社会服务减少。而且,在经济衰退期间,经济低迷将会使企业的利润降低,进而形成企业裁员的压力,逐步导致失业率的上升和失业人数的增多。失业人数的增多,一般情况下会引发社会服务需求的增加。这种需求增加,一方面是失业的劳动者自身可能需要进行技能提升,提高自身的技能从而可以重新进入劳动力市场,但同时失业的状况将会限制大部分劳动者使用费用较高的私立商业培训机构提供的培训服务,所以需要政府直接或者间接提供培训服务。另一方面,劳动者的失业将会使劳动者家庭的总体收入减少,政府税率的降低会在一定程度上弥补劳动者由于失业带来的经济收入减少;但总的来看,劳动者家庭的一些在之前可以独立应对的问题,可能会需要社会服务方案的支持。这种影响对于低收入的家庭尤其显著。由此,经济衰退一方面使政府可以用于社会服务的公共财政资金减少,供给能力降低,另一方面会导致社会成员对政府提供的社会服务的需求增加,最终形成一个供求不平衡,需求大于供给的状

况。这种状况会进一步形成一种社会压力，促使政府采取措施提高社会服务的效率，使社会服务可以在有限的资金支持下提供更多或者尽可能多的服务。

在经济平稳发展的时期，可能也同样存在提高社会服务效率的社会压力。这种社会压力可以源于商业服务行业的服务效率提升。20世纪经济发展的一个显著特征是第三产业即服务行业的发展。服务行业的发展，使进入服务行业的经济单位增多。在市场的服务供给出现第一次过剩之后，经济单位之间就会正式产生争夺顾客的竞争。这种竞争促使经济单位通过各种途径去增加自身的市场竞争力，一个关键的路径就是提高服务的质量和效率。商业服务机构服务质量和效率的提升，在一定范围内会使一部分使用过社会服务的社会成员对社会服务的预期提高，希望社会服务也可以和私立机构服务一样不断提升服务的质量和效率。在政府的公共财政收入和开支透明化的情况下，这种预期会更加强烈，因为社会成员越来越明确地知道政府用于社会服务的开支主要源于他们所交纳的税款，在事实上存在一种社会成员向政府"购买"社会服务的关系，即社会成员和政府之间存在一种"顾客和服务运营商"之间的关系。社会服务的"购买"关系，使社会成员在私立机构服务提升的背景下进一步关注社会服务质量和效率提升的可能途径和空间，最后向政府形成社会压力。

外界的经济与社会压力，会因为各国的经济结构和社会结构等一系列宏观因素的不同而存在程度高低上的差异，但总的来说存在一定的共同性。这种问题的共同性，在各国相互之间信息隔离的情况下也可能会在最终形成在一定范围内重合的政策实践，而在各国信息可以相互顺利传递的情况下，则有可能形成更大范围内的政策实践重合，即政策的趋同化发展。从20世纪初期开始，随着信息技术的发展，学术领域的国际标准语言的使用，各国的政府、学界和民间交流的增多等多方面因素的推动下，欧洲发达国家之间的社会政策的国际比较和经验借鉴日益增多。同时，随着普通的社会成员对国外的社会服务制度方案的了解，他们希望政府借鉴其他国家的成功经验、改进本国社会服务系统的意愿也会逐步增加，最终形成一种政治方面的压力。在这种背景下，这些国家的社会服务监管制度的发展，增加了一个新的国际维度，即一个国家在建立或者发展自身的社会服务监管制度的时候，需要去考察或者借鉴其他国家的政策经验。一个国家的政府部门在建立、发展和改革自身的社会服务制度设置或者方案的时候，将可能需要表明已经借鉴了其他国家的政策经验，以进一步增加相关政策措施的可接受性，从而获得更多的社会成员的支持。

这种借鉴国际经验的取向，在欧洲国家逐步走向一体化的过程中，即从欧洲共同体到欧盟的建立再到近期的一系列措施中,一步一步地逐渐加强。从最初可能主要是源于社会成员压力的推动,逐步开始出现一些超国家的国际组织的推动。在欧盟范围内,目前最为显著的是欧盟对新成员国的社会政策改革的要求。在新成员国正式加入联盟之前,欧盟通过设立一定的政策指标要求,促使新成员国按照这些指标要求对本国的政策体系进行改革,在加入联盟的时候可以在多个方面达到联盟的要求。作为一种标准,这些指标要求都在一定程度上限定了新成员国的社会服务监管制度改革方向和最终的成型制度,进而形成这些新成员国相互之间以及新旧成员国在监管制度方面的趋同化。

欧盟设置有联盟范围内的结构基金,用于推动联盟的整体发展。在这种背景下,欧盟作为一个超国家的国际共同体对新成员国社会政策方案趋同化的推动,存在一个更为广阔的国际维度:全球主要区域经济共同体相互之间的竞争,促使世界各地的经济共同体采取各种措施去提升共同体的国际竞争力。这种国际竞争力的提升,当中的一个主要方面是经济共同体的整体劳动力成本可以维持在较低的水平上,进而降低整体的生产成本,使产品在国际竞争中具有成本方面的优势;或者尽管是存在劣势,但该劣势可以由技术或其他方面的优势成功抵消并超过,最终使产品具有足够的国际竞争力。社会服务作为一种由政府财政进行支持的公共方案,最初源于经济单位和社会成员所交纳的税收在本质上是社会工资的一部分。这些社会工资在一个国家或者经济共同体范围内也将提高国家和经济共同体的整体生产成本,在技术和其他方面的因素不变的情况下将会降低国家和经济共同体在国际市场上的竞争力。在经济全球化的框架下,提升经济共同体的生产率,同时降低政府基于税收的公共行为的作用和范围,对于欧洲的整体发展是必不可少的。欧盟各个成员国的社会工资需要维持在一个可以接受的水平上,从而保证欧盟作为一个经济共同体的整体竞争力。在联盟内社会政策不断发展的背景下,欧盟对各个成员国社会政策设置的影响力也逐步增强。影响力的增强,将会在一定范围内推动各个成员国的社会服务监管制度的趋同化发展。

类似的经济和社会压力的存在,社会政策国际比较和经验借鉴的发展,以及经济一体化组织的推动,使欧洲国家尤其是欧盟成员国的社会服务监管体制存在一定的趋同化发展。这种趋同化发展,具有一定的历史发展性,即各个国家所趋同发展的、具有一定标准化意蕴的基本制度模式或者模式的特定组成部分,会随历史时期的不同而不同。同时,在不断发展中,并不存在恒久不变的模式。在不同的外界环境下,不同的制度模式具有程度高低不同的适应结果。在某一时期的同一环境下,某一种制度模式可能具有最高的适应性，从而可能成为主导性的制度模式，成为其他一些国家选择趋同的制度对象。同时，一些国家可能会选择继续保持自身的制度设置，而拒绝对制度进行趋同性的改革。随着时间的推移，外界环境逐步改变，可能是原先适应性较高的制度模式，由于路径依赖所带来的变革迟缓，原有的适应性逐渐降低。而原先适应性较低的制度模式，有可能与新的外界环境更加迎合，进而逐步提升适应性，一步一步成为适应性最高的制度模式和其他一些国家选择趋同的对象。

对政策趋同化的探讨，同时需要考虑和结合政策实践的离散化倾向。外界的趋同化压力对不同国家产生的影响是不尽相同的。外界的压力会在不同国家各自的政治、社会、经济和文化等宏观设置的缓冲和调节下，最终形塑出有所不同的政策实践。政策的趋同化，一般主要是政策实践的关键性特征在同一路径上发展，而不是指在所有的政策细节安排上都逐步实现一致。这些关键性特征要素，将会在社会服务管理系统的基本架构中得到进一步的明晰。

二、社会服务管理系统的基本架构

要明确社会服务管理制度的基本模式，首先需要明确社会服务管理系统的基本架构。社会服务管理系统的基本架构，可以依据纵向和横向两个基本维度进行一定的规划。在纵向上，主要是社会服务的整体输送过程，可以划分出不同的输送阶段。在不同的输送阶段中，存在横向性的区间，即同一政策主题下不同的制度安排的连续谱。通过纵向和横向两个方面的系统规划，大体构建出社会服务管理系统的总体架构。

作为一种简单的、一般意义上的划分，社会服务的整体输送过程可以划分以下三个阶段：(1)首先是资源的宏观传递过程，即社会服务最初是源自一个国家的政府通过各种税收汇聚社会服务所需的资金和其他相关资源，然后从中央政府传送到地方政府；(2)这些资金和资源由地方政府通过具体的制度安排传送给社会服务的提供机构；(3)在资金和资源到达社会服务的执行机构之后，开始资源的微观使用过程，即社会服务机构的资源计划、人员管理和方案执行等微观的过程。需要强调的是，这是一种理想型的一般性划分。在实践中，一个地区的社会服务可能是由地方政府的财政直接支持，而没有经过中央政府的财政调拨。同时，一个国家的某一项社会服务，可能是由中央政府直接施行，而不需要经过地方政府和服务机构的传递和实施。

在社会服务的传输过程中，有效性和及时性是贯穿其中的两个重要维度，一般可以作为评价某一社会服务体系的整体功能的主要指标。有效性主要是指资金和资源在汇集过程中能够汇聚足够的资金和资源,同时在传输过程中不会因为各种问题而导致资源缩减。在及时性方面,主要是资金和资源的汇集是在必要的限定时间内完成的,并在安排的时间内完成传输,从而保障最终的社会服务的及时提供。在第一个阶段,一个国家的政府通过各种税收建立提供服务所需的资金和其他相关资源,主要的监管内容是保证这些资金和资源可以通过税收的渠道得到有效和及时的收集。在有效性方面,关键在于最后汇集的相关的资金和资源可以足够满足社会服务传输的最终需要,而且在资金和资源的汇集过程中不会出现由于官员腐败等问题而导致的资源缩减。有效性和及时性,在第二阶段和第三阶段同样重要。

社会服务的有效性和及时性的实现,需要系统的制度安排来作支持。从理想型的划分出发,关于社会服务的输送过程的制度安排主要涉及三组相互连接的关系:中央政府与地方政府的关系,政府部门与社会服务提供机构的关系,以及社会服务提供机构内部的组织架构。这三组关系,在内部可以进一步细分出不同制度安排的连续谱。这些连续谱存在两个的极点,分别代表两种截然相反的政策实践做法。在现代社会,极点的做法一般并不存在。一个特定国家的做法,往往是在这个连续谱的两个极点之间的某一区域。在中央政府和地方政府的关系中,均衡作为两者关系的中点,在两边分别存在"中央化"和"去中央化"两种相反的路径选择,由此在整体上形成一个政策做法的连续谱。在中央化方面,极点的做法是完全去除地方政府的权力,将所有社会服务的安排统一由中央政府完全决定。而在去中央化方面,则是完全去除中央政府对社会服务的影响,完全由地方政府决定所有相关的政策安排。

在第二组的政府部门与社会服务提供机构的关系里面,市场化是当中最主要的划分指标。完全的市场化,是指政府部门将所有的社会服务提供机构放在完全一致的地位,让这些社会服务机构完全凭借自身的市场竞争力去争取政府在社会服务方面的专项资金和资源。而完全的去市场化,或者是完全的计划化,就是社会上存在的社会服务提供机构,本身可以被视作是政府部门直接下设的机构,政府部门按照自身的计划安排而将社会服务资金和资源划拨给相应的社会服务机构,完全不存在为了争取社会服务资金和资源所形成的市场化竞争。最后在社会服务提供机构的内部关系上,存在多个在一定范围内重合的划分指标,当中最为关键的是管理架构安排,即整个服务机构是按照垂直化管理,还是按照扁平化管理,所涉及的主要是上层管理者、中层管理者和社会服务的提供人员的相互关系。在垂直化管理中,上层管理者、中层管理者和社会服务的直接提供人员是垂直化的关系，一项服务内容的提供需要经过层层递进的审核过程，首先由社会服务的直接提供人员向中层管理者汇报，中层管理者认为可行后再向上层管理者汇报，由上层管理者决定这项服务的提供与否。垂直化管理，在整体上是一种金字塔形的组织架构。而在扁平化的管理中，服务的直接提供人员具有高度的自主性，中层管理者和上层管理者承担的主要是服务性的角色，是为服务的直接提供者提供他们所需要的各种支持。

综上所述，社会服务管理的基本架构在纵向上涉及资金和资源的“地方－中央－地方”的汇集和输送、政府部门与服务机构的资金和资源传递，以及服务机构的社会服务开展等三个主要阶段。这三个主要阶段，分别在横向上存在中央政府与地方政府的关系、政府部门与社会服务提供机构的关系以及社会服务提供机构的内部管理关系等三组相互连接和影响的管理关系维度。这三组管理关系维度各自具有不同制度安排的连续谱：“中央化－去中央化”连续谱、“市场化－去市场化”连续谱，以及“垂直化－扁平化”连续谱。同时，这些关系维度紧密连接，相互之间存在复杂的互动关系，往往难以明确地划分出相互之间的因果关系。在由上到下的路径上，在第一阶段的中央化发展可能会导致第二阶段上的去市场化发展。而在由下到上的路径上，第三阶段的扁平化发展，同样可以逐步推动第一阶段的去中央化发展。

这些不同的管理关系维度，提供了对不同国家的社会服务管理系统进行系统分析和模式划分的主要依据。从已有的研究来看，对社会服务管理的基本模式的划分，可以是依据当中的某一个特定维度开展该维度上的深入探讨，也可以是综合地运用当中的两个或者全部维度进行更加全面的研究。同时，模式的划分同样是动态的。在某一时期，各个国家可能在某一个特定维度上相互之间存在显著差异，从而可以在该维度上对不同国家的模式进行划分。但可能在一定时期之后，各个国家在这个维度上逐步趋同，相互之间的显著差异逐渐消减，从而使这个维度不再能够作为对不同国家的政策实践进行模式划分的指标和依据。与此同时，各个国家可能在另一个原本不存在显著差异的维度的发展中，逐步拉大相互之间的政策实践距离，一步一步形成显著性的差异，从而使这个维度可以成为新的进行模式划分的主要指标和依据。

动态性发展的最后一个方面，就是上述这些作为模式划分依据的管理关系维度并不是穷尽的。也就是说，除了这些关系维度之外，还存在其他的维度可以用作模式划分。同时，随着时间的推移，新的维度可能会出现和形成。上述管理关系维度在模式划分中的使用存在一定的时效性，在近期内，这些维度可以作为模式划分的基本依据；但在一定时期之后，一些维度可能会被替代或者依据新的状况规划出新的政策实践连续谱。

三、欧洲社会服务管理的基本模式与市场化趋势

目前在欧洲社会服务管理方面，一种具有较大影响的类型划分是由 Flynn 和 Strehl 在 1996 提出的。Flynn 和 Strehl 主要聚焦的是社会服务管理的第二阶段，即政府部门与社会服务提供机构的关系，由此出发将欧洲多个国家的社会服务管理制度归纳为三种主要模式。第一种管理模式以统一的科层制为主要特征，整个科层制由上而下具有严格的规章和制度，对科层制内的个体的行为进行严密的控制。第二种管理模式以市场化的合约式管理为主要特征，社会服务政策的制定和服务的具体提供明确分开，相互之间通过合同和合约相连，服务提供机构相对于第一种模式具有更高的自主性，但同时也需要严格执行合同和合约所规定的内容，实现服务的实践目标。而在第三种模式中，中央政府的权力较弱，社会服务政策主要由地方政府制定，政府部门与服务机构的的关系较为自由，服务机构具有非常高的自主性，可以在较为宽泛的限制下开展实务工作。依据 Flynn 和 Strehl 的论述，德国、奥地利和瑞士属于第一种模式的国家，英国、瑞典和法国代表第二种模式，而第三种模式的代表则是荷兰。

Flynn 和 Strehl 强调，欧洲的不同国家具有不同的政策结构安排、国家的文化态度以及不同的管理传统，由此形成目前不同的社会服务管理模式。作为传统的社会民主主义福利国家，荷兰在历史上一直存在较为自主的地方政府，中央政府和地方政府之间的关系较为自由，管理者与员工之间的关系也是这样。德国和奥地利是联邦制国家，管理体系由较强的宪法和在此基础上的宪法管治的传统所支撑，管理模式方面更为制度化和严格，主要活动一般是在法律框架下开展。而英国则是社会服务市场化的领导者，整体的福利系统存在多个不同领域的服务提供者，这些服务提供者共同去竞争整个服务系统中提供的服务项目。

下面，依据 Flynn 和 Strehl 以及其他一些学者的研究，在这三种模式当中选择一个典型的国家，进行更加详细的描述。首先是以奥地利作为第一种模式的代表。作为传统的宪法管治国家，奥地利的社会服务管理具有强烈的法律管治色彩和严格的层级体系。中央政府和地方政府存在由宪法规定的严格的分权和分工，地方政府的自主性受宪法保护，中央政府不可以干涉。社会服务的政策制定和实务管理，分别是由中央或者地方的上层的政策制定者负责。在这过程中，政策制定者首先通过法律的形式，将社会服务的内容法规化，然后以这项法规为基础进行具体的管理。服务行为严格地由法律、法规和规章限定。社会服务的实务工作者需要达到工作所需的任

职资格才可以入职,同时只要不违反相关的规章,他们就可以一直在各自的职位上任职。Flynn 和 Strehl 指出,这种模式的主要弊端在于社会服务的实务工作者在工作中可能会主要关注自身的行为与职业法规和守则相符合,而不是尽量去满足社会成员的社会服务需求。这样将会导致最终的社会服务成效的低下。同时,Flynn 和 Strehl 也给出了这种模式的支持者的意见:因为工作的绩效难以确定和具体测量,这种模式让实务工作者明确他们的职位要求和期望,在实际操作中是有利于保护社会服务的实务工作者,使他们可以在职位提升中避免受到一些个人倾向性的影响,防止科层制内一些管理者的权力滥用。

在维度划分的意义上,第三种模式在很大程度上是作为第一种模式的对立面进行分析。作为这种模式的代表,荷兰在社会服务的管理上存在显著的"去中央化"取向,呈现自由化的特征。一直以来,地方政府具有高度的自主,这使中央政府主要只是在承担支持性的角色。这种倾向同样存在于政府部门与社会服务机构的关系当中:政府部门主要承担提供资金支持的角色,对社会服务的实践只具有十分有限的影响。社会服务机构受政府部门的约束较少,可以在较为宽松的制度环境下向社会成员提供服务。政府部门可以通过资金的不同调拨,对整体的社会服务系统作出一定的结构性影响,即影响社会服务的总体结构,如主要服务受益人群等。但在具体服务方案的安排和管理上,是由社会服务机构根据自身的需要进行计划和开展。这种自主性可以让服务机构能够更快地对社会个体的服务需求作出回应,尤其是在社会成员的需求出现变化的时候,服务机构的这种自主性的优点更加明显。但这种模式的一个主要弊端是,社会服务的高度自主,也带来了可能出现的低效执行的问题,即服务机构尽管使用了政府提供的社会服务资金,但并不高效,所提供的服务标准只停留在较低的水平,没有提供社会服务资金所能提供的服务。

以合约为主要特征的第二种模式,在这三种模式当中是以一种整合模式或者"中间道路"的形式而存在的。在这种模式当中,政府部门与服务机构的关系,避免了第一种模式严格依据法律、法规可能存在的管理僵硬化,给服务机构提供了一定的自主空间;同时,服务机构的行为是受到合约所规定的目标限制的,政府部门仍然具有相当强的监管能力,在很大程度上可以避免出现第三种模式所可能存在的服务机构滥用政府资金的问题。这种模式以英国为代表国家,在本章的第二节将对英国社会服务管理制度的历史发展和现行机制作详细的探讨和分析,在这里首先介绍同样属于这种模式的瑞典的社会服务管理实践。政策制定和项目执行的分开,在瑞典具有悠久的历史。政府部门的主要工作在于政策的制定,以及和服务机构议定社会服务的合约内容和具体目标。服务机构的主要工作是执行政府部门所制定的社会服务,但其自身具有高度的自主性,运作的自主性受法律保护。政府部门与服务机构之间的合约议定,主要是明确服务机构所需要达到的目标,以及政府部门据此所提供的资金资助。服务机构的工作是合约导向性的,一般依据合约的内容和自身的状况,在政府资金资助的支持下开展工作。如果合约规定的目标最后没有达到,服务机构可能会受到一定的处罚,但在欧洲范围内这种处罚一般并不严重。

按照 Flynn 和 Strehl 的归纳,市场化的合约式管理模式的出发点是功能的分化,即政策制定和服务提供分别属于不同的功能类别,由此需要不同类别的社会成员来执行,以提供功能执行的有效性。但同时,这种模式存在以下不足:首先,政策制定和服务提供的界限往往难以明确划分,如果依据一定的标准明确划分,政策制定者可能缺乏足够的经验或者认识来制定有效的社会服务政策;其次,政府的行政部门在实际上可能不会放弃对服务机构的直接监管,这将会限制这种模式的真正施行;最后,限定资助的服务目标导向,存在预算不足而最后不得不将服务目标降低的可能,这也限制了社会服务的提供。

总体而言,上述三种模式各有利弊,在目前的发展中,市场化的合约式管理模式居于主导的地位,第一种模式和第三种模式的国家都开始在一定范围内逐步采取了一些市场化的措施,以提升社会服务的服务效能。市场化的合约式管理模式,尽管也存在多种问题,但政策制定与服务执行的分立以及相互之间合作的明确和条款化,在总体上迎合了政府在当前提高资金运用效率,以获得民众支持的需要。

第二节　英国的市场化管理模式

在目前的欧洲国家的趋同化发展中,英国的市场化监管模式一般作为标准模式而存在。虽然并不是市场化机制运用得最深入的领域,但英国本土庞大的全民医疗服务系统(NHS)在过去二十多年福利国家式微的背景下继续成功运转,当中的一个主要原因在于市场化机制的引入和支撑。市场化的合约式管理模式,尽管也存在自身的弊端,但总体架构上迎合了当前社会服务需求提供效率的社会需要。模式当中社会服务政策的制定和服务的具体提供明确分开,相互之间通过合约相连。一般而言,政府部门承担的是服务购买者的身份,运用社会成员所缴纳的税收收入,作为一个宏观的组织机构代表社会成员购买社会服务市场中提供的服务。而在这个社会服务市场中，存在内部市场和外部市场的分化。内部市场是应用于由政府直接管理的社会服务部门或者机构范围内，实际上是一种准市场的运作方式。而外部市场，则是政府将部分社会服务外包，由志愿服务机构和私立服务机构作为主要的服务提供组织，一起通过竞争获得政府提供的资金资助，进而提供相关的社会服务。作为市场化机制的一个显著特征，私立服务机构服务质量和效率的提升，将会使社会成员对社会服务的预期提高，促使同领域的公共服务机构和志愿服务机构努力提升自身的服务质量，保持自身的竞争力。市场化机制对英国的社会服务管理系统的影响是全方位的，要全面地了解这种影响并系统探讨这种市场化机制，首先需要系统回顾英国社会服务管理的发展历史。

社会服务管理在英国具有悠久的历史，但市场化机制的引入和运用，一般认为是开始于20世纪80年代。社会服务本身具有宽泛的定义，难以比较明确地对历史起源作出分析，但现代社会的社会服务管理，一般以政府部门正式介入社会服务作为起点。由此出发，本节对英国社会服务管理的发展历史作一介绍，主要依据的是Flynn的归纳。Flynn所作的归纳是从第二次世界大战之后英国政府大规模地提供社会服务为起点，将英国社会服务管理的发展历史划分为了多个阶段。Flynn的介绍是多方面，涉及非常丰富的内容。本节主要是依据本章第一节中规划的社会服务管理的基本架构，选择性地使用Flynn所归纳的内容。

一、英国社会服务管理的发展历史

在第二次世界大战之后，英国政府开始大规模地介入社会服务领域。一些原来只覆盖部分社会成员的社会服务项目，在政府的介入下开始向所有的社会成员提供。为了保证社会服务的全民普遍性和平等性，这些社会服务项目主要是由中央政府直接管理的，而不是由地方政府管理。一些原来由地方政府监管的服务，在这个时期开始逐步由中央政府直接管理。同时，原本私立的社会服务机构开始逐步国有化。社会服务管理从地方政府向中央政府转移的中央化发展，一般认为是在这个时期开始并延续至今。1974年，地方政府被组织成一个层级化的科层制结构，由上而下的不同层级的政府部门履行不同的行政功能。尽管具有强烈的中央化取向，地方政府仍然具有一定的独立性。在这段时期，英国社会服务领域最为突出的特征是1948年全民医疗服务体系的建立。全民医疗服务以服务普遍性和免费服务提供为基本原则进行运作，在综合平衡多方面因素后最终建立。1974年的社会服务层级化改革，也同样在全民医疗服务中推行。

在1974年，全民医疗服务的组织管理建立了一个层级化的体制，即由上而下的区域性医疗行政部门分别承担预算、计划和管理的职能，同时，不同的层级都设有一个区域的社区医疗委员会代表社会成员对上述职能的执行进行一定的监管。

70年代的经济衰退，对英国社会服务管理制度产生了重大影响。经济衰退使民众的消费力降低。在1979年撒切尔夫人上台执政的时候，英国的公共开支占GDP的比率高达43%，同时社会服务机构的管理僵硬化、服务质量低下和成本较高等问题严重。这些问题在缺乏竞争的垄断性公共服务领域最为显著。

在这样的社会环境下，保守党领袖撒切尔夫人在70年代末上台执政。她提出了新右派的自由主义的理念，对当时的福利体制进行改革。这种理念更加强调经济发展，务求降低社会成员对国家福利制度的依赖，减少公共服务的财政支出。在这个时期，混合福利的重要性被提出并逐步发展。在混合福利当中，社会服务的提供者不仅仅包括政府部门或者政府机构，而且还包括志愿组织和私立机构。在由混合福利导向的改革措施当中，对社会服务管理影响最大的是私立服务机构的恢复以及对志愿组织开展社会服务的支持。这种做法，在一定程度上是之前工党对公共服务机构的开支控制措施的延续。在更加广阔的公共服务领域，原来国有的一些大型行业开始逐步私营化，政府开始由直接提供服务转变为购买服务。除了邮政和地铁外，铁路、航空、城市公共交通、电力等公共服务业都先后实行了私营化。在私营化过程中，英国政府将原来存在的一些垄断行业分割开，将原本统一的大公司分割为多个小公司，这些公司在政府制定的标准内，对服务质量作出承诺。另外的一种做法是在垄断企业之外建立新的竞争主体，形成企业之间的市场竞争。作为政府内部服务的安全保卫和餐饮服务等，也逐步通过强制性竞争投标的方式推行。这种方式要求政府部门在希望由自身下设的服务机构提供上述这些服务时，必须通过投标的方式进行，准许私立服务机构参与竞标，共同竞争服务承包的机会。这样一步一步实现服务外包，由政府外部的服务机构承担主要的服务职能。

同时，撒切尔夫人将执行机构单独分离出来。改革前，英国政府部门具有制定政策和直接提供服务（如办理护照、发放各种补贴和保障金等）两方面的职能。撒切尔夫人采取了下放权力的办法，把制定政策和直接服务的组织分开，建立了专门办理具体事务的执行机构。1991年，梅杰接替撒切尔夫人上台之后，开始在全国大力推行社会服务承诺制度，借此进一步提高社会服务的管理水平。社会服务承诺制度在当时得到英国上下两院议会的支持。内阁办公室设有14人的服务承诺小组，专门负责推行这一制度，中央各部也有专门小组或个人负责。承诺小组每年都出版承诺制情况报告，以指导全国承诺服务的发展。首相还任命了由商界、顾客代表和教育界人士组成的“社会服务承诺专家委员会”，在全国建立了27个跨部门、跨行业的网络组织，共同研讨和推动承诺制的发展。为了进一步推动社会服务承诺制度的施行，梅杰领导的保守党执政政府从1992年开始设立了“全国服务承诺奖”。这个奖项每年在伦敦举行授奖仪式，由首相亲自签发获奖证书。

在保守党执政的这一段时期，市场化的竞争开始作为提高社会服务绩效的主要方法来使用。对于非营利性的社会服务行业，由于本身具有公民服务的性质，存在私营化的阻力，保守党政府的做法是通过各种途径引入内部竞争的机制，建立内部市场，推动服务效率的提升和成本的下降。内部竞争机制的一个显著实例是在公共教育领域。在推行市场化改革之前，英国的中小学教育实行的是区域性直接财政支持的方式，一个区域内的学龄期学生集中在当地的中小学入学，学校经费直接由政府财政依据该地区的学生人数划拨，与一个学校的教学质量没有关联。在改革之后，学生可以跨地区地按照自己的意愿选择合适的学校入学，同时政府的财政拨款与学校在校的学生数量关联。在通常的情况下，学生一般尽可能选择教学质量较高的学校入学。这样，教学质量较高的学校往往可以获得更多的学生，从而获得政府提供的更多的财政支持。这在教育服务领域就建立了一个内部市场的机制。这种措施也逐步出现在全民医疗服务体系的管理中。

这一系列具有市场化特征的制度设置，在1997年工党上台之后得到延续和进一步的强化，但在一些领域也存在去市场化的举措。1998年6月，工党政府发表了《服务第一：新宪章计划》白皮书，基本上继承了梅杰提出的实行社会服务承诺制的六项原则，并在此基础上增加了三项原则，即：(1)公平对待所有顾客，尊重公民隐私和个人尊严；(2)创新和不断改进服务；(3)加强服务提供者之间的协调等，进一步完善社会服务承诺制度。另外，布莱尔的工党提出了竞争的福利制度，对英国的福利制度进行了更深入的修正。“竞争的福利制度”具有浓厚的市场化色彩，强调的是增加社会成员的选择机会，务求进一步推动公共服务机构、志愿服务机构和私立服务机构之间的竞争，使社会成员可以获得更加完善的服务。

二、英国社会服务管理的现行体系

发展历史的回顾，大体勾画出了英国社会服务现行管理体制的轮廓。下面的探讨，将会依据本章第一节当中所规划的社会服务输送的基本架构，系统地对英国的社会服务管理制度作介绍，使上述轮廓得到更进一步的明晰。首先在这一部分，社会服务的宏观制度设置主要涉及社会服务输送过程中的前两个阶段，即资源的宏观汇集和传递阶段：社会服务所需的资金和其他相关资源最初由中央政府通过各种税收汇集，然后从中央政府传送到地方政府，再后在第二个阶段，这些资金和资源由地方政府通过具体的制度安排传送给社会服务的提供机构，支持社会服务机构的运作。目前，英国社会服务管理的宏观制度设置是科层制管理和市场化管理相混合的。一种简单的划分是在中央政府和地方政府的关系当中，仍主要是科层制的，而在政府与社会服务机构的关系中则逐步开始由合约式的市场化或准市场化模式主导。

在中央政府和地方政府的关系当中，中央化是其中最主要的特征。中央政府在多个方面对地方政府进行直接的管理，但同时，地方政府仍然具有相当的自主权力，但这些权力并没有得到法律的保护。中央政府承担的是立法者和资金提供者的角色，专注于社会服务政策的制定和社会服务的宏观调控。而地方政府则负责给定数量的社会服务项目的具体分配。中央政府拥有制定法律的权力，监管着地方政府的税收收入，同时地方政府的财政开支主要由中央政府的税收收入支持，地方性的税收收入只在很小的范围内支持地方政府的工作。地方政府的权力和收集资金的能力直接受到中央政府的限制，中央政府可以通过法规对地方政府施加多方面的影响。从这个方面来看，地方政府只是英国政府的代表性机构，地方政府的自主性并没有受到宪法的保护，所有的权力由国家议会所授予，具体是依据特定的法律地位获得。

在政府与服务机构的关系当中，首先涉及的是政府和由政府直接管理的社会服务机构或者社会服务部门的关系，即由内部契约所支撑的内部市场的关系。英国政府目前采取的做法是建立一种准市场的运作机制。这种运作机制的最主要方式是服务承诺制度，不同层级的社会服务机构由上而下地制定出自身机构的服务标准，然后公开公布，作出一种服务的承诺而存在。这种社会服务承诺制度，设有政府行政监督的制约。上层的服务机构依据下层机构设定的服务标准，对下层服务机构的工作进行审查。如果审查结果表明服务机构没有达到之前所设定的服务标准，在极端的情况下机构负责人的职务有可能被免除。此外，作出承诺的社会服务部门都要随时向公众提供充足、准确的信息。一般性的承诺制报告除了内阁办公室每年出版外，还包括由审计监督委员会统一出版的《全国地方政府工作绩效标准对照》。这些承诺报告将各地的承诺服务标准收集在一起，并通过多种途径传递给社会成员。许多方面的信息，包括政府有关文件、承诺标准、执行结果、获奖单位及一些先进单位的经验等，也都通过多种途径向公众加以传播。这一系列的信息形成一种社会上的压力，促使服务部门实现服务的承诺，提升自身的服务。

同时,内部市场的措施还包括在服务体系中引入内部竞争机制。譬如在全民医疗服务体系的内部,这种机制的具体安排是将服务提供和资金资助的直接连接断开。政府将资金提供给地方性的医疗管理单位,然后由这些医疗管理单位按照本地居民的需求制订一定时期内的地区性的医疗服务目标和计划,最后依据这些目标和计划选择合适的医疗服务提供机构,通过合约的方式运用政府提供的资金购买这些服务机构的服务,由这些服务机构在合约期内向本地居民提供医疗服务。在这种情况下,医疗服务的提供机构需要在维持良好服务的同时,保持一定的运作成本,以达到合同的要求并保证可以继续获得新的合约,维持服务机构的一直运作。这种做法和外部市场的措施,在很大程度上是类似的。

在外部市场上,英国政府采取的是一种购买服务的市场化方式进行运作,具体方式是:政府部门将一些可以由外部机构承担的社会服务项目,通过合同或合约的方式交由志愿机构或者私立服务机构承担。这个过程中首先是社会服务项目的投标过程,即政府在一个比较宽泛或者比较明确的服务领域公布具体的社会服务项目,然后不同的志愿组织和私立机构就这个服务项目提交具体的实施计划和预算安排,一起参与服务项目的竞争。最后,由政府部门根据这些机构的项目计划选定合适的机构,和这个机构签订服务合同或合约,由机构在政府的资助下具体开展相关的社会服务。这些合同或合约一般是以一年为期限的。同时,根据相关的合同或者合约,这些服务机构需要接受地方政府的监督,必须提供和保持符合合同标准的服务。在服务的执行过程中,如果提供的服务没有达到预设的标准,引起社会成员的不满,社会成员可以到有关政府部门进行投诉,政府部门将会派出专职工作人员进行视察,并进行必要的督促和提出改进建议或者方案。同时,政府部门也可能会对服务机构的服务进行不定期抽查,在发现问题的时候也将会首先提出相关的建议。如果社会服务机构不能改进服务,服务机构和政府之间的合约或者合同将会提前终止。最后,在项目合同期即将结束之前,服务机构需要向政府部门提交项目执行的评估报告。这种评估报告,相当数量是由机构内部通过专门的调查(如面向服务使用者的问卷调查)进行的,但也有很多是由外部的独立机构开展的。政府部门也会对服务机构的服务对象进行一定范围的调查,借此了解服务机构的服务执行结果。在目前的实践中,这种市场化的方式在控制社会服务成本的同时,也增加了社会服务内容的多样化和个性化。

在微观的服务提供层面,社会服务管理机构内部的管理针对的是社会服务输送过程中的最后一个阶段,即在资金和资源到达社会服务的执行机构之后,将会开始资源的微观使用过程,即社会服务机构的资源计划、人员管理和方案执行等微观的过程。社会服务管理的成效,最终需要通过检验社会服务机构提供的具体服务来评定。上述第一个阶段和第二个阶段的管理,所起的主要是导向性的作用,最终需要社会服务机构提供有效的社会服务。在这个外部的社会服务市场中,志愿服务机构和私立服务机构作为主要的服务提供组织,一起通过竞争获得政府提供的资金资助。一个服务机构服务质量和效率的提升,将会使社会成员对社会服务的预期提高,促使同领域的其他服务机构努力提升自身的服务质量,同时有效地控制运作成本,保持自身的竞争力。这种市场化机制的运用,使很多以前在工商企业管理方面成形并应用的管理方法,如"全面质量管理"、"人力资源管理"和"扁平化组织管理"等,越来越广泛地应用于社会服务机构的管理领域。

三、英国社会服务管理目前的主要议题

在中央政府与地方政府的关系当中,中央政府在社会服务政策制定当中居于主导地位。这种安排的主要目的在于保证社会服务的普遍性和一致性,保证所有社会成员可以获得标准一致的社会服务,防止一些社会成员因为种族、语言、宗教信仰等因素而受到不同程度的社会排斥,无法获得同等标准的社会服务或者被排斥在社会服务体系之外。但这种普遍性和一致性,在实现上述目标的同时,也限制了社会服务提供的灵活性,地方政府针对本地民众的特定需求而提供相应服务的能力是受到限制的。同时,由于地方政府只是承担服务执行者的角色,依据特定的标准开展工作,这也带来了一定的僵硬化。然而,如果增加地方政府的自主性,将有可能会导致一定程度的社会排斥。如何在这两个方面取得平衡,是当前争论的一个重要议题。

在市场机制方面,这种机制的运作并不是不需要使用和耗费政府的财政资源。相反,内部市场和外部市场各自存在的"交易"成本,同样会占有和耗费政府的大量资源。这当中就形成了机制成本与机制收益的平衡问题。这个问题在全民医疗服务体系的内部市场中尤其显著。这些耗费的资金,是否也占有了原本可以用于社会服务的资金,从而间接地降低了社会成员所能获得的社会服务?市场机制是主导的运行方式,但关于其具体运作范围和方式,仍然存在多方面的争论。

在服务机构内部的管理过程中,"顾客导向"和"公民导向"的差异是目前的困境。顾客导向最初是源自商业市场的竞争,强调的是由于顾客需求的满足对于商业组织的竞争力具有决定性的影响,因此,商业组织需要对顾客的需求作出有效的回应,以保证顾客的忠诚和持续的消费,保证商业组织能够保持赢利并继续生存。由于顾客与商业组织一般存在直接的经济交易

关系,这个顾客导向是比较容易得到确立的。但在社会服务机构中,这种顾客导向是比较难确立的。由于社会服务机构所提供的是一种公共性的服务,资金来自政府的项目资助,由此,它们与接受服务的社会成员在相互之间并不存在直接的经济交易关系。尽管社会成员可以通过中央或者地方政府对社会服务机构产生间接的影响,但这种影响仍然是比较有限的。在很大程度上,社会服务机构仍然主要是“公民导向”的。尽管是引入了工商企业管理方面的管理措施,但这些管理措施在社会服务机构的实施成效,在目前仍然和工商企业的实施成效存在一定的差距。要进一步实现“顾客导向”,需要进一步推动市场化的竞争,建立社会服务的“消费者”可以对服务的提供者直接影响的机制环境。但进一步建立市场化的体系,同样也耗费政府的资金资源。这个议题,同样需要取得均衡,同时存在多方面的争议。

在英国的社会服务管理体系当中,关于现状问题与相应的服务改善和提升方案的争议一直存在。不同的政党不断就社会服务的问题展开争论。整个服务体系实际上一直处于不断的调整变动当中,所不同的只是调整变动的力度和方向。但市场化竞争的方式,在过去的将近 30 年中一直是作为提高社会服务整体服务效率的基本取向的。改进的措施,一般是在市场化取向的总体框架下进行不断的调整和完善。

附　　录

中华人民共和国标准化法

（1988 年 12 月 29 日第七届全国人民代表大会常务委员会第五次会议通过，
1988 年 12 月 29 日中华人民共和国主席令第 11 号公布）

第一章　总　　则

第一条　为了发展社会主义商品经济，促进技术进步，改进产品质量，提高社会经济效益，维护国家和人民的利益，使标准化工作适应社会主义现代化建设和发展对外经济关系的需要，制定本法。

第二条　对下列需要统一的技术要求，应当制定标准：

（一）工业产品的品种、规格、质量、等级或者安全、卫生要求。

（二）工业产品的设计、生产、检验、包装、储存、运输、使用的方法或者生产、储存、运输过程中的安全、卫生要求。

（三）有关环境保护的各项技术要求和检验方法。

（四）建设工程的设计、施工方法和安全要求。

（五）有关工业生产、工程建设和环境保护的技术术语、符号、代号和制图方法。

重要农产品和其他需要制定标准的项目，由国务院规定。

第三条　标准化工作的任务是制定标准、组织实施标准和对标准的实施进行监督。

标准化工作应当纳入国民经济和社会发展计划。

第四条　国家鼓励积极采用国际标准。

第五条　国务院标准化行政主管部门统一管理全国标准化工作。国务院有关行政主管部门分工管理本部门、本行业的标准化工作。

省、自治区、直辖市标准化行政主管部门统一管理本行政区域的标准化工作。省、自治区、直辖市政府有关行政主管部门分工管理本行政区域内本部门、本行业的标准化工作。

市、县标准化行政主管部门和有关行政主管部门，按照省、自治区、直辖市政府规定的各自的职责，管理本行政区域内的标准化工作。

第二章 标准的制定

第六条 对需要在全国范围内统一的技术要求，应当制定国家标准。国家标准由国务院标准化行政主管部门制定。对没有国家标准而又需要在全国某个行业范围内统一的技术要求，可以制定行业标准。行业标准由国务院有关行政主管部门制定，并报国务院标准化行政主管部门备案，在公布国家标准之后，该项行业标准即行废止。对没有国家标准和行业标准而又需要在省、自治区、直辖市范围内统一的工业产品的安全、卫生要求，可以制定地方标准。地方标准由省、自治区、直辖市标准化行政主管部门制定，并报国务院标准化行政主管部门和国务院有关行政主管部门备案，在公布国家标准或者行业标准之后，该项地方标准即行废止。

企业生产的产品没有国家标准和行业标准的，应当制定企业标准，作为组织生产的依据。企业的产品标准须报当地政府标准化行政主管部门和有关行政主管部门备案。已有国家标准或者行业标准的，国家鼓励企业制定严于国家标准或者行业标准的企业标准，在企业内部适用。

法律对标准的制定另有规定的，依照法律的规定执行。

第七条 国家标准、行业标准分为强制性标准和推荐性标准。保障人体健康，人身、财产安全的标准和法律、行政法规规定强制执行的标准是强制性标准，其他标准是推荐性标准。

省、自治区、直辖市标准化行政主管部门制定的工业产品的安全、卫生要求的地方标准，在本行政区域内是强制性标准。

第八条 制定标准应当有利于保障安全和人民的身体健康，保护消费者的利益，保护环境。

第九条 制定标准应当有利于合理利用国家资源，推广科学技术成果，提高经济效益，并符合使用要求，有利于产品的通用互换，做到技术上先进，经济上合理。

第十条 制定标准应当做到有关标准的协调配套。

第十一条 制定标准应当有利于促进对外经济技术合作和对外贸易。

第十二条 制定标准应当发挥行业协会、科学研究机构和学术团体的作用。

制定标准的部门应当组织由专家组成的标准化技术委员会，负责标准的草拟，参加标准草案的审查工作。

第十三条 标准实施后，制定标准的部门应当根据科学技术的发展和经济建设的需要适时进行复审，以确认现行标准继续有效或者予以修订、废止。

第三章 标准的实施

第十四条 强制性标准，必须执行。不符合强制性标准的产品，禁止生产、销售和进口。推荐性标准，国家鼓励企业自愿采用。

第十五条 企业对有国家标准或者行业标准的产品，可以向国务院标准化行政主管部门或者国务院标准化行政主管部门授权的部门申请产品质量认证。认证合格的，由认证部门授予认证证书，准许在产品或者其包装上使用规定的认证标志。

已经取得认证证书的产品不符合国家标准或者行业标准的，以及产品未经认证或者认证不合格的，不得使用认证标志出厂销售。

第十六条 出口产品的技术要求，依照合同的约定执行。

第十七条 企业研制新产品、改进产品，进行技术改造，应当符合标准化要求。

第十八条 县级以上政府标准化行政主管部门负责对标准的实施进行监督检查。

第十九条 县级以上政府标准化行政主管部门，可以根据需要设置检验机构，或者授权其他单位的检验机构，对产品是否符合标准进行检验。法律、行政法规对检验机构另有规定的，依照法律、行政法规的规定执行。

处理有关产品是否符合标准的争议，以前款规定的检验机构的检验数据为准。

第四章 法律责任

第二十条 生产、销售、进口不符合强制性标准的产品的，由法律、行政法规规定的行政主管部门依法处理，法律、行政法规未作规定的，由工商行政管理部门没收产品和违法所得，并处罚款；造成严重后果构成犯罪的，对直接责任人员依法追究刑事责任。

第二十一条 已经授予认证证书的产品不符合国家标准或者行业标准而使用认证标志出厂销售的，由标准化行政主管部门责令停止销售，并处罚款；情节严重的，由认证部门撤销其认证证书。

第二十二条 产品未经认证或者认证不合格而擅自使用认证标志出厂

销售的，由标准化行政主管部门责令停止销售，并处罚款。

第二十三条 当事人对没收产品、没收违法所得和罚款的处罚不服的，可以在接到处罚通知之日起十五日内，向作出处罚决定的机关的上一级机关申请复议；对复议决定不服的，可以在接到复议决定之日起十五日内，向人民法院起诉。当事人也可以在接到处罚通知之日起十五日内，直接向人民法院起诉。当事人逾期不申请复议或者不向人民法院起诉又不履行处罚决定的，由作出处罚决定的机关申请人民法院强制执行。

第二十四条 标准化工作的监督、检验、管理人员违法失职、徇私舞弊的，给予行政处分；构成犯罪的，依法追究刑事责任。

第五章 附 则

第二十五条 本法实施条例由国务院制定。

第二十六条 本法自1989年4月1日起施行。

中华人民共和国标准化法实施条例

（1990年4月6日国务院第53号令发布）

第一章 总 则

第一条 根据《中华人民共和国标准化法》（以下简称《标准化法》）的规定，制定本条例。

第二条 对下列需要统一的技术要求，应当制定标准：

（一）工业产品的品种、规格、质量、等级或者安全、卫生要求；

（二）工业产品的设计、生产、试验、检验、包装、储存、运输、使用的方法或者生产、储存、运输过程中的安全、卫生要求；

（三）有关环境保护的各项技术要求和检验方法；

（四）建设工程的勘察、设计、施工、验收的技术要求和方法；

（五）有关工业生产、工程建设和环境保护的技术术语、符号、代号、制图方法、互换配合要求；

（六）农业（含林业、牧业、渔业，下同）产品（含种子、种苗、种畜、种禽，下同）的品种、规格、质量、等级、检验、包装、储存、运输以及生产技术、管理技术的要求；

（七）信息、能源、资源、交通运输的技术要求。

第三条 国家有计划地发展标准化事业。标准化工作应当纳入各级国民经济和社会发展计划。

第四条 国家鼓励采用国际标准和国外先进标准，积极参与制定国际标准。

第二章 标准化工作的管理

第五条 标准化工作的任务是制定标准、组织实施标准和对标准的实施进行监督。

第六条 国务院标准化行政主管部门统一管理全国标准化工作，履行下列职责：

（一）组织贯彻国家有关标准化工作的法律、法规、方针、政策；

（二）组织制定全国标准化工作规划、计划；

（三）组织制定国家标准；

（四）指导国务院有关行政主管部门和省、自治区、直辖市人民政府标准化行政主管部门的标准化工作，协调和处理有关标准化工作问题；

（五）组织实施标准；

（六）对标准的实施情况进行监督检查；

（七）统一管理全国的产品质量认证工作；

（八）统一负责对有关国际标准化组织的业务联系。

第七条 国务院有关行政主管部门分工管理本部门、本行业的标准化工作，履行下列职责：

（一）贯彻国家标准化工作的法律、法规、方针、政策，并制定在本部门、本行业实施的具体办法；

（二）制定本部门、本行业的标准化工作规则、计划；

（三）承担国家下达的草拟国家标准的任务，组织制定行业标准；

（四）指导省、自治区、直辖市有关行政主管部门的标准化工作；

（五）组织本部门、本行业实施标准；

（六）对标准实施情况进行监督检查；

（七）经国务院标准化行政主管部门授权，分工管理本行业的产品质量认证工作。

第八条 省、自治区、直辖市人民政府标准化行政主管部门统一管理本行政区域的标准化工作，履行下列职责：

（一）贯彻国家标准化工作的法律、法规、方针、政策，并制定在本行政区域实施的具体办法；

（二）制定地方标准化工作规则、计划；

（三）组织制定地方标准；

（四）指导本行政区域有关行政主管部门的标准化工作，协调和处理有关标准化工作问题；

（五）在本行政区域组织实施标准；

（六）对标准实施情况进行监督检查。

第九条 省、自治区、直辖市有关行政主管部门分工管理本行政区域内本部门、本行业的标准化工作，履行下列职责：

（一）贯彻国家和本部门、本行业、本行政区域标准化工作的法律、法规、方针、政策，并制定实施的具体办法；

（二）制定本行政区域内本部门、本行业的标准化工作规划、计划；

(三)承担省、自治区、直辖市人民政府下达的草拟地方标准的任务；

(四)在本行政区域内组织本部门、本行业实施标准；

(五)对标准实施情况进行监督检查。

第十条　市、县标准化行政主管部门和有关行政主管部门的职责分工，由省、自治区、直辖市人民政府规定。

第三章　标准的制定

第十一条　对需要在全国范围内统一的下列技术要求，应当制定国家标准（含标准样品的制作）：

(一)互换配合、通用技术语言要求；

(二)保障人体健康和人身、财产安全的技术要求；

(三)基本原料、燃料、材料的技术要求；

(四)通用基础件的技术要求；

(五)通用的试验、检验方法；

(六)通用的管理技术要求；

(七)工程建设的重要技术要求；

(八)国家需要控制的其他重要产品的技术要求。

第十二条　国家标准由国务院标准化行政主管部门编制计划，组织草拟，统一审批、编号、发布。

工程建设、药品、食品卫生、兽药、环境保护的国家标准，分别由国务院工程建设主管部门、卫生主管部门、农业主管部门、环境保护主管部门组织草拟、审批；其编号、发布办法由国务院标准化行政主管部门会同国务院有关行政主管部门制定。

法律对国家标准的制定另有规定的，依照法律的规定执行。

第十三条　对没有国家标准而又需要在全国某个行业范围内统一的技术要求，可以制定行业标准（含标准样品的制作）。制定行业标准的项目由国务院有关行政主管部门确定。

第十四条　行业标准由国务院有关行政主管部门编制计划、组织草拟，统一审批、编号、发布，并报国务院标准化行政主管部门备案。

行业标准在相应的国家标准实施后，自行废止。

第十五条　对没有国家标准和行业标准而又需要在省、自治区、直辖市范围内统一的工业产品的安全、卫生要求，可以制定地方标准。制定地方标准的项目，由省、自治区、直辖市人民政府标准化行政主管部门确定。

第十六条　地方标准由省、自治区、直辖市人民政府标准化行政主管部门编制计划，组织草拟，统一审批、编号、发布，并报国务院标准化行政主管部门和国务院有关行政主管部门备案。

法律对地方标准的制定另有规定的，依照法律的规定执行。

地方标准在相应的国家标准或行业标准实施后，自行废止。

第十七条 企业生产的产品没有国家标准、行业标准和地方标准的，应当制定相应的企业标准，作为组织生产的依据。企业标准由企业组织制定（农业企业标准制定办法另定），并按省、自治区、直辖市人民政府的规定备案。

对已有国家标准、行业标准或者地方标准的，鼓励企业制定严于国家标准、行业标准或者地方标准要求的企业标准，在企业内部适用。

第十八条 国家标准、行业标准分为强制性标准和推荐性标准。

下列标准属于强制性标准：

（一）药品标准，食品卫生标准，兽药标准；

（二）产品及产品生产、储运和使用中的安全、卫生标准，劳动安全、卫生标准，运输安全标准；

（三）工程建设的质量、安全、卫生标准及国家需要控制的其他工程建设标准；

（四）环境保护的污染物排放标准和环境质量标准；

（五）重要的通用技术术语、符号、代号和制图方法；

（六）通用的试验、检验方法标准；

（七）互换配合标准；

（八）国家需要控制的重要产品质量标准。

国家需要控制的重要产品目录由国务院标准化行政主管部门会同国务院有关行政主管部门确定。

强制性标准以外的标准是推荐性标准。

省、自治区、直辖市人民政府标准化行政主管部门制定的工业产品的安全、卫生要求的地方标准，在本行政区域内是强制性标准。

第十九条 制定标准应当发挥行业协会、科学技术研究机构和学术团体的作用。

制定国家标准、行业标准和地方标准的部门应当组织由用户、生产单位、行业协会、科学技术研究机构、学术团体及有关部门的专家组成标准化技术委员会，负责标准草拟和参加标准草案的技术审查工作。未组成标准化技术委员会的，可以由标准化技术归口单位负责标准草拟和参加标准草案的技术审查工作。

制定企业标准应当充分听取使用单位、科学技术研究机构的意见。

第二十条 标准实施后，制定标准的部门应当根据科学技术的发展和经济建设的需要适时进行复审。标准复审周期一般不超过五年。

第二十一条 国家标准、行业标准和地方标准的代号、编号办法，由国务院标准化行政主管部门统一规定。

企业标准的代号、编号办法，由国务院标准化行政主管部门会同国务院有关行政主管部门规定。

第二十二条 标准的出版、发行办法，由制定标准的部门规定。

第四章 标准的实施与监督

第二十三条 从事科研、生产、经营的单位和个人，必须严格执行强制性标准。不符合强制性标准的产品，禁止生产、销售和进口。

第二十四条 企业生产执行国家标准、行业标准、地方标准或企业标准，应当在产品或其说明书、包装物上标注所执行标准的代号、编号、名称。

第二十五条 出口产品的技术要求由合同双方约定。

出口产品在国内销售时，属于我国强制性标准管理范围的，必须符合强制性标准的要求。

第二十六条 企业研制新产品、改进产品、进行技术改造，应当符合标准化要求。

第二十七条 国务院标准化行政主管部门组织或授权国务院有关行政主管部门建立行业认证机构，进行产品质量认证工作。

第二十八条 国务院标准化行政主管部门统一负责全国标准实施的监督。国务院有关行政主管部门分工负责本部门、本行业的标准实施的监督。

省、自治区、直辖市标准化行政主管部门统一负责本行政区域内的标准实施的监督。省、自治区、直辖市人民政府有关行政主管部门分工负责本行政区域内本部门、本行业的标准实施的监督。

市、县标准化行政主管部门和有关行政主管部门，按照省、自治区、直辖市人民政府规定的各自的职责，负责本行政区域内的标准实施的监督。

第二十九条 县级以上人民政府标准化行政主管部门，可以根据需要设置检验机构，或者授权其他单位的检验机构，对产品是否符合标准进行检验和承担其他标准实施的监督检验任务。检验机构的设置应当合理布局，充分利用现有力量。

国家检验机构由国务院标准化行政主管部门会同国务院有关行政主管部门规划、审查。地方检验机构由省、自治区、直辖市人民政府标准化行政主管部门会同省级有关行政主管部门规划、审查。

处理有关产品是否符合标准的争议，以本条规定的检验机构的检验数据为准。

第三十条　国务院有关行政主管部门可以根据需要和国家有关规定设立检验机构、负责本行业、本部门的检验工作。

第三十一条　国家机关、社会团体、企业事业单位及全体公民均有权检举、揭发违反强制性标准的行为。

第五章　法律责任

第三十二条　违反《标准化法》和本条例有关规定，有下列情形之一的，由标准化行政主管部门或有关行政主管部门在各自的职权范围内责令限期改进，并可通报批评或给予责任者行政处分：

（一）企业未按规定制定标准作为组织生产依据的；

（二）企业未按规定要求将产品标准上报备案的；

（三）企业的产品未按规定附有标识或与其标识不符的；

（四）企业研制新产品、改进产品、进行技术改造，不符合标准化要求的；

（五）科研、设计、生产中违反有关强制性标准规定的。

第三十三条　生产不符合强制性标准的产品的，应当责令其停止生产，并没收产品，监督销毁或作必要技术处理；处以该批产品货值金额百分之二十至百分之五十的罚款；对有关责任者处以五千元以下罚款。

销售不符合强制性标准的商品的，应当责令其停止销售，并限期追回已售出的商品，监督销毁或作必要技术处理；没收违法所得；处以该批商品货值金额百分之十至百分之二十的罚款；对有关责任者处以五千元以下罚款。

进口不符合强制性标准的产品的，应当封存并没收该产品，监督销毁或作必要技术处理；处以进口产品货值金额百分之二十至百分之五十的罚款；对有关责任者给予行政处分，并可处以五千元以下罚款。

本条规定的责令停止生产、行政处分，由有关行政主管部门决定；其他行政处罚由标准化行政主管部门和工商行政管理部门依据职权决定。

第三十四条　生产、销售、进口不符合强制性标准的产品，造成严重后果，构成犯罪的，由司法机关依法追究直接责任人员的刑事责任。

第三十五条　获得认证证书的产品不符合认证标准而使用认证标志出厂销售的，由标准化行政主管部门责令其停止销售，并处以违法所得二倍以下的罚款；情节严重的，由认证部门撤销其认证证书。

第三十六条　产品未经认证或者认证不合格而擅自使用认证标志出厂销售的，由标准化行政主管部门责令其停止销售，处以违法所得三倍以下的罚款,并对单位负责人处以五千元以下罚款。

第三十七条 当事人对没收产品、没收违法所得和罚款的处罚不服的,可以在接到处罚通知之日起十五日内,向作出处罚决定的机关的上一级机关申请复议;对复议决定不服的,可以在接到复议决定之日起十五日内,向人民法院起诉。当事人也可以在接到处罚通知之日起十五日内,直接向人民法院起诉。当事人逾期不申请复议或者不向人民法院起诉又不履行处罚决定的,由作出处罚决定的机关申请人民法院强制执行。

第三十八条 本条例第三十二条至第三十六条规定的处罚不免除由此产生的对他人的损害赔偿责任。受到损害的有权要求责任人赔偿损失。赔偿责任和赔偿金额纠纷可以由有关行政主管部门处理,当事人也可以直接向人民法院起诉。

第三十九条 标准化工作的监督、检验、管理人员有下列行为之一的,由有关主管部门给予行政处分,构成犯罪的,由司法机关依法追究刑事责任:

(一)违反本条例规定,工作失误,造成损失的;

(二)伪造、篡改检验数据的;

(三)徇私舞弊、滥用职权、索贿受贿的。

第四十条 罚没收入全部上缴财政。对单位的罚款,一律从其自有资金中支付,不得列入成本。对责任人的罚款,不得从公款中核销。

第六章 附 则

第四十一条 军用标准化管理条例,由国务院、中央军委另行制定。

第四十二条 工程建设标准化管理规定,由国务院工程建设主管部门依据《标准化法》和本条例的有关规定另行制定,报国务院批准后实施。

第四十三条 本条例由国家技术监督局负责解释。

第四十四条 本条例自发布之日起施行。

民政部标准化工作管理暂行办法

民发[2003]12 号

第一章 总 则

第一条 为加强和规范标准化工作,进一步提高民政行业管理水平,推动技术进步,改进产品及服务质量,维护和保障民政工作对象的正当权益,根据《中华人民共和国标准化法》、《中华人民共和国标准化法实施条例》和国家有关规定,制定本办法。

第二条 对需要统一的下列技术要求,应当制定标准:

(一)假肢、殡葬、救灾帐篷等方面有关产品的品种、规格、质量、等级或者产品本身和产品生产、储存、运输过程中的安全、卫生、环境保护技术要求;有关产品的设计、生产、检验、包装、储存、运输、使用和检验方法。

(二)民间组织、优抚安置、救灾救济、社区建设、行政区划、地名、社会福利、收养、收容遣送、婚姻登记等民政类管理和服务的种类、质量、等级或者安全、卫生要求。

(三)民政业务工作范围内的产品、服务、管理等方面的技术术语、符号、代号。

第三条 对需要在全国范围内统一的技术要求,制定国家标准;对没有国家标准而又需要在民政行业范围内统一的技术要求,制定行业标准。行业标准不得与有关国家标准相抵触。有关行业标准之间应保持协调、统一,不得重复。

第四条 国家标准、行业标准分为强制性标准和推荐性标准。保障人体健康和人身、财产安全的标准以及国家有关法律、法规规定强制执行的标准为强制性标准,必须执行;其他标准为推荐性标准,鼓励采用。

第二章 管理机构

第五条 人事教育司为民政部标准化工作归口管理部门。其主要职责是:编制标准规划和计划;组织标准制(修)订和复审;审核、报批标准和出版行业标准;管理民政类全国性专业标准化技术委员会等工作。

第六条 各业务司局的主要职责是:提出或审查本行业标准制定规划与计划的建议;审查、说明标准报批稿;组织标准的宣传、实施、监督等工作。

第七条 标准化技术委员会为标准化的技术工作组织。一般设委员25人左右,主要由生产、使用、科研、经销等方面具有中级以上职称的科技人员组成,每届委员任期5年。标准化技术委员会的日常工作由秘书处承担,秘书处设在从事该项专业工作的企事业单位。标准化技术委员会的主要职责是:组织制定本专业标准体系;提出本专业制(修)订标准规划和计划的建议;宣讲、解释本专业的标准;提出本专业标准化成果奖励项目建议;接受国务院有关部门委托,承担国际标准化组织或技术委员会对口的业务工作和本专业标准化范围内产品质量标准水平的评价工作等。

全国性标准化技术委员会由国家标准化管理委员会审批。其组成人员换届或届中变动,由标准化技术委员会根据《全国专业标准化技术委员会章程》初步产生后,由有关业务司局审核并报人事教育司审查后,由国家标准化管理委员会审批、聘任。

部里根据工作需要可建立本部门有关专业标准化技术委员会。其工作运行参照全国性标准化技术委员会。

标准化技术委员会要定期将年度工作计划、工作总结及其他重大事项报人事教育司。

第三章 标准计划

第八条 编制标准计划项目应以民政事业发展计划、民政标准化发展计划为依据。优先考虑采用国际标准或国外先进标准的计划项目。

第九条 每年年底前,由有关民政企事业单位(或业务司局)提出本行业下年度标准计划项目建议,经业务主管司局审核同意后报人事教育司汇总。

第十条 推荐性标准计划由人事教育司审查后,属于行业标准的,报主管部长审批;属于国家标准的,经人事教育司审查同意后,报国家标准化管理委员会审批。

强制性标准计划由人事教育司审查后,属于行业标准的,报部长办公会议研究确定,由有关业务主管司局说明。属于国家标准的,经主管部长同意后,由人事教育司报送国家标准化管理委员会审批。

第十一条 人事教育司将批准后的下年度标准项目计划下达各业务司局或有关标准建议单位。

第十二条　必要时,对确属急需制定的标准项目,可以进行增补;确属特殊情况,可以对计划项目的内容进行调整;确属不宜制定标准的项目,应予撤销。

第四章　标准制定

第十三条　标准建议单位按下达的标准项目年度计划组织标准起草小组实施标准制(修)订工作。标准起草小组对所制(修)订标准的质量及其技术内容全面负责。业务主管司局应经常检查标准计划项目的进展情况,督促并创造条件,保证起草单位按计划完成任务。每年1月底以前,各标准起草单位将上年度计划执行情况报人事教育司。

第十四条　制(修)订标准工作按程序进行。其程序主要分为四个阶段:

1. 标准建议单位具体落实标准起草人员、草拟制(修)订标准工作大纲;
2. 按工作大纲要求起草标准"征求意见稿",征求业务行政主管部门、有关专家学者和标准实施机构意见后形成标准"送审稿";
3. 标准"送审稿"送业务主管司局组织有关人员进行审查。审查可采用会议审查或函审两种形式,强制性标准必须采用会议审查形式。根据审查意见修改形成标准"报批稿";
4. 标准"报批稿"送业务主管司局审核同意后报人事教育司。

第十五条　征求标准意见、送审标准除报送标准文稿外,要附送编制说明及征求意见表(或意见征求情况说明和意见汇总处理表)。标准报批要报送:标准报批稿、标准编制说明、意见汇总处理表、标准审查会议纪要和人员名单(或函审结论和函审单)、国家标准申报单、所采用的国际标准或国外先进标准原文(复制件)、译文以及其他有关材料。

强制性标准的编制说明要包括强制理由、预期社会经济效果、国外相关法律法规和其他强制性标准情况、与我国有关现行法律法规和其他强制性标准的关系。

第十六条　标准编写体例要符合GB/T 1《标准化工作导则》及其他有关标准编写规定。标准条文规定应当严谨明确,文句简练,不得模棱两可;其内容深度、术语、符号、计量单位等应当前后一致,不得矛盾。

第十七条　标准的制(修)订,要积极采用国际标准和国外先进标准。凡经过认真分析论证或测试验证,并且符合我国国情的,应当纳入国家标准。对不采用国际标准和国外先进标准的,要说明不采用的具体理由。

第十八条　制(修)订标准要积极发挥各民政行业协会、科研机构和学术团体的作用。鼓励民政行业科技人员参与制定国际标准。

第五章　标准审批、发布

第十九条　强制性标准"报批稿"经有关业务主管司局、人事教育司审核，主管部长同意后报请部务会确定，由有关业务主管司局说明。属国家标准的，报国家标准化管理委员会审批、编号、发布；属行业标准的，由人事教育司编号后发布。

推荐性标准"报批稿"由有关业务主管司局、人事教育司审核，主管部长同意后报请部长办公会研究确定。属国家标准的，报国家标准化管理委员会审批、编号、发布；属行业标准的，由人事教育司编号后以部名义发布。

第二十条　标准编号由标准代号、标准发布的顺序号及标准发布的年号组成。

强制性国家标准的编号为 GB　×××××－××××；

推荐性国家标准的编号为 GB/T　×××××－××××；

强制性行业标准的编号为 MZ　××××－××××；

推荐性行业标准的编号为 MZ/T　××××－××××。

第六章　标准复审、奖励

第二十一条　标准起草单位要根据民政行业发展需要和标准实施情况适时对标准进行复审。复审周期一般不超过 5 年。标准复审程序按标准审查和报批程序执行。

第二十二条　标准属科技成果。对技术水平高、取得显著效益的标准，纳入国家科学技术奖励范围。对标准化工作中表现优秀的科技人员，要根据有关政策予以奖励。

第七章　附　　则

第二十三条　本办法自印发之日起施行，由人事教育司负责解释。

全国民政标准2006～2010年发展规划

为推进民政标准化工作，提高民政领域公共服务质量，增强民政特殊行业产品市场竞争力，提高民政部门依法行政水平，保障民政工作对象权益，日前，民政部、国家标准化管理委员会联合编制了《全国民政标准2006～2010年发展规划》（以下简称《规划》）。

《规划》主要以民政特殊行业产品、民政公共服务为对象，提出了今后5年民政领域内的国家标准及行业标准的指导思想、主要目标、重点领域和保障措施，对开展民政标准化工作具有重要的指导作用，是编制民政标准年度制（修）订计划、建立健全民政标准体系的主要依据。

1. 编制说明

1.1　编制目的

1.1.1　满足民政工作和民政事业发展对标准的需求，增强标准化工作对民政工作和民政事业发展的技术支撑能力。

1.1.2　提高社会福利服务、康复服务、殡仪服务、社区服务等民政服务的质量和管理水平，实现其专业化和规范化。

1.1.3　适应加入WTO后形势要求，提高康复辅具、殡葬、减灾救灾等民政特殊行业产品质量，增强国际竞争力。

1.1.4　建立结构合理、层次分明、科学协调、重点突出的民政标准体系。

1.1.5　为制订民政标准年度计划、中长期规划和加强民政标准化管理工作提供依据。

1.2　编制依据

1.2.1　《国务院办公厅关于民政部职能配置、内设机构和人员编制规定的通知》（国办发[1998]60号）。

1.2.2　《国民经济行业分类》（GB/T 4754－2002）。

1.2.3　《标准体系表编制原则和要求》（GB/T 13016－91）。

1.2.4　《中华人民共和国标准化法》、《中华人民共和国标准化法实施条例》、《采用国际标准管理办法》、《国家标准管理办法》和《行业标准管理办法》等国家标准化法律法规。

1.2.5　《民政部标准化工作管理暂行办法》。

1.2.6 《中华人民共和国收养法》、《中华人民共和国残疾人保障法》、《中华人民共和国老年人权益保障法》、《社会团体登记管理条例》、《民办非企业单位登记管理暂行条例》、《基金会管理条例》、《灾情统计、核定、报告暂行办法》、《救灾捐赠管理暂行办法》、《城市居民最低生活保障条例》、《农村五保供养工作条例》、《农村敬老院管理暂行办法》、《地名管理条例》、《殡葬管理条例》和《城市生活无着的流浪乞讨人员救助管理办法》等法律法规、部门规章和规范性文件。

1.3 编制原则

1.3.1 系统配套：基本涵盖民政领域各个专业、门类的基础、安全、卫生、产品、服务、建设等标准。

1.3.2 协调一致：各专业、门类标准体系结构合理、层次分明，标准间互相协调、互为补充。

1.3.3 科学合理：既体现当前民政工作实际，又体现未来民政事业发展对标准的实际需求，标准的可操作性和实用性强。

1.3.4 重点突出：以减灾救灾、社会福利、社会救助、社区服务、地名公共服务、婚介婚庆服务、康复辅具、殡葬等民政社会管理和公共服务方面的标准为重点，以强制性标准和公益性、基础性、通用方法类标准为核心，通过有计划、有步骤地组织制（修）订和宣贯实施标准，提高我国民政标准化工作水平，增强标准化工作对民政工作和民政事业发展的技术支撑能力。

1.4 编制范围

《规划》涉及民政各个业务领域，包括“民间组织”、“优抚安置”、“减灾救灾”、“社会救助”、“社会福利”、“社区建设”、“村务民主”、“婚姻”、“地名”、“殡葬”、“收养”、“康复辅具”、“福利彩票”、“民政信息化”、“民政工程项目建设”共15个专业，并留有发展空间。其中，将“社会救助”专业划分为“城市临时性社会救助”、“城乡医疗救助”、“城市低保”和“农村五保”共4个门类；将“婚姻”专业划分为“婚姻登记”、“婚姻介绍”和“婚姻庆典”共3个门类。

2. 我国民政标准化工作的成绩和问题

2.1 我国民政标准化工作取得的成绩

从20世纪80年代初至今，我国民政标准化工作取得了显著进步。一是制定和修定了一批标准。截至2005年底，民政部已完成制（修）订国家标准87项、行业标准12项，同时还有56项正在制定、修订或修改的国家标准。这些标准主要集中在康复辅具、殡葬、地名、减灾救灾、社会福利、民政信息化等专业领域。同时，根据国家标准化管理委员会要求制定了《民政领域国家服务标准计划项目2005－2008年发展计划》，其中《灾害管理术语》、《流浪乞讨人员救助管理规范》、《婚姻介绍机构服务规范》、《养老机构服务质量规范》等41项服务标准计划项目已纳入国家标准化管理委员会组织编制的、由国家发展改革委员会、民政部、商务部等17个国务院有关部门联合颁发的《全国服务标准2005年－2008年发展规划》。二是加强了民政标准化基础研究力度。近年来，在财政部、科技部和国家标准化管理委员会的大力支持下，民政部组织了"民政领域标准体系建设项目研究"、"中国残疾人标准发展战略研究和体系的建立"、"残疾人辅助器具名词术语标准"、"殡葬行业标准体系的建立"等国家级重大科研课题研究，有力促进了民政标准化工作发展。三是加强了标准化专业技术机构建设。在1989年和1997年分别建立了"全国残疾人康复和专用设备标准化技术委员会"及"全国地名标准化技术委员会"；2005年成立了民政部标准化工作领导小组；目前正在筹备建立全国减灾救灾标准化技术委员会、社会福利标准化技术委员会、城市临时性社会救助标准化技术委员会、殡葬专业标准化技术委员会、婚庆婚介专业标准化技术委员会。四是加强了标准化工作的规范化管理。2003年初，民政部发布了《民政部标准化工作管理暂行办法》，对民政标准制定范围、管理机构、标准计划、编制、审批、发布程序等内容进行了明确规定，使民政标准化工作步入了制度化、规范化轨道。

2.2　我国民政标准化工作中存在的问题

虽然我国民政标准化工作取得了较大成绩，对我国民政工作和民政事业发展起到了一定的技术支撑作用，但是与民政工作和民政事业发展的需求相比，还存在许多不相适应的地方，面临诸多问题和挑战，例如：标准化意识不强；没有建立起完整的民政标准体系；现行标准的类型和数量，不能满足民政事业发展需要；标准年龄较长，制（修）订和复审不及时；没有建立起认证、认可、检测、合格评定等相结合的标准宣贯实施体系，标准实施效果不佳；标准适应性和可操作性不强；标准化研究机构不健全；标准化工作的财政投入不足；标准化专业人才紧缺等。

3. 我国民政标准化工作发展思路

3.1　指导思想

以邓小平理论和"三个代表"重要思想为指导，以科学发展观为统揽，本着"以民为本、为民解困"的民政工作理念，着眼于社会主义和谐社会和新农村建设对民政事业发展的实际需要，充分利用民政系统和其他社会科研力量，全面加强民政标准化基础研究，建立健全民政领域标准体系，科学编制民政标准发展规划，加快制定一系列民政急需、社会适用的标准，为规范民政管理服务行为，提高民政依法行政水平，加强民政系统行风建设，提供标准依据和技术支撑。

3.2 主要目标

3.2.1 体系目标：经过5年努力，建立和健全重点突出、科学合理，强制性标准与推荐性标准定位准确，国家标准、行业标准相互协调，基础标准、方法标准、设施标准、产品标准、服务标准、管理标准、工作标准、安全标准、卫生标准、环保标准、建设标准相配套，与国际相关标准体系基本接轨，能支撑民政事业发展的标准体系。

3.2.2 标准制(修)订目标：到2010年，完成260项国家标准或行业标准立项，其中，2006年完成立项42项，2007年完成立项77项，2008年完成立项67项，2009年完成立项33项，2010年完成立项41项。

3.2.3 国际标准化活动目标：凡是国际上有相关标准的，要求进行等同、等效或非等效采用；积极参与国际有关标准的制定工作；力争承担相关国际标准化组织的秘书处工作。

3.2.4 标准实施目标：到2010年底，在老年人福利机构、残疾人福利机构、孤残儿童福利机构、临时性社会救助机构、未成年人救助机构、社区服务机构、殡仪服务机构等机构初步建立质量管理体系；建立和完善减灾产品、康复辅具、殡葬设备和用品等民政特殊产品的质检体系，推行质量认证认可和合格评定制度。

3.2.5 标准化工作运行机制目标：建立有关标准化技术委员会，修改《民政标准化工作管理暂行办法》，完善民政标准制(修)订程序，加强标准化工作信息化建设，建立健全适合民政事业发展的标准化工作运行机制。

3.3 重点领域

3.3.1 民间组织(包括社会团体、民办非企业单位、基金会)：主要开展民间组织分类与术语、民间组织信息披露、民间组织评估等方面标准的研究制定。

3.3.2 优抚安置：主要开展优抚医院、光荣院、军休所、军供站、烈士纪念建筑物等方面标准的研究制定。

3.3.3 减灾救灾：主要开展灾情调查与统计、灾害评估、灾害应急技术、灾民救助、灾区恢复重建、救灾物资生产、减灾物资仓储、救灾捐赠物资管理等方面标准的研究制定。

3.3.4 社会救助：主要开展城乡最低生活保障、农村五保供养、城市临时性社会救助、未成年人社会救助等方面标准的研究制定。重点研究制定城市低保服务流程、城市低保统计方法、城市低保对象档案管理、五保供养服务机构、成年人临时性社会救助管理机构服务、流浪未成年人救助保护机构服务、救助管理机构安全卫生要求、街头救助服务等标准。

3.3.5　社会福利：主要开展老年人社会福利机构、残疾人社会福利机构、孤残儿童社会福利机构的服务产品、服务流程、服务场所设备设施、服务安全卫生环保要求、服务对象权益保护等方面标准的研究制定；

3.3.6　福利彩票：主要开展福利彩票品种、玩法、福利彩票印刷技术、防伪技术、电脑福利彩票管理规范、彩票开奖流程、彩票销售网点设置和设备设施要求等方面标准的研究制定。

3.3.7　基层民主建设：主要开展社区建设、社区服务、村民委员会选举、村务民主公开等方面标准的研究制定。

3.3.8　婚姻登记管理和婚姻服务：主要开展婚姻登记基本术语、婚姻登记档案管理、婚姻登记证件、婚姻登记服务规范、婚介机构准入、婚介服务流程、婚介服务机构设施设备配备要求、婚庆行业术语与标志、婚庆服务机构准入、婚庆产品分类、保护消费者权益等方面标准的研究制定。

3.3.9　康复辅具：主要开展生活自理类、技能训练类、康复治疗和训练类、休闲娱乐类辅助器具以及假肢矫形器、康复服务等方面标准的研究制定。

3.3.10　殡葬：主要开展殡葬设施、殡葬设备、殡葬用品、殡仪服务等方面标准的研究制定。

3.3.11　收养服务：主要开展收养服务基本术语、收养服务机构资质、收养当事人资格条件、收养关系成立条件、收养后续服务等方面标准的研究制定。

3.3.12　地名：主要开展地名译写、地名文化遗产鉴定、地名标牌、地名标志、地名数据库建设、地名信息服务、地名信息管理等方面标准的研究制定。

3.3.13　民政信息化：主要开展民政领域的基础数据、业务流程、民政战略信息系统、应用支撑、网络基础设施、信息安全、信息服务等方面标准的研究制定。

3.3.14　民政工程项目建设：主要开展社会福利机构、临时性社会救助机构、减灾物资储备中心、殡仪馆、公墓、军供站、军休所、社区服务中心等民政工程项目建设方面标准的研究制定。

3.4　保障措施

3.4.1　建立和完善标准化工作运行机制。民政领域标准化工作涉及面广，要充分发挥民政部各有关业务司（局）、直属事业单位、部管社团和地方民政部门的作用，充分利用部属科研院所和社会研究力量，按照“统一计划、分头起草、统一审查、统一编号、统一批准发布”的原则，有计划、有步骤地组织落实《规划》中提出的各项任务。按照国家标准化管理委员会有关政策要求,建立健全标准制(修)订工作机制,建立规范的国家标准、行业标准计划立项、起草、审查、审批、发布的程序和公开透明、协调一致、快速反应的管理方式。

3.4.2　加强标准化工作机构建设。一是调整和加强“全国残疾人康复和专用设备标准化技术委员会”和“全国地名标准化技术委员会”建设,提高其标准化工作水平。二是在减灾救灾、殡葬、社会福利服务等领域建立专业标准化技术委员会,在民政其他领域建立民政综合性标准化技术委员会(下设分技术委员会或工作组),负责民政相关领域标准化基础研究、标准制(修)订和宣贯实施工作。技术委员会及其分技术委员会要广泛增加企事业单位和用户成员,鼓励有条件的企事业单位承担秘书处工作。各技术委员会要尽快建立相互配合、目标明确、责任到位、广泛参与的工作机制,要利用各技术委员会组织一批结构合理、数量稳定的民政各领域标准化专家,研究落实民政相关专业领域标准化工作发展规划。三是在条件成熟情况下,成立民政标准化研究机构,组织一批高层次、高水平的标准化专业人才,加强标准的基础研究和前期研究,加强对国外相关技术法规和标准的追踪研究,以科研带动标准化水平的提升,实现标准化工作的跨越式发展。

3.4.3　加大民政标准化人才队伍建设力度。以集中培训为手段,培养一批民政标准宣贯实施和应用人才;以理论、技术研究和标准制(修)订为基础,以出国培训、进修为手段,培养一批既懂民政业务,又熟悉标准化专业知识和国际相关标准化情况,能积极参与国际标准化活动和指导有关标准化工作的复合型高级人才。争取尽快建立起一支与民政标准化事业发展相适应的各级、各类标准化专业人才队伍。

3.4.4　加强民政标准化信息服务体系建设。建立民政标准化管理信息系统,实现标准提案、标准计划立项、审批、标准制(修)订过程监督、标准征求意见、标准批准发布、标准复查复审等标准制(修)订活动的网络化、信息化,缩短标准制(修)订时间,提高标准制(修)订效率。加强国内外相关民政标准信息的收集、整理和加工工作,建立“准确、高效、权威、便捷”的民政标准化信息共享服务平台,为民政系统和全社会提供标准化信息服务。

3.4.5　建立完善的民政标准宣贯实施保障体系。积极探索标准宣贯的新途径和新方法,充分利用电视、网络、广播、报刊等各种媒体,通过培训、论坛、讲座、展览等多种形式,加大民政标准化工作的宣传力度,提高全社会对标准化的认知程度,让民政服务对象能够利用标准作为武器维护自身权益,让系统干部职工能够利用标准提高工作效率和服务质量,动员更多的社会力量支持民政标准化工作。民政部门在制定政策、法律法规和规章办法时,要充分考虑标准配套，把法律法规与标准有机地结合起来，既可以提高法律法规的科学性、完整性和可操作性，也有利于增强标准的权威性和有效性。要推行标准化示范活动，鼓励基础较好的单位，率先在生产、管理、服务过程的各个环节采用标准，切实提高管理、服务的质量和水平。经过一段时间的试行和探索后，将其在标准实施过程中积累的经验总结出来，采取多种形式向社会推广。要借鉴 ISO 9000 质量管理体系、ISO 14000 环境管理体系和 OHSAS 18000 职业健康安全管理体系，在老年人福利机构、残疾人福利机构、孤残儿童福利机构、成年人临时性社会救助机构、未成年人救助保护机构、社区服务机构、殡仪服务机构、康复服务机构等领域开展认证、认可、检测和合格评定活动，加大标准的执行力度，提高标准的实施效果。

3.4.6 加大民政标准化的财政投入。开展社会福利服务、减灾救灾、地名公共服务工程、康复辅具、殡葬等领域内的重大技术标准的基础研究，组织制（修）订和宣贯实施 260 项国家标准和行业标准计划项目，研究制定民政领域标准信息共享服务平台建设，加强民政标准宣贯实施和人才队伍建设等，均需要大量的资金投入。由于民政领域的标准化工作大多属于社会管理和公共服务范围，是基础性公益性工程，需要政府稳定的财政支持。同时，对一些面向市场的标准，也要利用市场机制筹措资金，调动社会投资标准化工作的积极性，引导和鼓励企事业单位、社会团体投资民政标准的制（修）订工作，建立多元化的筹资机制，形成政府、企事业单位、社会共同投资格局。

文献索引

[1]财政部、民政部:《社会福利基金使用管理暂行办法》(财社字[1998]124号)

[2]共青团中央:《中国注册志愿者管理办法》(2006年)

[3]共青团中央:《社区志愿服务团队管理办法(试行)》(2006年)

[4]国家汉语国际推广领导小组办公室:《汉语教师志愿者工作管理办法(试行)》(2006年)

[5]国务院:《基金会管理条例》(2004年)

[6]国务院:《农村五保供养工作条例》(2006年)

[7]建设部、教育部:《特殊教育学校建筑设计规范》(JGJ76-2003)

[8]建设部、民政部、中国残疾人联合会:《城市道路和建筑物无障碍设计规范》(JGJ50-2001)

[9]建设部、民政部:《老年人建筑设计规范》(JGJ122-99)

[10]建设部、民政部《殡仪馆建筑设计规范》(JGJ124-99)

[11]劳动和社会保障部:《保育员国家职业标准》(劳社厅发[2002]1号)

[12]劳动和社会保障部:《公共营养师国家职业标准(试行)》(劳社厅发[2006]33号)

[13]劳动和社会保障部:《孤残儿童护理员(试行)》(劳社厅发[2007]26号)

[14]劳动和社会保障部:《婚姻家庭咨询师(试行)》(劳社厅发[2008]1号)

[15]劳动和社会保障部:《健康管理师(试行)》(劳社厅发[2007]11号)

[16]劳动和社会保障部:《健康管理师国家职业标准》(劳社厅发[2007]11号)

[17]劳动和社会保障部:《紧急救助员国家职业标准》(劳社厅发[2006]10号)

[18]劳动和社会保障部:《生殖健康咨询师(试行)》(劳社厅发[2008]1号)

[19]劳动和社会保障部:《手语翻译员国家职业标准》(劳社厅发[2008]6号)

[20]劳动和社会保障部:《心理咨询师国家职业标准》(劳社厅发[2005]7号)

[21]劳动和社会保障部:《育婴师国家职业标准》(劳社厅发[2003]1号)

[22]劳动和社会保障部:《灾害信息员(试行)》(劳社厅发[2007]26号)

[23]民政部、劳动和社会保障部:《殡仪服务员国家职业标准》(劳社厅发[2006]8号)

[24]民政部、劳动和社会保障部:《墓地管理员国家职业标准》(劳社厅发[2006]8号)

[25]民政部、劳动和社会保障部:《养老护理员国家职业标准》(劳社厅发[2002]1号)

[26]民政部、劳动和社会保障部:《遗体防腐师国家职业标准》(劳社厅发[2006]8号)

[27]民政部、劳动和社会保障部:《遗体火化师国家职业标准》(劳社厅发[2006]8号)

[28]民政部、劳动和社会保障部:《遗体接运工国家职业标准》(劳社厅发[2006]8号)

[29]民政部、劳动和社会保障部:《遗体整容师国家职业标准》(劳社厅发[2006]8号)

[30]民政部:《"社区老年福利服务星光计划"实施方案》(2000年)
[31]民政部:《残疾人社会福利机构基本规范》(MZ009-2001)
[32]民政部:《儿童社会福利机构基本规范》(MZ010-2001)
[33]民政部:《福利企业资格认定办法》(2007年)
[34]民政部:《关于开展基层低保工作规范化建设活动的通知》(民函[2007]177号)
[35]民政部:《关于开展养老服务社会化示范活动的通知》(2005年)
[36]民政部:《关于农村五保供养服务机构建设的指导意见》(民发[2006]107号)
[37]民政部:《国家级福利院评定标准》(民福发[1993]6号)
[38]民政部:《基金会年度检查办法》(2005年)
[39]民政部:《基金会信息公布办法》(2005年)
[40]民政部:《家庭寄养管理暂行办法》(2003年)
[41]民政部:《假肢与矫形器(辅助器具)制作师执业资格注册办法》(民政部第33号令)
[42]民政部:《救灾捐赠管理暂行办法》(2000年)
[43]民政部:《老年人社会福利机构基本规范》(MZ008-2001)
[44]民政部:《全国社区服务示范城区标准》(1995年)
[45]民政部:《社会福利机构管理暂行办法》(1999年民政部令第19号)
[46]民政部:《中国福利彩票管理办法》(1994年)
[47]全国人大常委会:《中华人民共和国公益事业捐赠法》(1999年)
[48]全国老龄委办公室等10部门:《关于全面推进居家养老服务工作的意见》(2008年)
[49]人事部、民政部:《假肢与矫形器制作师执业资格制度暂行规定》(人发[1997]38号)
[50]人事部、民政部:《社会工作者职业水平评价暂行规定》(国人部发[2006]71号)
[51]人事部、民政部:《助理社会工作师、社会工作师职业水平考试实施办法》(人发[2006]71号)
[52]商务部:《援外青年志愿者选派和管理暂行办法》(2004年)
[53]中国消费者协会:《中国"3·15"志愿者规范》(2000年)

图书在版编目(CIP)数据

社会福利行业和职业标准/徐道稳主编. —北京:中国社会出版社,2009.10
(社会福利服务与管理)

ISBN 978-7-5087-2804-9

Ⅰ.社… Ⅱ.徐… Ⅲ.社会福利事业—行业标准 Ⅳ.C913.7-65

中国版本图书馆CIP数据核字(2009)第164514号

丛 书 名:社会福利服务与管理
丛书主编:彭华民 顾东辉 陈树强
书 名:社会福利行业和职业标准
主 编:徐道稳
副 主 编:吴伟东
策划编辑:向 飞
责任编辑:张 杰

出版发行:中国社会出版社 邮政编码:100032
通联方法:北京市西城区二龙路甲33号新龙大厦
编辑室:(010)66020531 (010)66026806
电 话:(010)66080300 (010)66083600
(010)66085300 (010)66063678
邮购部:(010)66060275 电 传:(010)66051713
网 址:www.shcbs.com.cn
经 销:各地新华书店

印刷装订:中国电影出版社印刷厂
开 本:170mm×240mm 1/16
印 张:20.5
字 数:362千字
版 次:2010年1月第1版
印 次:2010年1月第1次印刷
定 价:36.00元